재난관리 및 대응 사례연구

재난관리총서 3

재난관리 및 대응 사례연구

2017년 7월 5일 초판 인쇄
2017년 7월 10일 초판 발행

지은이 | 니콜라스 발칙 · 폴 트레이시
옮긴이 | 김태웅 · 김학열 · 홍현숙
교정교열 | 정난진
펴낸이 | 이찬규
펴낸곳 | 북코리아
등록번호 | 제03-01240호
주소 | 13209 경기도 성남시 중원구 사기막골로 45번길 14
우림라이온스밸리 2차 A동 1007호
전화 | 02-704-7840
팩스 | 02-704-7848
이메일 | sunhaksa@korea.com
홈페이지 | www.북코리아.kr
ISBN | 978-89-6324-541-6 (94350)
978-89-6324-518-8 (세트)

값 20,000원

* 이 도서의 국립중앙도서관 출판예정도서목록(CIP)은 서지정보유통지원시스템 홈페이지(http://seoji.nl.go.kr)와 국가자료공동목록시스템(http://www.nl.go.kr/kolisnet)에서 이용하실 수 있습니다.
(CIP제어번호 : CIP2017016285)

재난관리 및 대응 사례연구

Case Studies in Disaster Response and Emergency Management

니콜라스 발칙 · 폴 트레이시 지음
김태웅 · 김학열 · 홍현숙 옮김

북코리아

책을 추천하며

지방자치단체에서 일하던 초기였다. 따스하고 화창한 2월의 어느 날 오후, 나는 예기치 못한 사건에는 계획을 세워 대처하는 게 중요하다는 사실을 실감했다. 우리 지역에 가스를 공급하는 천연가스회사는 텍사스철도위원회Texas Railroad Commission의 요청으로 1970년대에 설치한 노란색 폴리에스테르 배관시설을 모두 제거하고 다른 관으로 대체해야 했다. 폴리에스테르 배관은 그야말로 사방에 깔려 있었다. 땅을 파서 관을 제거하는 대신, 그 회사에서는 땅속으로 구멍을 뚫어 대체될 관을 끌어내는 방법을 썼다.

사무실에 앉아 세상이 평온하게 잘 돌아간다고 생각하고 있을 때, 전화벨이 울렸다. 공공시설 담당 직원이자 전화 교환원으로 일하는 마사였다. "앨런, 방금 한 여자분한테서 이상한 전화를 받았는데요. 가스레인지를 켰더니 물이 나온대요." 마사는 가스관 내부에 이따금씩 물방울이 맺히기도 한다는 사실을 알고 있었다. 그래서 내가 이렇게 물었다. "관 내부에 물방울이 맺힐 수도 있다고 말씀드렸죠?" 나는 다음 대답을 듣고 거의 숨이 막힐 뻔했다. "그럼요. 하지만 그분은 물이 바닥으로 20ℓ 정도 쏟아져 내렸고 아직도 나오고 있다고 하시던 걸요."

가스회사가 수도관에 구멍을 낸 것이었다. 4.4기압의 물이 저항이 가장 작은 경로를 따라 흐르다가 1기압의 가스관으로 침투한 것이다. 물은 순식간에 가스관을 채우기 시작했고 배관시설로 들어간 것이었다. 이 사고가 처음 보고된 뒤로 가스회사가 물이 샌 곳을 알아내는 데는 2시간 이상 걸렸다. 그 뒤로 2주 동안 몇 년 만에 가장 매서운 강추위가 찾아왔지만, 우리가 사는 작은 동네의 대다수 가구는 난방 없이 지내야 했다. 가스회사 측의 재난대응은 처음에는 무난했지만, 마지막에는 엉망이 되고 말았다. 며칠 뒤 가스회사 측에서는 지하의 다른 시설은 아랑곳하지 않고 땅을 파기 시작했고, 수도관을 터뜨려 가뜩이나 인원이 부족한 시의 수도국에 큰 문제를 일으켰다. 나는 아무렇게나 땅을 파지 말라고 회사 측에 호소했고, 끝내 그 가스회사의 부사장들 중 한 명에게 이렇게 협박하고 말았다. "당신들이 우리 수도관을 하나만 더 터뜨리면 내가 직접 그걸 고쳐야 할 판인데, 난 어떻게 고치는지 모릅니다." 회사 측은 그 일에 대한 접근 방식을 재검토했고, 시간을 들여 우리 도시에 맞는 전략을 세웠다. 이러한 재앙을 통해 나는 예상치 못한 일에는 계획을 세워 대처해야 한다는 사실을 배웠다.

정신없는 상황에서 이러한 교훈을 배우는 동안 내가 지역주민을 위해 일을 제대로 하지 못하고 있다는 사실을 깨달았다. 좀 더 준비가 되어 있어야 했다. 그날 이후로 나는 준비를 못 해서 곤란을 겪는 일은 다시는 없어야겠다고 다짐했다.

닉 발칙Nick Valcik 교수와 폴 트레이시Paul Tracy 교수는 현재와 미래의 재난관리자들이 다음번에 걸려올지 모를 전화에 대비하는 일이 얼마나 중요한지 보여주기 위해 다양한 사례연구를 모아 이 책을 썼다. 여러분은 이 책에 실린 각각의 상황을 겪은 많은 사람들이 느낀 감정에 공감할 것이다. 또한 대부분의 경우 그들이 그런 행동을 한 이유를 납득할 것이다. 여러분은 좋은 결정과 나쁜 결정에 대해, 그리고 예기치 못한 일에 계획을 세워 대처하는 것이 얼마나 중요한가를 절실히 깨닫게 될 것이다. 또한 사실 이면에 있는 정부와 담당자들의 조치를 평가할 수 있게 될 것이다. 어떠한 편견도 배제하고 쓴 이 사례 모음집을 읽으며, 여러분은 이들의 입장에 자신을 대입해볼 수 있을 것이다. 발칙과 트레이시는 아무리 계획을 잘 세워놓아도 예기치 못한 사건이 벌어지는 것을 막을 수는 없지만, 이에 대비할 수는 있다는 사실을 학생과 정부관리들에게 보여주고 있다.

여러분은 또한 빈틈없이 계획을 세워놓아도 어떤 사건은 벌어지고야 만다는 사실을 받아들이게 될 것이다. 어떤 사건은 수많은 문제를 유발하며 생각지 못한 상황으로 전개되기도 한다는 사실도 알게 될 것이다. 여러분은 모든 사건은 나름의 고유한 생명력을 가지며, 모든 결정은 긍정적이거나 부정적인 결과를 초래한다는 사실도 알게 될 것이다.

공직생활 중에는 온갖 일들이 일어날 수 있으며, 일어나고야 만다. 발칙과 트레이시는 생각지도 못한 순간에 울리는 전화벨에 대비할 수 있도록 방대한 연구사례를 수집해왔다. 자, 이제 실례를 무릅쓰고 내게 걸려온 전화를 받아야겠다. 전화벨이 울리고 있다!

텍사스 주 곤잘레스 시의 행정관리관

앨런 반즈

책을 추천하며

7년 전, 공공행정 프로그램의 일환으로 텍사스 대학교 댈러스 캠퍼스 University of Texas at Dallas (UTD)에서 일하게 되어 무척 기뻤다. 그곳으로 부임한 직후에 나는 운 좋게도 닉과 폴을 만났다. 두 사람은 유능했을 뿐만 아니라 재난관리에 대해 나와 다른 동료들에게 나눠줄 방대한 자료를 갖고 있었다. 나는 35년도 넘는 세월 동안 연방정부와 주정부 그리고 지역정부의 공공업무 분야에서 일한 경력이 있으며, 그동안 다양하고도 수많은 재난관리 상황에 개입해야 했다. 어떤 공무원도 이 책에서 다루는 온갖 재난과 위기관리를 처리할 모든 경험과 지식을 갖고 있을 수는 없다. 공무원들은 공공안전이 위협받는 매일의 상황에 대처하는 방법을 교육받긴 하지만, 허리케인 카트리나의 경우에서 보듯 재난관리의 전체적인 그림을 이해하는 것은 대부분의 경우 아직 요원한 일이다. 사례연구 분석을 활용하면, 이론적인 측면과 실제 상황이 벌어지는 현실 사이의 간극을 메우는 데 도움이 될 것이다.

나는 닉과 폴이 쓴 『재난관리 및 대응 사례연구』를 읽으면서 재난관리자가 더 많은 것을 알아야 할 필요성에 대해 완전히 새로운 인식을 하게 되었다. 두 저자는 이론적인 관점에서 전문 분야에 정통한 학자일 뿐 아니라, 재난관리 전문가들이 모든 유형의 재난에 대처하기 위해 알아야 할 것에 대해서도 빠짐없이 알고 있다. 닉과 폴은 유익하면서도 열려 있는 교재를 만드는 데 있어 탁월한 성과를 거뒀다. 이 책은 여러분이 재난관리 및 대비 분야에서 갖고 있을지 모르는 지식의 공백을 메워줄 것이다. 하지만 이 책에서 보여주듯, 재난과 위기 상황은 매일 벌어지며, 각각의 재난은 이 분야의 종사자들에게 새로운 교훈을 던져준다. 따라서 오늘의 공공행정 환경에서 최신 경향에 대해 늘 깨어 있는 자세가 필수적이다.

이 책에서 사용한 형식과 사례연구는 다양한 상황에 어떻게 대처하고 사태를 어떻게 해결해야 하는지에 대한 새로운 가르침을 제공해줄 것이다. 닉과 폴은 전혀 다른 다양한 상황에 대처하고, 시민과 소통하며, 재난 상황에서도 평정심을 잃지 않고 조직을 이끌어가는 법에 대한 전략과 방법을 서술하고 있다. 또한 사람과 자연으로 인해 초래된 온갖 상황으로부터 유권자들을 보호해야 할 때, 공무원들이 맞닥뜨릴 수 있는 만일의 사태에 대비할 수 있게 해준다. 저마다 다른 각각의 상황을 분석하기 위해 저자들이 사용한 구조화된 형식은 재난대비 분야에서 모든 교훈과 새로운 지혜를 전달하기 위한 것이며, 우리가 일선에서 맞닥뜨리는 모든 재난관리 문제에 적용할 수 있다.

재난이나 위기 상황에 처하게 되면, 닉과 폴을 나의 부조종사로 두고 싶다. 나는 이 책을 사무실 책상 위에 두고 자주 들여다볼 것이고, 이 책에는 순식간에 많은 책갈피가 꽂히게 될 것이다. 그러므로 앞으로 여러분이 재난이나 위기 상황에 처할 것에 대비해 이 책을 사두던가 아니면 컴퓨터에 다운받아두기를 강력하게 권하는 바다.

텍사스 대학교 댈러스 캠퍼스의 경영 석좌교수
테드 베나비데스

감사의 글

먼저 이 책을 쓰는 데 도움을 주신 모든 분들께 감사드린다. 공공행정 분야에서 재난관리를 가르칠 기회를 주신 텍사스 대학교 댈러스 캠퍼스(UTD) 공공행정 프로그램의 전(前) 원장 더그 왓슨Doug Watson 박사에게 감사드린다. 재난관리에 대해 가르칠 준비를 하면서 나는 학생과 실무자들이 현실에서 일어난 재난 상황을 분석할 수 있게 해주는 사례연구집을 써야겠다고 생각했다. 공저자로서 이 책을 쓰는 데 크게 기여한 폴 트레이시에게 감사드린다. 폴의 통찰력과 검토작업 덕분에 이 책이 현재의 모습을 갖추게 되었다. 또한 전에 나에게서 배운 학생이며 원고 검토를 도와준 크리스틴 카레라Krysten Carrera와 제시카 심슨Jessica Simpson에게도 감사드린다. 또한 동료인 테드 베나비데스Ted Benavides는 이 책을 쓰는 데 매우 유용한 통찰을 제공해주었다. 연구자료를 수집하는 데 있어 추가적인 도움을 준 헝 뷔Hung Vu, 그리고 우리의 사례연구 중 중국에서 발생한 사건에 대한 정보를 제공해준 쉬 자오Xu Zhao에게도 감사드린다. 안드레아 스티그던Andrea Stigdon은 감사하게도 이 책의 멋진 표지를 디자인해주고, 책을 편집하고, 사실을 확인하는 지루한 일을 해주었다. 무엇보다 내 모든 노력을 지지해주고 사랑을 베풀어준 친구들, 가족, 그리고 아내인 크리스티Kristi에게 감사한다.

니콜라스 발칙

이 책의 책임저자이자 처음부터 이 책을 쓰는 일을 앞장서 추진해온 니콜라스 발칙에게 감사드린다. 닉은 이 책에 사례연구로 실린 58건의 재난과 위기 상황에 대한 배경 연구에 지칠 줄 모르는 노력을 쏟아부었다.

폴 트레이시

역자 서문

일상생활에서 '타산지석(他山之石)'이라는 말을 종종 듣는다. 이 고사성어는 『시경(詩經)』에 실린 '학명(鶴鳴)'이라는 시의 한 구절로, "다른 사람의 결점이 자신의 수양에 도움이 된다"는 뜻이며, 오늘 여러분에게 소개해드릴 이 책의 집필 의도와도 매우 잘 들어맞는 구절이다.

닉 발칙Nick Valcik 교수와 폴 트레이시Paul Tracy 교수가 쓴 이 책은 자연재해부터 사회적 재난 및 테러까지 50개 이상의 재난현장 자료를 수집하여 긴박하게 이뤄져야 할 의사결정문제들, 재난관리책임자의 의사결정, 재난대응의 움직임 등을 마치 영화처럼 생생하게 묘사했다. 이러한 실제 사례를 통해 이 책이 보여주려 한 것은 재난 시의 의사결정에는 정답과 오답이 있다기보다 상황을 개선하는 의사결정과 악화시키는 의사결정이 있다는 사실이다. 그리고 재난관리자 및 담당자들이 효과적으로 대응하기 위해 사전에 어떤 준비를 해야 하며 어떠한 계획을 수립해야 하는가를 자연스럽게 보여주는 것이 이 책의 목적이다.

이 책에 제시된 재난사례들은 18세기부터 21세기에 걸쳐 발생한 다양한 사건들로, 당시로선 매우 이례적이며 대규모 피해를 야기한 사건들이다. 저자는 사례별로 재난 경과에 따라 단계를 구분하고 단계별 실행계획, 필요한 동원자원, 의사소통 방법 및 자원배분 방식 등 주요 이슈들을 열거하고 마지막으로 사례별 문제점과 기억해야 할 사항들을 요약·제시했다. 화재, 허리케인, 홍수, 토네이도, 지진, 화산폭발, 산업재해, 구조물 붕괴, 폭탄테러를 비롯한 여러 테러 상황, 범죄 등 다양한 원인에 의한 재난사례를 소개함으로써 독자들로 하여금 사례별 재난 상황과 그에 따른 의사결정의 주요 이슈를 쉽게 파악할 수 있도록 했다. 또 다른 특징은 공무원 및 재난관리자가 숙지해야 할 주요 지식과 정보를 첫 장에 담아 재난발생지역이 전체적으로 갖춰야 할 재난관리 체계의 기본 요건을 일목요연하게 제시했다는 점이다. 따라서 이 분야에서 근무하는 공무원과 이 분야 전공자에게 현장 중심의 실무적인 도움을 주리라 예상된다.

예전과는 달리 요즘은 중앙정부 및 지방자치단체가 예기치 못한 재난이 언제든 발생할 수 있다는 사실을 잘 인식하고 있다. 동시에 대비만 잘한다면 그 규모를 줄이고 확산을 막을 수 있다는 것도 잘 알고 있다. 그러나 다양한 재난을 모두 경험해야만 준비할 수 있다면 그처럼 무섭고 두려운 일은 없을 것이다. 다행히도 이 책은 여러 사례를 통해 우리에게 재난 대응 및 관리에 대한 너무나도 소중한 가르침을 주고 있다. 이 책이야말로 재난관리의 진정한 타산지석이라고 할 수 있다.

이 책의 번역출판을 허락해준 저자 닉 발칙 교수와 폴 트레이시 교수에게 진심으로 감사드리며, 원저의 출판사인 CRC에도 심심한 사의를 표한다. 번역 및 출판을 위해 최선을 다해주신 도서출판 북코리아 이찬규 사장님을 비롯한 직원 여러분께도 고마움을 전한다. 이 책의 번역은 국민안전처의 연구과제인 '대규모 복합피해지역에 대한 효율적인 복구방안 연구(MPSS-자연-2014-73)'를 수행하면서 이뤄진 하나의 성과로서, 출판을 지원해주신 국민안전처 관계자분들께도 감사의 마음을 전하는 바다.

역자 대표 김학열

책을 시작하며

9.11테러의 가장 큰 파급효과 중 하나는 정부가 자국의 영토를 보호하고 자연재난이나 테러 또는 범죄행위로 인해 발생한 재난 상황에 집중적인 대응을 하기 위해서는 상당히 강력한 공공정책이 필요하다는 인식이 생긴 것이다. 9.11사태에 대한 정부의 가장 주목할 만한 대응은 2002년 국토안보법Homeland Security Act을 통한 국토안보부Department of Homeland Security 창설이었다(Homeland Security, 2011). 국토안보부는 서로 다른 연방정부의 22개 부서 및 기관의 전부 또는 일부를 통합해서 내각의 장관급으로 새로 만들어졌다(Homeland Security, 2011). 국토안보부는 포괄적인 국토안보 및 법률집행기관으로서 서로 다른 분야를 총괄해 통신과 정보 수집 능력을 향상시켜야 하는 과제를 안고 있다. 국토안보부는 허리케인 카트리나 이후 자연재난에 대한 대응에서도 선봉에 서왔다. 이렇게 새로 창설된 국토안보부가 국내법 집행에서부터 자연재난이 발생할 경우 시민을 대피시키는 일에 이르기까지 다양한 영역의 일을 해나갈 수 있을지, 얼마나 잘 해나갈지는 지켜볼 일이다.

대부분의 공무원은 중대한 결정이 요구되는 삶과 죽음이 엇갈리는 극단적인 상황에 처하지 않을 것이다. 그러나 중대한 의사결정이 필요할 때 공무원들이 이전에 발생한 사건에 대해 잘 알고 있어야 하며, 그래야 더 나은 결정을 내릴 수 있다. 현재의 난관에 부딪쳐 과거의 상황을 언급하는 것이 비합리적이라고 여겨질 수도 있지만, 재난이 발생하면 전기가 끊기고 대중교통이 마비될 수 있으므로 역사 속의 이전 사건과 유사한 상황이 재발하기도 한다. 2003년 미국 북동부에서 발생한 정전 사태는 공무원들이 현대적인 편의시설 없이 어떻게 재난에 대응해야 하는지를 보여준 좋은 예다. 따라서 현대의 재난에 맞는 성공적인 계획을 세우기 위해서는 재난관리자들이 과거의 상황과 그에 대한 대응을 살펴보는 것이 매우 유용한 경우가 많다. 늘 새로운 난관에 부딪치게 마련이지만, 과거의 많은 재난이 앞으로도 발생할 가능성은 있다. 공무원들은 이러한 과거의 재난에 이뤄졌던 의사결정을 평가하고, 유사한 상황에서 자신들이 어떻게 대응할 것인지 고려해볼 수 있을 것이다.

이 사례연구집은 실제로 발생한 몇몇 재난에 대해 공무원들이 이러한 종류의 평가를 할 수 있게 만들어졌다. 정답도 오답도 없는 경우가 많고 어떤 선택이든 해야 할 뿐이지만, 이러한 선택이 문제를 순조롭게 해결하기도 하고 상황을 더욱 악화시키기도 한다. 이 사례연구집은 연구사례를 통해 다양한 관점에서 포괄적인 질문을 함으로써 학생과 실무자들이 어떤 의사결정이 성공적이었으며, 그 이유는 무엇인지 판단할 수 있게 해준다. 과거에 발생한 사건이 연도순으로 실려 있지만, 본문에는 마지막까지 역사적 사실이나 해결책이 드러나지 않는다. 어떤 사례는 (동물이 초래한 재난 같은 사례처럼) 현대와 더 많은 공통점을 이끌어내기 위해 과거의 사건을 좀 더 느슨하게 참고하기도 했으며, 교육적인 목적을 위해 더욱 폭넓은 의사결정 가능성을 남겨두기도 했다. 상황을 개선하기 위해서는 한 번 이상의 선택이 필요한 법이지만, 이 사례연구집은 공무원들이 어떤 사항을 고려해야 하며 계산에 넣어야 하는지뿐만 아니라, 사건에 어떻게 대응해야 하는지를 잘 이해할 수 있게 만들어졌다.

독자 여러분은 과거에 공무원들이 행한 결정을 비판하기는 쉬울 것이다. 하지만 재난의 순간에 재난관리자들이 받았던 정치적 압력이나 제한된 권한으로 상황에 대처해야 했던 한계는 감안해야 한다. 역사 속의 공무원들과 달리 여러분은 압력을 받는 상황에서 의사결정을 내리지 않아도 될 것이다. 이 사례연구집에 실린 의사결정 과정은 독자들에게 현실의 상황에서 적용해야 할 이론적인 재난관리 방법을 시험해볼 응용 공간을 제공해줄 것이다. 이 책은 행정학이나 재난관리 과정에서 실질적인 연습교재로 쓰일 수 있고, 재난관리 상황에서 공무원들에게 실제적인 지침을 제공할 수 있을 것이다.

Contents

제1장

공무원 및 재난관리자*를 위한 지침과 일반적인 정보

1. 재난 및 비상 대응 상황에서 고려해야 할 주요 사항

1) 연구사례의 선정과 재난대응의 역사

이 책에 실린 연구사례는 다음과 같은 이유로 선정되었다. 첫째, 몇몇 연구사례는 재난대응 및 현대 재난관리의 발전에 미친 영향이 크기 때문에 선정되었다. 1970년대 러브 운하Love Canal 사건 같은 재난은 유사한 상황이 재발하는 것을 막기 위한 새로운 법안 도입에 막대한 영향을 미쳤기 때문에 선정되었다. 둘째, 9.11사태, 1966년 텍사스 대학교 오스틴 캠퍼스University of Texas at Austin에서 발생한 찰스 휘트먼Charles Whitman의 총격사건, 옴Aum 종교집단의 도쿄 지하철 공격 같은 사건은 재난의 규모가 매우 크기 때문에 선정되었다. 셋째, 그 밖에 다른 연구사례는

* administrator는 정부 부서의 책임자 및 비영리적인 목적으로 공공기관의 관리를 책임지는 사람을 의미하지만, 여기에서는 '재난관리자'로 번역했음 — 옮긴이

독특한 특성이나 복합성 때문에 선정되었다. 이러한 사건들은 재난을 성공적으로 해결해야 하는 공무원이나 재난관리자들에게 독특한 과제를 부여했다. 1916년 뉴저지의 거대한 백상어 공격, 1979년 스리마일섬Three Mile Island의 원자력발전소 사고, 1906년 샌프란시스코 지진 등이 바로 그와 같은 과제를 던져준 사건에 해당한다.

재난대응의 전 역사 동안 연방정부와 주정부 그리고 지역정부는 법률과 조례를 통과시켜 재난을 예방하고 피해를 줄이기 위해 노력해왔다. 재난관리자들이 과거를 소홀히 하고 더 나아가 역사의 교훈을 무시하면, 불행히도 역사는 반복되는 경향을 보인다. 그러한 경우, 공무원들은 건축법규를 확인하는 데 소홀하고 기존 법률을 제대로 집행하는 일을 무시하기도 한다. 이 책에서는 각 재난의 사례별 시나리오를 통해 과거에 벌어진 일과는 다를지라도 재난의 각 단계에 적용하거나 고려할 수 있는 해결방안을 제시할 것이다. 또한 각 장의 끝 부분에서 연구사례를 다음과 같이 요약하려 한다. ① 각 사례에서 실패한 점 ② 그러한 실패의 결과 ③ 파급효과 ④ 기억해야 할 점

2) 재난대응에 필요한 기본 체제와 자원

재난관리자와 공무원은 재난 상황에 늘 관심을 기울이고, 재난 상황에서 발생할 수 있는 대응과 관련된 수많은 문제를 전략적으로 파악해야 한다. 주민의 신뢰를 얻으려면 이와 같은 근면함이 필요한데, 불행히도 모든 지역사회는 그 지역에 광범위하게 영향을 미치거나 특정한 공공기관에 부정적인 영향을 미칠 수 있는 재난 상황에 언제 어디서나 맞닥뜨릴 수 있기 때문이다. 재난 상황은 다양하고도 수많은 원인에 의해 발생할 수 있다. ① 허리케인, 토네이도, 화재, 지진 및 홍수 등의 자연재난 ② 원자력발전소, 화학물질 유출, 기타 산업재해와 관련된 사고

③ 테러행위 ④ 방화나 저격 등의 범죄행위 등. 이러한 재난은 발생 원인과 관계없이 시민의 건강과 안녕 그리고 지역사회의 기반시설에 심각한 위협이 될 수 있다. 이러한 상황에 성공적으로 대처하느냐 못 하느냐는 삶과 죽음, 보존과 파괴의 차이를 낳는다. 다음은 페로Perrow의 글을 인용한 것이다.

> 자연적인 원인, 산업 및 기술적인 원인, 테러 같은 고의적인 원인으로 인해 발생하는 재난은 지난 몇십 년간 미국에서 계속 증가하고 있으며 줄어들 기미가 보이지 않고 있다. 기후 변동성도 더 커질 것이며, 중소 규모의 산업재해는 계속되고 있을 뿐 아니라 더욱 심해질 위험이 있고, '필수적인 사회기반시설'에 대한 사이버 공격의 위협도 더욱 커지고 있으며, 외국인 테러범도 수그러들 기미를 보이지 않아 우리는 불안하게 다음 공격을 기다리는 처지가 되었다(Perrow, 2007, p. 1).

똑같은 재난 상황이란 존재하지 않지만, 과거 사건의 영향과 사건이 다뤄진 과거의 방식에서 중요한 교훈을 얻으면, 앞으로 발생할 사망과 부상 또는 피해를 예방하거나 최소한으로 줄일 수 있는 건전하고 효율적이며 합리적인 결정을 내릴 수 있을 것이다. 실행 가능한, 완벽하게 성공적인 전략이 존재하지 않는 상황도 있을 것이다. 그럼에도 불구하고 지역사회에 미치는 피해와 파괴를 최소화할 수 있는 전략적인 사항을 고려해 의사결정을 내릴 수는 있을 것이다.

이 책의 연구사례에서 다룬 일부 단체들은 (예를 들어, 여객기를 공중 납치해 무기로 삼은 9.11테러 공격에서) 특정한 재난 상황을 처음으로 경험했다. 재난관리자나 공무원들은 이러한 과거의 경험으로 이제는 그러한 가능성을 인식하게 되었으며, 이로 인해 만일의 사태에 대비해야 한다는 사실을 받아들이게 되었다. 과거의 사건으로부터 얻은 경험과 그러한 사건이 다뤄진 방식은 현대의 우리에게도 경험으로 인한 통찰을 통해 분명한 이점을 제공하며, 이는 선배들이 당시의 재난 사건에 대응할 때 누리지 못했던 이점임이 분명하다. 따라서 이러한 목적을 위해 재난관리자와 공무원이 재난 상황에 대응할 때 알아두어야 할 일반적인 사항은 다음과 같다.

3) 기본 체제

① 실행계획

재난관리자나 공무원은 상황이 발생했을 때 긍정적으로 개입하기 위한 실행계획을 늘 숙지하고 있어야 한다. 즉,

> 자연재난이나 인재人災로부터 생명과 재산을 보호하기 위해 계획을 세우는 데 있어 분명한 사실은 이런저런 위험으로부터 완전히 자유로운 곳은 이 세상에 존재하지 않는다는 사실이다. 우리는 여러 가지 위험 가능성을 찾아내고, 이러한 위험에 노출되거나 피해를 줄이기 위한 조치를 취할 수 있을 뿐이다. 하지만 철저한 계획 수립과 대비를 통해 위험한 상황이 재앙으로 번지는 것을 막을 수는 있을 것이다(Ricks, Tillett, and Van Meter, 1994, p. 329).

특정 지역에서 특정한 위협이 발생할 가능성이 있다는 사실이 알려진 경우, (예를 들어, 해안지역에서 허리케인이 발생하는 경우처럼) 일부 기관에서는 실행계획을 이미 마련해두고 있을 것이다. 그럼에도 자연재난에 대비한 계획 수립의 중요성은 아무리 강조해도 지나치지 않다.

> 물론 미국에서 자연재난이 다른 곳보다 더욱 빈번하게 발생하는 지역이 있기는 하다. …… 현대의 기술로 이러한 자연재난은 대부분 어느 정도 예측이 가능해졌다. 며칠 전부터 경고하는 것이 가능한 경우도 많으며, 다가올 위험의 강도를 예측할 수 있는 경우도 있다. 하지만 자연재난은 아무런 경고 없이 닥치기도 하며, 이러한 경우 사전 계획 수립과 즉각적이고도 적절한 대응 역량을 갖춰두는 게 매우 중요하다(Ricks, Tillett, and Van Meter, 1994, p. 66).

어떤 조직이 실행계획을 세울 때, 그 계획에는 상황의 다양하고 중요한 측면들이 고려되어야 한다.

첫째, 실행계획은 재난이 발생했을 때 활용할 수 있는 자원을 열거한 실질적인 물품 목록을 근거로 세워져야 한다. 자연재난이 발생할 가능성이 있을 경우, 완화 계획이나 재난관리 계획을 세우려면 여러 조직이 지리정보시스템Geographic Information Systems (GIS) 같은 핵심적인 소프트웨어 도구를 활용하기도 한다(Greene, 2002). 이러한 계획을 가지고 있으면, 지역사회를 강타할지도 모를 자연재난에 효율적으로 대비할 수 있는 잠재력을 가질 수 있을 것이다. 여기서 명심해야 할 것은 계획을 처음 세웠을 때 활용 가능했던 자원이 나중에까지 활용 가능한 것은 아니라는 사실이다. 따라서 위협이 존재할 경우, 실행계획을 정기적으로 갱신하고 활용 가능한 현실적인 자원 목록을 기록해두는 것이 중요하다.

둘째, 실행계획에는 특정 유형의 위협이 닥칠 때 어떤 조직이 가질 수 있는 취약성 목록도 포함되어야 한다. 예를 들어, 어떤 지역사회가 홍수범람원에 형성되었다면 (병원, 학교 같은) 주요 시설에 홍수가 발생할 가능성이 있다. 그러한 재난의 피해를 줄이기 위해 필요한 경우 GIS 같은 기술을 활용해야 한다.

> Thomas, Ertugay, and Kemec (2007)이 공간 의사결정 지원 시스템Spatial Decision Support Systems (SDSS)에 대해 언급한 바에 의하면, 재난 SDSS에 요구되는 협력 수준과 시나리오 구축은 어느 정도 미래의 일로 여겨지긴 하지만, 손실을 줄이기 위해 재난관리를 지원하는 통합 시스템 도입의 가능성은 지리정보 기술의 활용도가 증가함에 따라 그 어느 때보다 커졌다고 할 수 있다(Tung & Siva, 2001). (Rodriguez, Quarantelli, and Dynes, 2007, p. 86)

따라서 어떤 시설이 폭풍으로 인한 홍수의 위협에 직면했을 경우, 책임자는 어떤 조치를 취해야 하는지를 명시한 실행계획을 마련하는 것이 중요하다. 병원이 물에 잠기면 환자에게 어떻게 의료 서비스를 제공할 것인가? 교화시설에 홍수가 날 경우, 죄수들을 어떻게 할 것인가? 재난관리자는 재난에 순조롭게 대처할 방법은 물론, 이러한 유형의 문제에도 준비되어 있어야 한다. 실행계획을 세울 때는 분명히 몇 가지 요인이 포함되어야 하는데, 여기에는 책임자가 행사할 권한의 수준과 정도도 포함된다. 이와 관련된 질문사항은 다음과 같다.

- 활용 가능한 자원은 무엇인가?
- 누구와 접촉해야 하는가?
- 어느 정도 개입해야 하는가?
- 어떤 유형의 위협에 대처해야 하는가?
- 조직의 가장 큰 취약성은 무엇인가?

셋째, 실행계획은 사전에 수립해야 하지만 재난 상황이 전개되면서 바뀔 수 있다. 따라서 재난관리자는 사건이 전개됨에 따라 실행계획을 조절할 준비가 되어 있어야 한다. 상황을 예측할 수 없고 사건의 진전에 따라 상황이 달라지는 경우가 많으므로 계획은 결코 고정적이거나 확정적이어서는 안 된다. 재난 사건은 역동적이며 유동적이므로 책임자는 '계획'이 그렇다고 해서 그러한 계획을 융통성 없이 고수해서는 안 된다. 효율적인 계획은 전략적 융통성이 허용되는 역동적인 특성을 가져야 한다.

② 통신계획

재난대비에는 실행계획만 필요한 게 아니라 또 다른 매우 중요한 요소가 있는데, 그것은 바로 포괄적인 통신계획이다. 간단히 말해, 적절한 통신이 이뤄지지 않으면, 재난대응 팀은 실행계획을 불완전하고 비효율적으로 실행할 위험이 커지며, 심지어는 실행에 완전히 실패할 수도 있다.

> 경보 시스템의 개발은 공학 및 기술적인 과정인 동시에 조직적인 과정이다. 경보 시스템은 대인 통신human communication, 운영 및 관리, 그리고 의사결정이 복합적으로 관련된, 기술 이상의 것이다(Rodriguez, Quarantelli, and Dynes, 2007, p. 184).

또한 통신계획에는 상황이 전개되면서 실행계획의 수행에 도움이 될 지원과 자원을 얻을 수 있도록 상황에 대처하는 내용이 포함되어야 한다. 통신계획은 정부 및 공공기관의 실행계획이 성공적으로 실행될 수 있도록 시민에게 필요한 중요한 정보와 지침을 알리는 데도 사용되어야 한다.

통신계획에는 책임자가 전달하거나 전달받아야 할 정보뿐 아니라, 그러한 정보를 주고받는 방법까지 포함되어야 한다. 어떤 재난 상황의 경우, 다른 기관들과 통신할 때 현대적인 장비나 편의시설을 이용하지 못할 수도 있다. 따라서 책임자는 가능한 한 시의적절하고 명료하게 정보를 보내고 받을 다른 방법을 찾아야 한다. 예를 들어, 전기통신망이 작동하지 않으면 단파 송수신기나 심지어 인편에 의존해야 할 수도 있다. 다른 공무원이나 시민 또는 다른 조직과 통신할 때, 재난관리자는 명확하고 간략하게 자신의 생각을 전달해야 한다. 또한 실행계획을 수행할 때, 효과적인 구문 작성과 구술 통신 방법에 능숙해야 한다.

재난관리자와 공무원은 언론을 효율적으로 관리해야 한다. 기자들이 시민에게 유포할 정보를 찾을 때, 담당자는 그 기회를 활용해 재난 시 필요한 자원을 널리 알려야 한다. 허리케인 카트리나Katrina 같은 광범위한 지역적 대응이 필요한 재난과 오클라호마시티 폭파사건 같은 국지적인 대응이 필요한 재난은 완전히 다른 전략을 사용해야 한다. 이 두 사건은 모두 언론의 조명을 받았지만, 좁은 지역에서 일어난 재난에 대응하면서 언론이 진행 중인 재난대응에 부정적인 영향을 미치지 않도록 주의해야 한다. 예를 들어, 언론이 살인범 체포에 사용될 단서를 폭로한다면, 범죄행위를 저지른 사람을 체포하거나 유죄 판결을 받도록 하는 데 방해가 될 수 있다. 더욱 광범위한 지역에 벌어진 재난대응의 경우, 취재기자가 (홍수 등으로) 위험에 처할 수 있으므로 일부 피해지역에 대한 언론의 접근이 차단될 수도 있다. 대규모 재난대응에 있어 책임자는 지원을 요청해 자원을 모으는 식으로 계획을 세워 언론을 자신들의 상황에 유리하게 활용해야 한다.

③ 재난대응 계획

모든 공공기관은 다양한 재난에 어떻게 대응할 것인지에 대한 최소한의 기본 틀을 제공하는 재난대응 계획을 세워두어야 한다. (화재, 폭동 등)

알려진 위협으로 피해를 입을 가능성이 있는 일부 기관의 경우, 재난대응 계획을 더욱 구체적으로 세워야 한다. 재난 실행계획에는 재난이 발생했을 때 외부 자원을 모으는 방법뿐 아니라, 그 조직에서 활용 가능한 자원도 명시해야 한다. 재난대응 계획에 명시해야 할 구체적인 사항에는 주민의 대피계획 또는 수상 교통수단을 통한 운송 등도 포함될 수 있다. 이러한 재난대응 계획에는 통신수단이 두절되거나, 정전되거나, 의료 지원을 받을 수 없거나, 추가 시설이 필요한 경우 등 만일의 사태에 대비한 계획도 포함되어야 한다. 재난대응 계획은 조직 내에 광범위하게 배포되어 재난이 발생했을 때 누구나 쉽게 접근할 수 있어야 한다.

4) 자원

재난이 발생했을 때, 상황을 신속하게 해결하려면 재난관리자와 공무원이 주요 자원에 접근하는 것이 무엇보다 중요하다. 실행계획을 짤 때 재난관리자와 공무원이 고려해야 할 자원에는 다음과 같은 것들이 포함된다. 인력, 식량과 물, 의료품과 의료자원, 경찰, 특수 장비, 전기와 연료, 교통수단, 장례 지원, 대피한 시민을 위한 자원, 재난시설, 경제적 자원, 통신 등이다.

① 인력

비서 한 명이든 대규모 기술자 집단이든, 인력은 재난대응에 거의 언제나 필요하다. 컴퓨터 프로그래머 같은 전문인력보다는 비숙련 육체노동 인력이 더 시급히 필요한 경우가 많으며, 공공기관은 재난이 발생했을 때 어떤 능력이 필요한지를 결정해 이러한 능력을 지닌 인력을 신속하게 얻을 수 있도록 조치해야 한다. 예를 들어, 홍수가 발생하면 그 지역으로 물이 넘쳐 들어오는 것을 막기 위해 모래주머니를 채워 쌓는 일이 무엇보다 중요하다. 이러한 활동은 그 지역의 일반적인 자원봉사자로 가능하다. 무너지는 댐을 보강하는 것과 같은 경우에는 육군 공병단 같은 전문적인 조직의 도움이 필요할 것이다. 만일 재난을 입은 지역이 멀고 외딴 곳이나 기반시설이 부족한 곳이라면, 때로는 먼 거리를 이동해 전문인력을 재난지역으로 보내야 할 수도 있다. 특히, 홍수, 토네이도, 허리케인 같은 위협이 진행 중일 때 외부의 도움이 필요한 공공기관은 실행계획에 운송 문제를 포함시켜야 한다. 재난대응관리의 직접적인 책임자에게 전문인력과 기관에 연락할 방법(이름, 전화번호, 이메일 등)이 명시된 목록을 배포해야 한다. 사전에 이러한 기관들과 대응 협약을 맺어야 재난 상황이 발생했을 때 이들 기관과 원활하게 접촉할 수 있을 것이다. 재난이 발생했을 때 일반 시민의 도움을 받고자 하는 기관은 집결 장소와 연락할 사람에 대한 정보를 공보나 신문 또는 그 기관의 웹사이트에 게시해두어야 한다.

② 식량과 물

물은 인간의 생존에 가장 중요한 필수 자원이다. 물은 의료 처치, 위생 관리 그리고 불을 끄는 데도 필요하다. 연방재난관리청The Federal Emergency Management (FEMA)은 재난 가능성에 대비해 물을 비축해두는 것의 중요성을 다음과 같이 밝히고 있다.

> 최소한 3일분의 물을 비축해두어야 하며, 하루에 1인당 적어도 3.8ℓ의 물을 비축해두어야 한다. 정상적으로 활동하는 사람은 매일 식수로만 적어도 1.9ℓ의 물을 마셔야 한다. 이에 더해 필요한 양을 결정할 때는 다음 사항도 고려해야 한다. ① 나이, 신체조건, 활동량, 식단 그리고 기후에 따라 한 사람이 필요로 하는 양이 달라진다. ② 어린이, 모유를 수유하는

사람, 환자는 더 많은 물을 필요로 한다. ③ 매우 더운 날씨에는 필요한 물의 양이 두 배가 되기도 한다. ④ 응급 의료 상황에도 물이 추가로 필요하다(FEMA, 2010).

식량과 (인슐린 같은) 일부 의약품이 상하는 것을 막기 위해 얼음이 필요하다는 점도 반드시 기억해두어야 한다. 공무원은 해당 지역에 공급되는 물이 오염되거나 기반시설이 피해를 입은 경우, 충분한 양의 물을 신속하게 공급받아 긴급구조대원과 시민에게 차질 없이 전달되도록 해야 한다. 식량 공급이 당장 이뤄지지 않더라도 시민의 개별적인 식수 마련이 공무원이 제공하는 식수 공급과 합쳐지면, 해당 지역사회의 생존율을 끌어올릴 수 있다.

재난 상황에서 보유해야 할 가장 중요한 자원이 물이긴 하지만, 식량도 필수적인 자원이다. 만일 허리케인 같은 심각한 자연재난이 발생했을 때 어떤 조직이 휴대용 식량을 즉시 공급하지 않는다면, 많은 시민이 오염되거나 상한 음식을 먹고 병에 걸리거나 굶어 죽을 수도 있다. 미국에서는 냉장고에 보관할 필요가 없는 포장된 휴대 식량을 군대의 비축량에서 제공해왔다. 식량의 또 다른 공급원으로는 (사전에 반드시 협약을 맺어야 하지만) 지역의 식료품점이나 푸드뱅크food banks*를 들 수 있다. 재난이 발생하기 전에 어디로 가야 식량을 얻을 수 있으며, 식량이 어떻게 배분되는지에 대한 정보를 시민에게 제공해야 한다. 재난이 발생한 후에도 이를 상기시켜야 한다. 이렇게 하면 시민이 생존을 위해 약탈행위를 저지르는 것을 막는 데 도움이 될 것이다.

---

* 가난한 사람들에게 무료로 음식을 제공하는 곳 — 옮긴이

③ **의료품과 의료자원**

의료품과 의료자원은 통상적으로 자연재난이 발생했을 때 반드시 필요하다. 정부는 숙련된 의료진, 적절한 의료품 및 병원시설을 어떻게 확보할 것인지를 미리 정해두어야 한다. 학교나 주민센터처럼 많은 사람을 수용할 수 있고 지리적으로 가까이 분포되어 있는 공공시설은 신속하게 임시 병원으로 개조할 수 있다. 그뿐만 아니라 지역의 공공시설이 파괴되거나 지역주민의 필요에 부응하기 어려울 경우, 환자들을 적절한 의료시설이 있는 곳으로 이송할 가능성에도 대비해야 한다. 생물학 무기, 화학 무기, 또는 방사능 무기를 사용한 테러 공격으로 재난이 발생할 경우, 그러한 사태에 대처할 전문가가 그 지역에 없을 수도 있다.

> **유행병 감시 시스템은 생물학 무기 공격에 대한 사회의 취약성을 줄이는 데 유용한데, 이는 효율적인 의료 대응을 갑작스럽게 착수할 수 있는 의료 시스템의 역량에 좌우된다. 아래에 언급한 것처럼 생물학적 무기 공격에 대한 의료 대응은 필요한 의약품의 적절한 공급, 의약품을 전달하는 숙련된 인력, 그리고 준비된 유통 시스템을 필요로 한다. 미국의 의료 시스템은 일반적으로 매우 수준 높은 역량을 보유하고 있긴 하지만, 생물학 무기의 공격을 받은 수많은 부상자를 치료하는 데 필요한 장비와 물품의 비축량에는 커다란 공백이 있다**(Falkenrath, Newman, and Thayer, 1998, p. 296).

환자를 더 나은 의료 설비가 있는 지역으로 이송해야 할 경우, 실행계획에 운송 문제도 포함되어야 한다. 구급차뿐 아니라 스쿨버스, 시市 소유의 버스, 기차, 헬리콥터 그리고 비행기 등 어떤 자원을 활용할 수 있는지 검토해야 한다. 의료시설로 전환할 수 있는 공공건물을 평가할 때 고려해야 할 요인은 다음과 같다.

1. 병원 침대가 들어갈 충분한 공간이 있는가?
2. (재난지역 밖, 강에서 멀리 떨어진 곳과 같이) 안전한 장소에 있는가?
3. 비상용 발전기가 있는가?
4. (전기시설, 얼음 저장소 같은) 의료 장비를 수용할 수 있는가?
5. 접근성이 좋은가?
6. (대형 출입문, 화물을 싣고 내릴 장소, 헬리콥터 착륙장, 버스 주차장 같은) 의료 운송시설을 수용할 수 있는가?
7. 수돗물이 나오고 하수도 시설이 갖춰져 있는가?
8. 에어컨 설비가 되어 있는가?
9. 적절한 조명이 갖춰져 있는가?

이러한 질문은 결코 복잡하지 않지만, 이러한 기본적인 틀을 바탕으로 의료인력이 역할을 효율적으로 수행하는 데 필요한 자원이 어떤 것인지 알 수 있다. 공무원은 의료품과 장비를 얻기 위해 병원, 진료실, 약국, 공립학교, 그리고 고등교육시설 등 이러한 물품을 보유하고 있는 많은 장소를 알아둬야 한다.

④ 경찰

경찰은 사회가 혼란에 처했을 때 발생할 수 있는 우발적인 사건으로부터 시민을 보호하기 위해 반드시 필요하다. 또한 재난 및 위기 상황에서 긴급구조대원 역할을 하며, 인질 억류 같은 급박한 문제를 해결하는 데도 필수적이다. 경찰은 통신 장비, 어떤 지형에도 적응하는 전천후 만능 차량all-terrain vehicles, 보안시설, GIS 같은 특수 소프트웨어 등의 귀중한 자원을 보유한다. 특히 GIS는 공공시설을 지도로 나타내고, 재난 관리를 체계화하며, 대피로를 알리는 데 활용할 수 있다(Thomas, Ertugay, and Kemec, 2007). 지역 경찰이 심각한 재난 상황에 대처하는 데 적절한 훈련을 받지 못했거나 적절히 배치되지 못할 수 있으므로 주州와 카운티의 법률 집행인력도 실행계획에 포함되어야 한다. 재난대응 계획에 적절한 치안 유지가 포함되지 않으면, 허리케인 카트리나와 그 직후의 사태에서 보듯 무정부 사태가 빚어질 수도 있다(Gold, 2005).

⑤ 특수 장비와 특수 지원

일부 재난 상황에서는 긴급구조대원이 재난에 효율적으로 대처하고 생존자에게 응급 처치를 제공하기 위해 특수 장비와 특수 지원이 필요하다. GIS 같은 기술은 재난이 발생할 경우 의사결정자들에게 매우 귀중한 도움을 주는 경우가 많다. 전국재난관리협회National Emergency Management Association의 전前 회장인 로이 프라이스Roy C. Price는 이렇게 말한다.

> GIS는 재난관리에 필요한 것을 효율적으로 지원하기 위한 최적의 도구다. 재난 사건은 사람과 시설에만 피해를 주는 것이 아니라 환경, 가축, 해양 식량, 지역사회의 경제적 혼란에도 영향을 미친다. GIS는 매우 다양한 단체와 기관들이 모든 차원의 정부에서 이뤄지는 폭넓은 재난관리 활동에 참여할 수 있는 수단을 제공한다(Greene, 2002).

지진 같은 자연재난이나 (오클라호마시티 폭파사건 같은) 테러 공격 등의 특정 재난에는 개착 장비, 음향탐지기, 중량 화물 기중기, 지표 투과 전파탐지기, 그리고 여러 형태의 굴착 장비 같은 특수 장비가 필요할 수도 있다. 1939년 미국 해군 스퀄러스호USS Squalus처럼 침몰한 잠수함에서 생존자를 구한 구조 잠수부나 1986년 우주왕복선 챌린저Challenger호가 대서양에서 폭발한 경우처럼(NASA, 2011; Sullivan, 2009) 좀 더 전문화된 지원이 필요한 재난도 있을 수 있다. 특수 장비는 획득하거나 운송하기 어려운 경우가 많다. 따라서 담당 공무원은 재난에 대응하기 위해 긴급하게 필요한 것이 무엇인지를 결정하고, 이러한 장비를 긴급구조대원에게 최대한 유리한 곳으로 운송할 계획을 세워야 한다. 특수 장비를 신속하게 획득하지 못하면, (쿠르스크Kursk*에서처럼) 구조를 시도해보기도 전에 생존자들이 목숨을 잃을 수도 있다.

⑥ 전기와 연료

재난이 발생했을 때 사용할 전기나 연료 등의 에너지원을 확보해두는 것이 중요하다. 전력시설이 작동하지 않으면, 전기를 생산할 다른 방법을 찾아야 한다. 매콜리Macaulay는 필수기반시설Critical Infrastructure(CI)에 대해 이렇게 말한다.

> 필수기반시설은 매우 중요하며 또한 매우 기본적이어서 대부분의 사람들이 당연하게 받아들인다. 이것은 역설이 아닐 수 없다. 필수기반시설은 평생 동안 그곳에 늘 있었고, 작동하지 않는 경우가 거의 없다. 또한 작동하지 않을지라도 오래가지 않는다. 그렇게 아무 불편 없이 살아가는 것에 대해 아무런 의문도 품지 않고 당연히 여길 만큼 그것에 의존하게 된 것이다. 필수기반시설은 그냥 주어지는 것으로 생각하는 것은 억측이다(Macaulay, 2009, p. 1).

* 구소련, 유럽부의 중부, 러시아 연방공화국 서부의 도시 — 옮긴이

정전이 되면, 긴급구조대원들이 사용하는 많은 도구와 시설이 작동하지 않는다. 차량과 건전지로 작동되는 기기들은 전력망 손실로 인한 영향을 받지 않겠지만, 조명, 텔레비전, 컴퓨터는 작동을 멈춘다. 케이블 텔레비전을 통한 재난방송이나 이메일을 통한 인력 조정에 의존하는 실행계획은 실패할 가능성이 있다. 공무원과 재난관리 조정자는 전력을 복구할 수 있는 일련의 예비 계획을 세워두거나 발전소에 의존하지 않는 자원을 사용하는 방법을 마련해두어야 한다. 전력을 얻을 수 있는 다른 방법으로는 휴대용 발전기 같은 흔한 방법에서부터 풍력발전용 터빈과 태양 전지판처럼 혁신적인 방법도 있을 수 있다. 담당 공무원은 전기 발전기, 차량, 그리고 전동톱 같은 잔해 청소용 도구에 사용할 연료를 저장해두거나 충분한 양을 얻을 수 있도록 계획을 세워두어야 한다. 재난이 발생했을 때, 시민이 각자 쓸 것을 챙기기 때문에 연료는 순식간에 바닥날 수 있다. 따라서 정부는 재난이 발생했을 때 즉각적으로 사용할 수 있는 충분한 연료를 저장해두거나 신속하게 연료를 얻을 방법을 미리 마련해두어야 한다. 대피가 필요한 경우, 시민이 대피소에 발이 묶이지 않도록 충분한 연료를 확보해두어야 한다.

⑦ 교통

재난이 발생하면, 정부는 시민을 대피시키는 데 필요한 교통수단을 확보하고, 구급차를 제공하며, 긴급구조대원을 이송하고, 장비와 자원을 동원해야 한다. 허리케인 카트리나가 발생했을 때, 교통수단이 부족해서 가난하거나 노약해서 자력으로 집을 떠나지 못한 시민의 대피가 제대로 이뤄지지 못했고, 따라서 많은 시민이 허리케인과 그 뒤를 이어 발생한 홍수로 뉴올리언스에 갇히고 말았다(Chen, 2010). 대피 과정에 이용 가능한 스쿨버스는 재난 기간 내내 동원되거나 보호되지 못했다

(Boston Globe, 2010).

> 뉴올리언스 지역정부는 자력으로 대피할 수 없는 주민에게 교통수단을 제공하는 데 실패했다. 차량을 소유하지 못한 사람들, 장애인, 노인 그리고 관광객은 렌터카 공급이 동났을 때 오도 가도 못하는 처지가 되었다. 스쿨버스는 고지대로 옮겨두지 못했기 때문에 이용할 수 없었다(Landy, 2008, p. S188).

만약 교통자원을 적절히 활용했다면 허리케인이 도시를 강타하기 전에 더 많은 시민이 뉴올리언스를 벗어나 좀 더 안전한 곳으로 대피할 수 있었을 것이다.

⑧ 장례 지원

이 문제에 대해 생각하기 싫다 해도 담당 공무원은 인간과 동물의 사체를 보관하거나 처분할 적절한 방법을 계획해두어야 한다. 재난 실행계획에는 식수의 오염을 막고, 감염과 질병의 확산을 예방하기 위해 사체를 찾아내고 보관하며, 신원을 밝히고, 처분할 방법이 포함되어야 한다. 물론 가장 먼저 할 일은 생존자에게 물과 식량 그리고 의료 서비스를 제공하는 것이며, 다음으로 중요한 일은 시의적절하고 신중하게 사망자를 처리하는 일이지만, 생존자를 돌보는 것만큼의 비중을 두고 재난으로 인한 사망자 문제에 대처해야 한다. 이와 관련해 고려해야 할 부분이 많다. 첫째, 시체를 임시로 보관할 장소를 물색해야 하는데, 냉장시설이 있고, 생존자에게 심리적 충격을 주지 않으며, 질병의 확산을 막기 위해 대피시설에서 멀리 떨어진 곳이어야 한다. 둘째, (생선 같은) 긴급 식량과 물을 오염시킬 수 있으므로 식수원 근처에 시체를 보관하는 일은 피해야 한다. 셋째, 시체 운반용 포대를 적절히 공급해야 차후 신원 확인이 용이하다. 넷째, 극단적인 상황을 제외하고는 공동묘지를 사용하거나 시체를 화장하는 일은 피해야 한다, 또한 재난관리자는 사망자의 유품을 수집하는 것보다 생존자를 찾는 일이 우선시되어야 함을 명심해야 한다(Eberwine, 2005). 세계보건기구World Health Organization (WHO)는 지붕이 있는 빈 시설을 찾아 임시 영안실로 쓸 것을 권하는데, 이러한 시설에는 검시대를 비치하고 적절한 조명을 밝혀야 한다(World Health Organization, 2012).

⑨ 피난민을 위한 자원

재난관리자는 어느 곳에 피난민을 수용하고 이들을 얼마 동안 수용할 것인지에 대한 결정을 내려야 한다. 그 지역사회에 피난민에게 장기간의 거처를 제공할 자원이 있는가? 단기간이나 장기간 동안 거처를 제공하는 데 활용 가능한 시설은 무엇인가? 피난민을 이주시키기 위한 단기 또는 장기 자금원은 무엇인가? 피난민에게 거처를 제공하는 데 도움을 줄 다른 공공기관이나 비영리단체가 있는가? 이러한 질문은 피난민에게 필요한 것을 제공할 때 고려해야 할 문제다.

⑩ 재난시설

재난관리자 및 공무원은 재난이 발생했을 때 사용 가능한 시설을 규정하는 재난 실행계획을 세워야 하며, 이때 고려해야 할 사항은 다음과 같다.

1. 시설의 규모는 어느 정도인가?
2. 수용 능력은 어느 정도인가?

3. 비상용 발전기가 있는가?

4. 수돗물이 나오고 하수도 시설이 되어 있는가?

5. 토네이도나 허리케인에도 안전한 대피소 역할을 할 수 있는가?

6. 지휘소로 사용하기 적당한가?

7. 현대적인 통신수단이 갖춰져 있는가?

8. 화물을 싣고 내릴 장소가 있는가?

9. 주방이나 의료시설이 있는가?

10. 주요 고속도로나 교통의 요지와 가까운가?

허리케인 카트리나가 발생했을 때 슈퍼돔Superdome을 대피소로 사용하고, 1947년 텍사스시티 재난 때 학교 체육관을 임시 영안실로 개조한 것처럼 과거에는 재난 시에 사용할 계획이 없던 시설을 개조해 사용하는 경우가 많았다(Moore Memorial Public Library, 2007). 토네이도 같은 일부 위협의 경우, 주민이 자신들의 집 안이나 집 근처에 직접 대피소를 짓는 경우도 많다. 예를 들어, 오클라호마 주 털사Tulsa에서는 털사 시와 텍사스 기술대학교Texas Tech University 주도로 집안에 안전실safe room을 짓는 것이 가능한지를 보여주는 시도가 이뤄지기도 했다(Bullock, Haddow, and Haddow, 2009). 재난에 맞서 싸울 만한 공공시설이나 적절한 시설을 갖춘 곳이 충분하지 않기 때문에 재난관리자는 재난이 발생했을 때 관할구역 내에서 사용할 수 있는 모든 시설을 점검해야 한다.

⑪ 경제적 자원

재난에 맞서 싸우는 데 막대한 비용이 드는 것은 자명한 사실이다. 그뿐만 아니라 어떤 공공기관이 (허리케인 같은) 특정한 재난에 맞서 싸운 이력이 없으면, 재난관리에 필요한 충분한 예산이 확보되어 있을 리 만무하다. 텍사스 주 리버티Liberty 시의 전前 행정관리관* 앨런 반즈Allen Barnes는 이렇게 말한다. “영수증을 보관해둬라. 우리는 허리케인 리타Rita가 발생했을 때 쓴 비용에 대한 증거를 보여줄 수 있었기 때문에 연방재난관리청으로부터 신속한 배상을 받았다.”(Barnes, 2008) 공무원은 재난이 발생한 동안 비용을 얼마나 썼는지 늘 기억하고 있어야 하며, 가능하다면 배상받을 수 있게 영수증을 제시해야 한다. 재난과 관계되어 일했던 다른 기관들은 지출한 비용이나 유실된 물품을 확인할 수 없어 연방재난관리청이나 보험회사로부터 배상을 받는 데 많은 어려움을 겪었다. 허리케인이나 홍수, 화재 또는 토네이도가 발생할 가능성이 있는 지역사회는 만일의 사태에 대비한 계획을 세워두어야 한다.

> **자원—어떤 위험 완화 프로그램에서도 프로그램 성공의 상당 부분을 좌우하는 것은 자원이다. 따라서 지역 재원, 연방정부와 주정부의 재원, 금융기관의 대출 등을 포함한 다양한 재원을 확보해야 한다**(Bullock, Haddow, and Haddow, 2009, p. 205).

재난관리자는 재난 발생 이후의 재건 과정에 대한 계획도 세워두어야 한다. 1900년 텍사스 주 갤버스턴Galveston 시를 강타한 허리케인이 한때 번영했던 항구도시의 경제에 영구적인 피해를 입혔고, 2011년 일본 도호쿠東北의 지진과 그 뒤를 이은 쓰나미가 사회기반시설을 파괴하고 지역 원자력발전소에 여러 건의 사고를 초래했듯이, 자연의 힘은 막대해서 자연재난은 드넓은 지역의 경제에 부정적인 영향을 미친다. 산

* City Manager는 미국의 지방분권제도를 바탕으로 시 의회에서 시 행정을 담당하는 관리로서 의회의 통제하에 시의 모든 행정기관의 운영과 관리를 맡는다. 이 책에서는 ‘행정관리관’ 또는 ‘시장’으로 번역했음 — 옮긴이

업의 기반이 파괴되고 사회기반시설이 해를 입거나 파괴되어 시민이 대피한 지역에서 재건에 착수하는 데 몇 년이 걸리기도 한다. 이러한 재건사업에는 보험 청구금과 피해 과세표준보다 더 많은 자금이 들 것이다. 일부 국가에서는 그와 같은 자금이 국가 또는 지역 예산에서 나오기도 한다. 재난관리자는 재건에 필요한 자금이 어디서 나올 것인지를 고려하고, 재난대응 계획을 세울 때 어떤 부분을 우선적으로 재건할 것인지도 결정해야 한다.

⑫ 통신

원활한 통신은 모든 재난대응 계획의 성공에 반드시 필요하다. 재난관리자는 재난대응에 필요한 다양한 기관 사이의 원활한 통신—내부적이고 외부적인—을 위해 만일의 사태에 대비한 여러 개의 계획을 세워두어야 한다. 어떤 통신 방법을 사용하든, 공무원은 다른 사람들과 통신할 때 매우 간단하고 명료해야 한다. 휴대전화가 일상적인 통신 도구가 된 오늘날, 많은 공무원이 이에 크게 의존한다. 하지만 재난 상황에서는 휴대전화 송신탑이 손상을 입을 수 있으므로 휴대전화가 작동하지 않을 수도 있다. 전통적인 유선전화조차 재난 상황의 영향을 받기도 한다. 특히, 실종자의 친구와 친척들이 연락을 시도하면서 전화 통신망이 두절되기도 한다. 따라서 공무원은 단파 송수신기나 인편 등 제한을 두지 말고 가능한 다른 통신수단을 고려해야 한다.

2. 재난대응에 영향을 미치는 무형의 요인

1) 다른 기관과의 협력

재난이 발생하면, 공무원은 연방정부, 주정부 그리고 지역의 다른 기관과 협력하고 이들에게 도움을 청해야 한다. 다른 지역정부, 비영리단체 및 민간 산업기관과 협력해야 할 경우도 많다.

> 우리가 배운 가장 중요한 사실은 재난의 위험과 손실을 줄이기 위한 노력은 해당 지역사회에서 가장 효과적으로 이뤄진다는 것이다. 외부의 자원과 기술 지원도 필요하지만, 효율적이고 지속 가능한 위험 완화 프로그램은 재난이 닥친 해당 지역에서 계획되고 실행되어야 한다. 이러한 노력은 지역사회의 모든 이해 당사자의 완전한 지원과 참여 없이는 성공을 거두기 어렵다(Bullock, Haddow, and Haddow, 2009, p. 202).

다른 기관도 재난대응 상황에서 자원, 인력, 전문 기술 및 운송수단 등으로 도움을 제공할 수 있다. 다양한 기관이 수색과 구조 같은 특수 임무를 수행하기보다는 미국 해안경비대U. S. Coast Guard 같은 전문 기관에 그러한 일을 맡겨야 한다. 미국 해안경비대는 허리케인 카트리나가 발생했을 때, 임무를 잘 수행했다. 미시시피 주 패스커굴러Pascagoula에서 허리케인 카트리나에 대응했던 랜디Landy는 재난이 발생하기 전에 협약을 맺어두는 게 중요하다는 사실에 대해 이렇게 말한다.

> 미시시피 주 패스커굴러의 행정관리관 케이 존슨 켈Kay Johnson Kell은 대응 활동을 하며 즉각적인 조치가 필요하다고 생각해 연방재난관리청의 허락을 기다리지 않은 이유를 설명하면서 이렇게 말한다. "황소가 배수

로에 빠졌다면 끌어내야죠." 또한 패스커굴러는 재난 전 협약을 맺을 만큼 선견지명이 있었고, 이 협약에는 재난이 발생했을 때 제공할 지원과 각각의 지원에 소요되는 비용까지 규정되어 있었다(Landy, 2008, p. S189).

여러 조직 간의 잘 조율된 협력은 긴급구조대원과 운송 문제 등 서로 다른 많은 분야에서 재난대응을 더욱 효율적이고 효과적으로 만들어준다. 랜디는 이렇게 말한다.

카트리나에 맞닥뜨린 지역정부의 성공과 실패는 찬사와 지탄을 받을 모든 장점과 약점을 고스란히 드러냈다. 용감함, 정직함, 숙련된 공공관리, 그리고 긴 안목뿐 아니라 하찮은 영역 싸움, 악성 루머 그리고 형편없는 계획 등이 두드러지게 눈에 띈다(Landy, 2008, p. S188).

비효율적인 협력은 서로 다른 조직 간에 책임이 중복되는 결과를 낳기도 하며, 이는 논쟁과 헛된 노력, 또는 비효율적인 관리로 이어져 역량과 대응의 공백을 부르기도 한다. 하지만 재난관리자는 동시에 지나친 준비도 직원과 주민의 무관심을 부를 수 있다는 사실을 알고 있어야 한다. 재난관리자는 잠재적인 재난대응 상황에서 적절한 대비와 지나친 준비 사이의 균형을 맞춰야 한다.

2) 권한

공무원은 다른 기관, 조직 그리고 지리적 경계와 관련된 권한의 한계뿐 아니라, 재난대응 상황과 관련된 권한의 범위 또한 잘 알고 있어야 한다.

> 고위 간부들로 구성된 재난대응 지휘부는 재난이 발생했을 때 대응과 관련된 의사결정을 잘 조율해야 한다. 일반 회사의 간부들은 그들이 속한 조직의 이익을 지키기 위해 충성심과 책임감을 발휘할 것이기 때문에 이러한 재난대응 지휘부에 참여시켜야 한다. 재난이 발생했을 때 특정 인력을 특별 팀으로 조직하기 위해서는 문서로 작성된 공문이 필요할 수도 있다(Ricks, Tillett, and Van Meter, 1994, p. 330).

권력은 책임자가 (안전, 사회생활, 급여 등) 다른 사람의 안녕에 미칠 수 있는 실질적인 영향력일 뿐 아니라, 다른 사람들이 책임자를 어떻게 생각하는지에 따라 달라진다. 만일 다른 사람들이 책임자를 무능하다고 생각하거나 책임자의 의사결정 과정이 투명하지 않다고 느낄 경우, 그들의 권력이 크게 위축될 가능성이 높다. 간단히 말해 재난관리자가 자신의 권한을 필요한 만큼 보유하거나 확대하기 위해서는 훌륭한 리더십을 선보여야 한다.

일부 주정부와 지방자치정부에서 고위급 선출직 관리는 재난대응에 대한 책임을 지며, 지방자치정부의 직원을 관리하고 감독한다. 하지만 선출직 관리는 그러한 역할을 효율적으로 완수하기 위한 훈련이 되어 있지 않을 수도 있다. 이러한 경우 숙련된 공무원이 선출직 관리들을 위해 가능한 한 많은 전문적인 지침과 지원을 제공해야 한다.

대도시와 주州의 대규모 기관에는 재난에 대응하는 일을 전담하는 인력이나 전담 부서가 있지만, 소규모 기관에서는 이러한 재난대응을 (이미 다른 책임을 맡고 있어 업무 효율성이 떨어질 수 있는) 개인에게 맡기는 경우가 있다. 일반적으로 소규모 지방자치정부는 재난대응을 소방서, 경찰서, 재난관리부서 및 국토안보부의 지역 사무소 등에 맡긴다. 따라서 부서의 규모와 문화, 그리고 담당 직원의 지식, 기술 및 역량에 따라 재난에 대응하는 조직의 구조가 크게 달라질 수 있다.

3) 업무 범위

공무원은 가능한 업무 범위와 주어진 환경에서의 권한의 한계에 대해 잘 알고 있어야 한다. 재난 상황에서 의무와 책임에 관한 적절한 선을 알지 못하면, 조직의 역량을 넘는 일을 벌이거나 조직에 주어진 권한을 넘어설 수 있다. 그뿐만 아니라 공무원이 추가적인 역할과 책임을 맡으면, 더 많은 자원을 제공받는 이점도 없이 그러한 역할과 책임을 영구적으로 맡게 될 우려도 있다. 재난관리자는 직원의 역량과 그들에게 제공할 수 있는 자원에 대해 잘 알고 있어야 한다. 이러한 역량에 대해 잘 알지 못하면 재난이 발생할 경우 실수를 범할 수 있으며, 허리케인 카트리나 당시 연방재난관리청이 그러했듯이 무능력해 보일 위험이 있다.

4) 정치적 입장

재난관리자는 다른 공공기관, 시민 그리고 선출직 관리에게서 비롯되는 내부적 · 외부적인 정치 압력과 싸워야 한다. 이들 공공기관에는 자신들의 행동과 의사결정 과정에 책임을 지는 재난관리자가 있다. 의사결정을 내릴 때, 재난관리자는 자신의 조직에 막대한 영향을 미칠 수 있는 위험하고 불완전한 의사결정 과정이 부정적인 결과를 낳을 수도 있다는 사실을 늘 명심해야 한다. 이러한 재난관리자는 이따금씩 선출직 관리나 시민의 압력에 떠밀려 결정을 내려야 할 수도 있으나, 본질적으로 주어진 한계 안에서 합리적인 결정을 내려야 한다. 그 결정이 가장 효과적이거나 재난관리자 자신이 선호하는 결정이 아닐지라도 자신이 속한 조직이 직면한 정치적 현실에서 내릴 수 있는 최선의 결정일 수도 있다. 연방정부와 주정부 그리고 지역정부의 공무원은 다른 차원의 재난관리자와 복잡한 관계에 얽히는 것을 피해야 하는데, 이는 끔찍한 결과로 이어질 수 있기 때문이다. 연방정부와 주정부 그리고 지역정부의 공무원의 역할은 재난 실행계획을 명료하게 세우는 것으로, 이렇게 해야 자원의 효율적인 활용과 협력이 가능해진다.

5) 시간

재난이 발생하면, 재난관리자는 실행계획이나 대응계획을 고려할 때 시간이라는 변수에 늘 유의해야 한다. 재난관리자가 구상한 계획이나 대응을 주어진 한계 안에서 실행할 시간이 있는가? 만일 테러범이 공공건물을 파괴해 엄청난 양의 잔해가 생겼다면, 재난관리자는 긴급구조대원을 돕기 위해 굴착 장비나 중량 화물 기중기를 동원할 시간이 있는가? (모든 재난 상황에서 거의 늘 그렇지만) 시간이 중요한 요인이라면, 재난관리자는 긴급구조대원이 생존자를 더욱 신속하게 구할 수 있도록 자원을 어떻게 배치할 것인가? 하지만 평소보다 더 많은 시간을 할애해 더욱 신중하게 처신해야 할 경우도 있다. 인질 상황이 이러한 예에 속하는데, 상황은 급박하지만 경찰 당국에서 인질범을 비폭력적으로 체포하고 인질들을 안전하게 석방하려면 가능한 한 많은 시간이 필요할 것이다.

6) 위협의 수준/위협의 평가

효과적인 재난대응 계획을 준비하기 위해 지역사회에 발생할 수 있는 위협의 목록을 작성해야 한다. 이러한 위협에는 스리마일 섬Three Mile Island에서처럼 인근 원자력발전소 사고로 방사능 물질이 유출된 경우 또는 인도 보팔Bhopal에서처럼 인근 화학 공장에서 독성 화학물질이 유출된 것과 같은 상황이 포함될 수 있다(Perrow, 1999). 겨울폭풍, 지진, 홍수, 허리케인, 토네이도, 화재 그리고 쓰나미 같은 자연재난의 재발에 대비한 계획을 세워야 할 것이다. 수색 및 구조 업무를 하는 미국 해안경비대 같은 몇몇 정부기관은 드넓은 지리적 영역에 걸쳐 재난에 대응하는 임무를 갖고 있기 때문에 위협에 대한 평가를 다른 기관과는 다르게 내리기도 한다.

제1부
자연재난

제2장

사례연구: 자연재난 — 화재

1. 1811년 버지니아 주 리치먼드 극장 화재

1) 재난의 1단계

당신은 버지니아 주 리치먼드Richmond 시의 소방서장이다. 12월 26일, 당신은 오래된 리치먼드 극장의 공연장에서 자선공연이 열릴 것이라는 사실을 12월 20일에 통보받는다(*Richmond Then and Now*, 2007). 그 공연장은 곧 무너질 것 같이 불안정해서 공연을 보기 위해 건물 안으로 들어오는 사람의 수가 매우 적어야 하는 상황이다(Watson, 1812).

❶ **실행계획은 무엇인가?** 건물의 상태를 감안해 대중을 상대로 한 공연을 허용할 것인지 여부를 먼저 결정하는 것이 중요하다. 공연장에서 대중을 상대로 한 공연을 해도 건물 안전에 문제가 없다면, 그곳에 수용할 수 있는 인원을 엄격히 제한하고, 화재에 대비한 대피계획을 세우며, 만일의 사태에 대비해 의료 서비스도 준비해두어야 한다.

❷ **누구에게 이러한 우려를 전달할 것인가?** 소방서장은 이러한 우려를 시市의 모든 부서장들에게 전달해야 한다. 재난이 발생하면 공연을 보러 온 시민과 관객의 안전을 위해 시의 모든 역량을 동원해야 하기 때문이다.

❸ **극장 운영을 위해 제정한 법률과 규정을 어떻게 시행할 것인가?** 극장 소유주가 정해진 규정에 따르지 않는다면, 소방서장은 시의 지침에 따르지 않는다는 이유로 공연장을 폐쇄할 책임이 있다.

2) 재난의 2단계

12월 23일, 매우 유명한 배우가 자선공연에 출연할 것이라는 소식이 들려온다. 극장 측에서는 이미 표를 300장이나 팔았고, 날씨가 매우 춥기 때문에 건물에 난방을 해야 한다(Watson, 1812).

❶ **실행계획은 무엇인가?** 공연장의 최대 수용 가능 인원을 극장 운영진에게 상기시켜야 한다. 안전한 수용인원보다 더 많은 관객을 받고 싶다면, 극장 측에서는 공연을 여러 번 하는 것을 고려할 수 있다. 목조 건물에 난방을 해야 하므로 화재 가능성에 대비해 적합한 소방 기구를 비치해야 한다.

❷ **누구에게 이러한 우려를 전달할 것인가?** 경찰서장과 도시계획 국장에게도 이러한 우려를 알려야 한다. 그뿐만 아니라 사건이 발생할 경우에 대비해 지역 의료기관과도 이 문제를 의논하는 게 좋다.

❸ **극장 운영을 위해 제정한 법률과 규정을 어떻게 시행할 것인가?** 공무원에게는 규정을 지키지 않는 극장을 언제든 폐쇄할 권한과 책임이 있다. 적절한 안전 지침도 없이 극장을 폐쇄하지 않으면, 정부와 담당 공무원들이 발생한 모든 사건에 대한 법적 책임을 져

야 한다. 극장 운영진뿐 아니라, 정부의 담당자를 대상으로 한 범죄 기소나 민사소송이 벌어질 수도 있다.

3) 재난의 3단계

공연 예정일인 12월 26일, 600명이 이 자선공연의 표를 사서 입장할 것이라는 소식이 들어온다(*Richmond Then and Now*, 2007).

❶ **실행계획은 무엇인가?** 시의 직원들과 협조해 그 공연장에 300명 이상의 관객이 입장할 수 없게 해야 한다. 만일 극장 소유주가 동의한다면, 이튿날 저녁에 한 차례 더 공연할 수 있다. 그렇지 않으면 공연장을 폐쇄해야 한다.

❷ **협의(통신)계획은 무엇인가?** 안전 수용인원이 초과할 경우 공연장에 들어갈 수 없는 추가 인원이 생기므로 극장에 입장하려고 하는 관객에게 당신의 우려를 차분하게 알려야 한다. 극장 소유주와 접촉해 입장이 허용되지 않는 관객에게 두 번째 공연에 입장하거나 표 값을 환불받으라고 해야 한다. 그뿐만 아니라 극장 소유주에게 통지문을 보내 이전부터 규정되어 있던 안전 지침에 따르지 않을 경우 안전 규정 위반에 대한 벌금을 부과할 수 있다고 알려야 한다.

❸ **재난대응을 위해 어떤 자원을 준비해야 하는가?** 당신의 우려에도 불구하고 그 공연장에 600명이 입장하도록 허용되었다면(이 연구 사례에서 실제로 그런 일이 벌어졌다), 재난에 투입할 충분한 소방 장비와 소방관 및 의료진 그리고 많은 인파를 통제할 경찰을 대기해놓아야 한다. 그뿐만 아니라 필요한 경우 의료 지원과 소방자원을 얻을 수 있도록 다른 도시와 협약을 맺어야 한다.

4) 재난의 4단계

천장 전등 두 개가 깜빡거리더니 나무로 된 무대 위로 불꽃이 떨어진다(*Richmond Then and Now*, 2007). 오래된 이 공연장과 건물의 전반적인 상태를 감안해볼 때, 이는 상당히 우려할 만한 상황이다.

❶ **실행계획은 무엇인가?** 즉시 공연을 중단하고 많은 사람을 가능한 한 안전하게 건물 밖으로 대피시켜야 한다. 두 번째로 취해야 할 조치는 가능한 한 빨리 불을 끌 수 있도록 소방관을 투입하는 것이다.

❷ **통신계획은 무엇인가?** 주변이 소란스러워서 긴급구조대원도 지시를 알아듣기 힘든 상황이므로 재난관리자는 인파를 대피시키고 직원들에게 올바른 지침을 전달하기 위해 확성기를 사용해야 한다. 극장에서 관객을 대피시키는 데 경찰인력이 필요하므로 경찰서장에게도 이러한 상황을 알려야 한다. 또한 정부로부터 자원을 추가로 지원받아야 하므로 이들과 긴밀한 접촉을 유지해야 한다.

❸ **재난대응을 위해 어떤 자원을 준비해야 하는가?** 적절한 준비 과정을 거쳐 화재와 싸울 소방관과 의료진을 배치해야 한다. 수용인원을 초과한 경우 부상자나 사망자가 나올 수 있으며, 다른 증상은 물론 연기를 흡입한 피해자를 치료하려면 의료진이 반드시 필요할 것이다.

5) 재난의 5단계

약 10분 정도가 지나자, 건물 전체가 화염에 휩싸인다. 사람들은 비명을 지르며 칸막이가 설치된 특별석에서 무대로 뛰어내리고, 이제 천장에도 불이 붙어 불꽃이 극장 전체로 튀고 있다(Watson, 1812).

❶ **실행계획은 무엇인가?** 관객을 대피시키는 일이 지체되면(이 연구사례의 경우에 그러했지만), 관객 600명에 공연장에서 일하는 직원까지 더해 추가 사망자가 늘어날 수도 있는 상황이다. 아직 대피하지 못한 관객을 즉시 대피시켜야 한다. 소방관은 화재를 진압하고, 지역 경찰은 불길이나 파편에 행인들이 다치지 않도록 인파 통제에 들어가야 한다. 이 시점에서 의료진이 현장에 투입되어 부상당한 사람들을 대상으로 부상자 분류를 시작하고, 중상을 입은 사람들은 즉시 병원으로 후송해야 한다. 의료품과 의료진이 있다면, 경미한 부상을 입은 사람들은 현장에서 치료해야 한다.

❷ **통신계획은 무엇인가?** 다른 부서의 책임자들과 협력해야 하며, 긴급구조대원들이 힘을 모아 위기를 완화할 수 있게 해주어야 한다. 긴급구조대원은 얼마나 많은 사람이 극장 안에 갇혀 있는지를 파악해 이들을 구할 최선의 방법을 모색해야 한다.

❸ **이러한 재난 상황에서 가장 역점을 둬야 할 것은 무엇인가?** 긴급구조대원들이 역점을 둬야 할 것은 살릴 수 있는 모든 관객을 구조하고 부상자에게 의료조치를 받게 하는 것이다. 눈에 띄는 시체를 모두 치우고 신원 확인을 위해 보관해야 한다.

6) 재난의 6단계

주지사가 아들을 구하기 위해 건물 안으로 뛰어들어가는 모습이 보인다(Watson, 1812). 다른 사람들은 살기 위해 서로 몸을 밀치며 뒤엉켜 있는 상황이다. 당신은 이 시점에서 화재로 인한 사망자가 발생했다는 사실을 알게 된다.

❶ **실행계획은 무엇인가?** 주지사는 위험을 무릅쓰고 건물 안으로 들

어갔다. 극장 안에 있으면서 아직 살아있는 것으로 확인된 모든 사람을 다 대피시켰으므로 이 순간 주지사를 구하기 위해 부하 직원들을 위험한 상황에 빠뜨릴 수는 없다. 불을 끄고, 부상자를 치료하고, 그다음 부상자를 적합한 의료시설로 이송하는 데 역점을 둬야 한다.

❷ **통신계획은 무엇인가?** 얼마나 많은 사람이 행방불명되었는지를 정확히 파악하기 위해 실종자의 가족을 조사하기 시작해야 한다. 이것은 실종자 명단을 만드는 첫 단계이며, 잔해에서 이들 중 생존자를 찾아낼 실낱같은 희망을 가질 수 있다. 생존자가 발견되지 않으면, 이 명단은 공연장에서 찾은 시체의 신원을 확인하는 데 도움이 될 것이다. 이 도시의 자원이 바닥났다면, 이웃 도시에 연락해 의료인력과 자원을 요청해야 한다.

❸ **후속 작업에서 필요한 자원 중 준비되지 않은 것은 무엇인가?** 화재로 인해 많은 사람이 사망하고 부상을 입었으므로 의약품, 의료인력, 의료시설 그리고 긴급구조대원이 부족할 가능성이 크다. 그뿐만 아니라 발굴 장비, 시체 운반용 포대, 시체를 찾아내거나 잔해에서 생존자를 발견할 실낱같은 가능성을 도울 구조견도 필요할 것이다.

7) 주요 문제점

건축 및 화재 법규는 재난이 발생하는 것을 막기 위해 반드시 필요하다. 제대로 제정되어야 하는(그리고 제대로 시행되어야 하는) 건축 및 화재 법규에는 만일의 사태에 대한 고려가 담겨 있으며, 따라서 우선적으로 비극을 막을 수 있게 해준다.

이 연구사례는 특히 건축법규가 너무도 중요한 이유를 잘 보여주고 있다. 이 극장의 경우 지나치게 많은 인원을 수용했는데, 이는 이 건물의 수용인원을 넘은 것이었다. 그뿐만 아니라 건물이 지어진 방식으로 인해 대단히 파괴적인 화재가 되고 말았다. 불은 순식간에 번졌고 많은 희생자가 화염에 휩싸였다. 또한 주지사와 그의 가족을 보호하기 위한 아무런 준비도 없었다. 대부분의 장소에서 주요 귀빈VIP들에게는 전담 안전요원이 배치되어 이들을 밀착 보호하고 더 신속한 대피로로 안내해야 한다. 이 연구사례에서 명확하지 않은 점은 화재 진압에 필요한 자원이 이 공연장 가까이에 얼마나 많이 있었는가다.

8) 기억해야 할 사항

이 화재로 72명이 사망했다(*Richmond Then and Now*, 2007). 그뿐만 아니라 주지사가 아들을 구하려다 불길 속에서 사망함으로써 버지니아 주는 정치 지도자를 잃었다. 화재와 싸운 이 첫 번째 연구사례는 이렇게 요약된다. 여러분은 이 책 전체에 걸쳐 비슷한 유형의 실패가 반복되는 것을 볼 것이며, 이 같은 문제는 현재도 찾아볼 수 있다.

2. 1871년 시카고 대화재

1) 재난의 1단계

당신은 시카고 시장이다. 시카고는 최근 매우 긴 가뭄을 겪고 있고, 따라서 시의 소방대원들은 전날 도시 이곳저곳에서 발생한 화염과 싸우느라 바쁜 하루를 보냈다. 10월 8일 밤 10시 무렵(Debartolo, 1998), 막 잠자리에 들려고 할 때 소방대원 한 명이 몹시 지친 얼굴로 당신의 집에 나타난다. 그 소방대원은 화재가 발생해 (주로 강한 바람과 대부분 나무로 지어져 화재에 취약한 건물 때문에) 빠른 속도로 번지고 있으며, 소방대원들이 심각한 어려움을 겪고 있다고 설명한다(Chicago: City of the Century, 2003). 또 한 가지 문제는 시민이 번지는 불에 대해 별로 걱정을 하지 않는다는 사실이다.

❶ **실행계획은 무엇인가?** 화재 발생에 대한 실행계획을 세워놓았다면, 지금이 바로 그 사전계획을 활용할 시기다. 아무 계획도 세워놓지 않았다면, 가능한 한 많은 정보를 모으고 활용 가능한 자원을 확인하는 일부터 시작해야 한다. 당시 시카고는 매우 큰 자치도시였지만, 통신수단은 매우 초보적이었다. 따라서 제때 정보를 보내고 받을 수 있는 중앙지휘본부를 만들어야 한다.

❷ **통신계획은 무엇인가?** 긴급구조대원들과 통신을 시작해야 하며, 많은 소방대원들이 이미 사방에서 화염과 맞서 싸우고 있기 때문에 필요한 자원봉사자를 모아야 한다. 그뿐만 아니라 주민에게 도시를 휩쓸고 있는 화재의 위험성에 대해 알리고, 화재로 위험에 처한 지역에 사는 주민을 대피시킬 준비를 시작해야 한다.

❸ **이러한 상황에 어떻게 대처할 것인가?** 일단 불이 난 지역을 확인하고, 화재를 진압하기 위해 여러 가지 다양한 방법을 시도해야 한다. 물이 있으면, 목조 건물에 호스로 물을 뿌려 불길이 번지는 것을 막아야 한다. 만일 물이 없다면, 일부 목조 건물을 부수어 불길이 도시의 다른 지역으로 번지는 것을 막을 방화지대를 만들어야 한다. 탈 나무가 없으면, 불길이 계속 번질 연료가 없어지기 때문이다.

❹ **자원을 어디로 배치할 것인가?** 어디서 불이 났는지, 그리고 불길이 어떻게 번지고 있는지를 먼저 확인하고, 동원 가능한 소방대원들

을 불이 난 지역으로 파견해 화재와 싸우도록 해야 한다. 자원봉사자들은 주민에게 위험 상황을 알리거나, 불이 다른 지역으로 번지기 시작할 경우 주민의 대피를 도울 수도 있다. 부상자 발생에 대비해 의료진과 의료품도 준비해야 한다.

2) 재난의 2단계

불길은 도시를 가로지르는 강으로까지 번져 배 여러 척이 화염에 휩싸이고 이제 강 양쪽에서 타오르고 있다. 시민은 아직도 자신들의 안전에 대해 큰 걱정을 하지 않고 있는 듯하다(Sheahan and Upton, 1871). 다음 조치는 시카고 시민을 보호하는 데 매우 중요한 역할을 할 것이다.

❶ **실행계획은 무엇인가?** 이제 강 양쪽에서 불길이 걷잡을 수 없이 타오르고, 여러 척의 배가 화염에 휩싸였으며, 다른 배도 위험한 상황이므로 불 때문에 도시의 자원을 활용하기 힘들게 되었다. 불이 옮겨 붙지 않도록 모든 배를 즉시 안전한 곳으로 옮겨야 한다. 자원봉사자들을 보내 집집마다 시민을 찾아다니며 불길이 향하고 있는 지역의 주민을 대피시켜야 한다. 자원으로 활용할 강이 있으므로 강에서 물길을 내 도시의 여러 지역으로 운반해서 추가적인 방화지대를 만들고 불이 번질 수 있는 여러 지역의 불길을 잡아야 한다.

❷ **자원을 어디로 배치할 것인가?** 강 양쪽에서 불이 나고 있는 상황이므로 기술자와 건설노동자들을 동원해 강에서 도시의 양쪽으로 수로를 만들어 화재를 진압하는 전략적인 조치도 가능할 것이다.

3) 재난의 3단계

이웃 도시에 연락해도 아무도 당신의 요청에 주의를 기울이지 않는다(Sheahan, 1871). 다른 지자체로부터 도움의 손길이 오지는 않을 것이므로 현재 활용 가능한 자원으로 무엇을 할 것인가?

❶ **실행계획은 무엇인가?** 피난민에게는 쉼터, 식량 그리고 물이 필요하므로 시민에게 이러한 필수품을 제공하고 운반할 수 있도록 자금을 모아야 한다. 이 시점에서 당신은 이웃 지자체에서 아무도 도와주러 오지 않고 혼자 힘으로 해나가야 한다는 사실을 깨닫는다. 따라서 활용 가능한 자원을 최대한으로 동원해야 한다.

❷ **통신계획은 무엇인가?** 자원을 추가로 얻기 위해 다른 도시 및 주정부와 계속 연락을 시도하는 것이 현명할 것이다. 불길이 계속 번지고 있으므로 활용할 수 있는 자원이 얼마나 되며, 도시의 얼마나 많은 부분이 불길에 휩싸였는지에 대한 정보를 계속 수집해야 한다. 정확한 정보가 없으면, 화재를 진압할 자원을 적절하게 배분하기 어렵다.

❸ **불길을 잡는 데 실패한 이 시점에서 다음에는 무엇을 할 것인가?** 화재로 위험에 처할 가능성이 큰 지역에 있는 주민을 대피시켜야 한다. 그뿐만 아니라 도시의 어떤 구역을 구할 것인지에 대한 전략적인 계획을 세워 더 많은 자원을 그 지역으로 이동시켜야 한다.

4) 재난의 4단계

도시에 공급할 물이 방금 바닥났다(Sheahan, 1871). 물은 인간의 생존은 물론 화재를 진압하는 데도 반드시 필요하다는 사실을 명심해야 한다. 시민을 보호하기 위해 다음에 해야 할 결정과 조치는 무엇인가?

❶ **실행계획은 무엇인가?** 지금이 수로를 다시 내는 일에 기술자와 건설노동자를 투입할 적기다. 그래야 대피한 시민에게 마실 물을 공급하고 소방대원이 화재를 진압할 물을 얻을 수 있다. 물이 없으면 도시를 구할 희망도 거의 없어진다.

❷ **절망적인 상황에서 소방대원들의 사기를 어떻게 높일 것인가?** 소방서장은 부하직원들의 사기를 높이기 위해 노력해야 한다. 소방서장이 지도자의 역할을 제대로 하지 못하면, 소방서에서 그러한 역할을 맡을 유능한 사람을 구해야 한다. 그러한 리더십이 없으면 소방대원들이 지쳐 사기가 떨어지기 시작할 것이다. 그뿐만 아니라 도움이 될 만한 자원봉사자를 배치해 소방인력 부족을 완화해주어야 한다.

5) 재난의 5단계

이제 물도 떨어졌고 소방대원들도 포기한 상태다. 수많은 시민이 공포에 질려 허둥대며 다리 위를 이리저리 뛰어다니고 호수로, 강물로 뛰어들고 있다(Sheahan, 1871). 이러한 상황에 대한 통제력을 다시 회복하고, 위험에 처한 시민을 성공적으로 대피시키려면 어떻게 해야 하는가?

❶ **시민의 공포를 어떻게 가라앉힐 것인가?** 배치 가능한 긴급구조대원을 보내 강가를 따라 발생할 조짐을 보이는 폭동의 기운을 누그러뜨려야 한다. 손상을 입지 않은 배를 여객선으로 동원해 시민을 시카고를 벗어난 안전한 곳으로 대피시켜야 한다. 남은 주민을 위해서는 도시를 벗어날 안전한 운송수단을 마련해야 한다.

❷ **통신계획은 무엇인가?** 이 시점에서 가장 필요한 통신은 시민에게 시장인 당신이 지도자이며 당신이 책임진다는 사실을 보여주는 것이다. 시민을 가능한 한 침착하게 안정시켜야 하며, 강을 통해 대피하지 못한 사람들을 위해 도움의 손길이 오고 있으며 안전하게 대피할 수 있을 것이라고 안심시켜야 한다.

❸ **이 시점에서 어떤 자원을 동원해야 하는가?** 가능한 경찰력을 총동원해 시민의 대피를 도와야 한다. 그뿐만 아니라 지상 교통수단과 운항 가능한 배를 모두 동원해 불타는 도시에서 시민을 대피시켜야 한다.

6) 재난의 6단계

미군 장성이 현장에 나타나 군과 시카고 시의 인력이 협조해 구호 활동을 벌이자고 제안한다(Sheahan, 1871). 당신은 시장으로서 계엄령을 선포하기로 결정한다(Sheahan, 1871). 민간정부와 군대가 함께 일하면 어떤 장점과 단점이 있는가? 이 문제는 이 책 뒷부분의 1906년 샌프란시스코 지진에 대해 살펴보면서 알아보겠다.

❶ **새로운 실행계획은 무엇인가?** 상황에 도움이 되는 자원을 제공받을 수 있다면, 그러한 지원을 받아야 한다. 군대는 시민을 안전하게 대피시키고 대피한 시민에게 식량과 쉼터를 제공할 자원을 보유하고 있다. 그뿐만 아니라 시민에게 신뢰감을 주어 마음을 안정시켜주고, 경찰과 소방대원의 인력을 보완해줄 수도 있다.

❷ **가장 급박한 문제는 무엇인가?** 추가로 필요한 자원이 무엇인지 결정하는 것이 중요하다. 도시의 기반시설을 복구하는 일에 착수해야 하며, 주택에 피해를 입지 않았다면 시민이 집으로 돌아가는

것을 허용해야 한다.

7) 재난의 7단계

이제 비가 조금씩 내리고 바람이 잠잠해지면서 불길도 잦아들었다. 도시의 34개 블록이 완전한 폐허가 되어버렸다(시카고의 거의 1/3에 해당함) [Long, 2008]. 화재로 300명 이상이 목숨을 잃었다(Jeter, 1997). 시내 중심가, 상업지역, 부유한 주거지 그리고 항구 여러 곳이 파괴되었다(Sheahan, 1871). 30만 명의 주민 중 9만 명이 집을 잃었기 때문에 해결해야 할 다른 문제도 생겼다(Jeter, 1997). 시장으로서 재난 이후에 최우선적으로 해야 할 일은 무엇인가?

❶ **새로운 실행계획은 무엇인가?** 우선적으로 해야 할 일은 임시 쉼터를 짓고, 대피해 있는 시민에게 식량, 물 그리고 의약품을 제공할 운송수단을 마련하는 것이다. 기술자와 건설노동자를 동원해 사회기반시설을 복구하고 강에서 배를 인양해 청소한 다음 시민을 위한 구호품을 운반해야 한다.

❷ **가장 급박한 문제는 무엇인가?** 주변 도시와 기관들로부터 대피해 있는 시민을 위한 쉼터, 물, 식량 그리고 의약품을 제공받아야 한다. 누군가는 적극적으로 비영리기관의 고위 관리자나 지역정부 및 주정부 공무원들과 연락해 더 많은 자원을 공급받아 시민에게 제공해야 한다.

8) 주요 문제점

이 연구사례는 오늘날과도 관련이 있는 상황을 보여주는데, 그것은 불길이 번지는 것을 막을 수 있는 적절한 건축법규를 갖추는 일이다. 건축법규는 화재 예방에 필수적이며, 인구가 많은 지역에서는 특히 그러하다. 시카고의 건물은 대부분 나무로 지어졌으며, 빽빽하게 붙어 있었다. 이러한 점들 때문에 불길이 삽시간에 번져 시카고라는 도시를 폐허로 만든 것이다. 사회기반시설을 이중으로 대비해두어야 한다는 교훈도 잊어서는 안 된다. 물, 전기, 통신 및 교통수단이 사라지면, 현대의 재난이라기보다는 1775년의 재난과 유사한 상황에 직면하게 된다. 시카고에는 이중적인 물 공급 시설이 없었으며, 추가로 물을 얻을 방법도 없었다. 외부 기관과 협약을 맺는 것은 화재와 싸우고, 치안을 확보하며, 의료 지원을 제공하고, 시민을 대피시키고, 파괴되거나 손상된 사회기반시설을 복구해야 하는 재난의 시기에 반드시 필요하다. 시카고 시는 이웃 지역이나 기관과 필요할 때 지원을 받기 위한 어떤 협약도 맺지 않았던 것 같다. 이러한 협약을 맺지 않은 시카고 시는 지칠 대로 지친 소방대원들을 보완할 어떤 추가 인력도 얻을 수 없었다. 그뿐만 아니라 재난 경보 계획도 마련되어 있지 않았다. 따라서 시민은 화재가 걷잡을 수 없이 번진 뒤에도 신속하게 대피하지 못했다.

하나의 거대한 산업도시 전체가 건축법규, 외부 기관과의 사전 협약 부재, 사회기반시설의 이중 체계 부재 등의 여러 가지 문제로 불에 타 잿더미가 되었다. 또한 적절한 대피계획이나 재난 경보 계획의 부재로 시민 300명이 목숨을 잃었다.

9) 기억해야 할 사항

이 화재는 시카고를 역동적인 현대 도시로 재개발하는 원동력이 되었다. 소가 등잔을 차서 불이 시작되었다는 말은 사실이 아니다. 불은 어느 작은 건물에서 시작되었다(Sheahan, 1871).

3. 1871년 위스콘신 주 페시티고 화재

1) 재난의 1단계

당신은 미국 중서부에 있는 어느 주州의 카운티 행정관county commissioner* 이다. 10월 8일, 당신이 일하는 사무실에서 저 멀리 연기가 피어오르는 것이 보인다(*Washington Post*, 1997).

❶ **실행계획은 무엇인가?** 다음 사항에 관한 정보를 모아야 한다. ① 불이 난 정확한 위치 ② 불길이 향하는 방향 ③ 부상자 수. 그런 다음 화재와 싸우기 위해 어떤 자원을 모을 수 있는지 알아봐야 한다.

❷ **통신계획은 무엇인가?** 불길이 향하는 방향을 알아낸 뒤 그쪽 지역에 있는 사람들에게 대피하라고 알리고, 화재를 진압할 자원을 동원해야 한다. 또한 긴급구조대원 및 의료진과 연락하여 동원하고, 이미 발생한 문제에 대처해야 한다. 이 시점에서는 주변 기관들과 연락해 번지고 있는 불길을 진압하는 데 필요한 지원을 얻고 자원을 모으는 것이 중요하다.

❸ **어떤 자원을 획득하거나 동원해야 하는가?** 소방대원, 의료인력, 그리고 긴급구조대원뿐 아니라 다른 기관과의 연락을 담당할 중앙 지휘본부를 세우고, 곧 필요하게 될 자원인 식량과 물 그리고 대피하는 주민과 의료품을 수송할 운송수단을 마련해야 한다. 소방대원, 긴급구조대원 또는 의료진을 도울 자원봉사자를 모아

* 카운티(county)는 미국의 지방 행정구역이며, 주민의 선출에 의해 3~5명의 지방행정관(Commissioner)을 임명하고 이들이 카운티의 행정업무를 집행함. 여기에서는 경우에 따라 '시장'으로 번역함 — 옮긴이

동원해야 한다.

2) 재난의 2단계

마을을 둘러싸고 있는 숲이 불길에 완전히 휩싸였으며, 강한 바람이 불어 불길이 번개 같이 빠른 속도로 번지고 있다는 소식이 들어온다(*United Press International*, 1996). 그 지역이 몹시 건조한데다 사용 가능한 자원을 옮길 방법도 없어 걱정이다(*United Press International*, 1996). 그뿐만 아니라 이 카운티가 매우 한적하고 외딴 시골지역인 것도 문제가 아닐 수 없다(Hipke, 2007b).

❶ **실행계획은 무엇인가?** 시골지역이므로 다른 곳으로 불길이 번지지 않도록 이미 불이 난 지역으로 가능한 한 많은 물을 보내는 것이 중요하다. 아무런 기반시설도, 비행기도, 불길을 잡는 데 도움이 되는 화학물질도 없으므로 화재를 진압하기는 어려울 것이다. 따라서 소방대원들이 배치되어 방화지대를 만들어야 하는데, 이는 매우 일손이 많이 드는 과정이다. 불길이 번지는 것을 막기 위해 불길을 잡을 수 있을 만한 곳으로 소방대원들을 미리 배치할 수도 있다.

❷ **통신계획은 무엇인가?** 시골지역이므로 아무런 통신수단도 없는 시골 주민을 대피시키려면 긴급구조대원이 필요할 것이다. 규모가 매우 작은 도시와 마을도 있을 것이므로 인력을 동원해 가능한 한 빨리 이들과 접촉해야 한다. 전자 장비를 이용한 통신은 일부 지역에서는 가능하겠지만 그렇지 않은 곳도 있다. 전자통신시설을 갖추지 못한 지역에서는 주민과 직접 접촉할 인편의 역할이 중요하다.

❸ **어떤 자원을 획득해야 하는가?** 불길이 번지는 것을 막기 위해 더 많은 소방대원과 긴급구조대원이 필요할 것이다. 또한 소방대원을 적당한 곳으로 이동시키고 시골 주민을 대피시킬 운송수단도 매우 중요하다. 대피한 주민을 위한 임시 쉼터는 물론 의료자원도 필수적이다.

3) 재난의 3단계

당신이 사는 지역에 있는 여러 마을이 이제 완전히 잿더미가 되었다는 소식이 들어온다(Hipke, 2007b). 그 지역의 여러 곳에서 많은 사상자가 나왔다는 보도도 나오기 시작한다(*Associated Press*, 1988). 자원은 한정되어 있고 불길은 사방으로 번져 걱정이 이만저만이 아니다. 불길이 너무 거세서 주택과 다른 많은 것들을 거의 토네이도 같은 기세로 휩쓸고 있다는 보도가 들려온다(*United Press International*, 1996). 그토록 광활한 시골지역에서 어떤 방법으로 의사소통을 할 것인가?

❶ **실행계획은 무엇인가?** 이제 불길이 건잡을 수 없이 타오르고, 아직 화재의 피해를 입지 않은 지역으로 주민이 몰려들고 있다. 주민을 안전한 곳으로 옮기려면, 이들을 화재에서 멀리 떨어진 다른 도시로 대피시키고 더 많은 자원을 모으는 것이 중요하다. 가장 먼저 할 일은 다른 지역정부와 의논해 철로를 통해 가능한 한 많은 주민을 이들 지역으로 대피시키는 것이다. 이것은 임시적인 상황이지만, 적어도 즉시 대피시키지 못하는 주민을 돌볼 더 많은 자원을 모을 시간이 생기긴 할 것이다. 그뿐만 아니라 더 많은 정찰대를 보내 화재로 인해 대피해야 할 지역이 더 있는 것은 아닌지 알아봐야 한다. 부상자나 적절한 의료시설을 갖춘 대도시로

이송할 사람을 먼저 대피시켜야 한다.

❷ **통신계획은 무엇인가?** 화재 진압 작업에 협조를 받고 자원을 얻기 위해 당신이 사는 카운티 주변의 이웃 카운티들과 연락해야 한다. 그뿐만 아니라 당신이 사는 지역과 연결된 철로가 있어 소방장비, 의료품, 식량, 물 그리고 임시 쉼터 등의 자원을 싣고 올 수 있으며, 전자 설비를 갖춘 대도시들로부터 자원을 얻는 것도 중요하다.

4) 재난의 4단계

마침내 불길이 잡히고, 사망자 수와 피해 정도도 명확히 드러난다. 재난관리자로서 재난 이후 어떤 일에 우선권을 둬야 하는가? 앞으로 일어날 수도 있는 다음번 화재에 대비해 주도적으로 어떤 일을 할 것인가?

❶ **실행계획은 무엇인가?** 주민을 대피시켰다면, 임시 쉼터를 짓고 주민이 살던 곳으로 돌아갈 때까지 필요한 물품을 비축해두어야 한다. 시민이 어떤 형태든 정상적인 생활로 돌아오려면 그전에 어느 정도의 재건축도 이뤄져야 할 것이다.

❷ **통신계획은 무엇인가?** 대피해 있는 시민에게 일정한 기간이 지나면 안전하게 돌아가게 될 것이라고 알려야 한다. 그뿐만 아니라 주변의 다른 지역과도 연락해 카운티의 피해지역을 재건하는 데 필요한 자원도 모아야 할 것이다. 화재로 목숨을 잃은 피해자의 가족들과 접촉해 신원을 확인하게 해주어야 시체를 매장할 수 있다.

5) 주요 문제점

탁 트인 평원지대에서 발생한 화재는 자원을 동원해 불이 시작된 초기 진원지에서 불길을 잡지 못하면 진압하기 어려울 수 있다. 일단 불이 시작되면 어느 방향으로든 번질 수 있으며, 목초지를 태우고 심지어는 인구밀집지역을 불태우기도 한다. 그러한 화재는 주민의 고통, 자산 피해, 자연자원과 야생동물 피해 등 지역사회에 어마어마한 손실을 입힌다. 이 연구사례에서는 그 지역을 휩쓴 대규모 산불을 진압할 명확한 실행계획이 없었다. 불행히도 불길을 잡을 물의 공급도 원활하지 않았다. 이 재난이 발생한 시대에는 그와 같은 화재를 진압하기 위해 활용하거나 배치할 자원도 많지 않았다. 현대와 달리 항공기도, 화재 진압용 화학약품도, 물이나 다른 자원을 신속하게 옮길 사회기반시설도 없었다.

6) 기억해야 할 사항

1,670명으로 추정되는 사람들이 목숨을 잃었고(*Associated Press*, 1988), 로드아일랜드 주에 맞먹는 면적이 초토화되었다(Greer, 1986). 이 사건은 미국 역사상 가장 많은 생명을 앗아간 화재로, 같은 날 발생한 시카고 대화재보다 사실상 더 많은 피해와 사망자를 낳았다(*Washington Post*, 1997).

4. 1910년 워싱턴-아이다호-몬태나 주 대화재

1) 재난의 1단계

당신은 미국 북서부에 있는 어느 주州의 주지사다. 8월 19일, 인근 야산에서 시작된 불이 바람을 타고 순식간에 주 전체로 번지고 있다는 연락을 받는다(Petersen, 2005). 직원들은 화재가 시작된 지역에 불이 번지는 것을 막거나 이에 대처할 장비가 충분하지 않다고 보고한다(Petersen, 2005).

❶ **실행계획은 무엇인가?** 첫 단계는 산불을 막는 데 사용할 수 있는 자원이 무엇이며, 지역 차원에는 어떤 자원이 있는지 파악해야 한다. 다음으로 산불과 싸울 인력이 얼마나 있는지도 알아야 한다. 산불을 진압하기 위해 예비군이나 주방위군National Guard을 동원하는 경우도 많다. 그뿐만 아니라 막대한 재산 손실과 인명피해가 발생할 수 있는, 산불 발생 인근 지역을 보호할 계획을 세우고, 이러한 지역으로 먼저 자원을 보내야 한다. 둘째, 주지사는 가능한 한 많은 교통로를 개방해 필요한 지역으로 빨리 자원을 전달할 방법을 고민해야 한다.

❷ **통신계획은 무엇인가?** 화재가 난 곳의 인근 지역에 있는 모든 공무원, 그리고 소방 활동이 이뤄지고 있는 곳으로 배치할 자원을 보유하고 있는 기관들과 지속적으로 연락해야 한다.

2) 재난의 2단계

도로가 갖춰져 있지 않고 울퉁불퉁한 지형이라 불이 난 곳으로 자원을 이동시키기 어려운 상황이다(Petersen, 2005). 게다가 불은 이제 다른 두 개의 주로 번지고 있다. 메마른 초목 때문에 불이 바람을 타고 빠른 속도로 번지고 있다(Petersen, 2005).

❶ **실행계획은 무엇인가?** 자원을 필요한 지역으로 신속하게 보낼 수 없는 상황이므로 불길이 향하고 있는 지역의 주민을 대피시키는 문제를 고민해야 한다. 소방자원을 현장으로 신속하게 배치할 수

있는, 인구밀집지역 인근의 화재를 진압할 계획을 세워야 한다.

❷ **절실하게 필요하지만 현재 보유하고 있지 않은 자원을 어디서 얻을 것인가?** 이웃 주에 어떤 자원이 있는지, 그리고 번지는 불길을 막기 위해 연방정부와 지역정부에서 제공할 수 있는 자원에는 어떤 것이 있는지 알아봐야 한다.

❸ **통신계획은 무엇인가?** 불길이 번지고 있는 다른 두 주의 주지사 그리고 화재 진압 자원을 제공할 수 있는 지역정부 및 연방정부와 접촉해야 한다. 불길이 번질 경우 지역사회의 주민을 대피시킬 방법에 대해서는 해당 지역의 공무원들과 접촉해야 한다.

3) 재난의 3단계

현재 세 개 주에 걸쳐 (시급을 주고 고용한 자원봉사자들) 1만 명에 달하는 사람들이 화염과 싸우고 있다(Petersen, 2005). 그뿐만 아니라 이제 군대도 산불 진압 작전에 투입되었다(Petersen, 2005).

❶ **실행계획은 무엇인가?** 화재와 효과적으로 싸우려면 자원을 가장 필요한 곳에 효율적으로 배치해야 한다. 자원이 효율적으로 사용되어야 화재와 싸우는 1만 명의 인력이 제대로 된 성과를 낼 수 있다. 주지사는 이러한 모든 노력이 잘 조율되고 있는지 점검하고, 운송체계를 어떻게 개선해야 자원을 필요한 곳에 더 신속하게 배치할 수 있을지 알아봐야 한다.

❷ **통신계획은 무엇인가?** 화재를 진압하는 지역과 주 그리고 연방정부의 자원이 잘 배치되고, 서로의 노력이 잘 조율되고 있는지 확인하기 위해 최선을 다해야 한다. 지역의 대표들은 지역주민에게 임시 쉼터, 의료 지원, 그리고 식량과 물 등의 자원이 원활하게

공급될 것인지 확인해야 한다.

❸ **긴급구조대원들을 어떻게 보호할 것인가?** 긴급구조대원들의 안전을 확보하기 위해서는 더 많은 인력을 동원하고, 수색 및 구조 업무 수행은 물론, 화재를 진압하는 데 최첨단 소방 장비를 사용해야 한다. 주지사는 긴급구조대원들이 임무 수행에 필요한 물품을 충분히 보급받을 수 있도록 운송체계를 개선하기 위한 노력도 해야 한다.

4) 주요 문제점

이 연구사례에서 제기된 문제로는 사회기반시설의 부족, 다른 소방서와의 부실한 협업, 효율적으로 화재를 진압할 자원의 부족을 들 수 있다. 불길과 싸우는 소방대원들을 돕기 위한 예방적인 조치로는 숲이 빽빽한 지역의 나무를 솎아내고 쓰러진 나무의 죽은 가지나 마른 잎들을 치워 불길이 번져도 탈 것이 별로 없게 만드는 것이 있다. 이것은 현대에도 종종 사용되는 방법이다. 여기에 더해 소방자원을 비축하고 일부 장비를 미리 배치하는 것도 더욱 신속하고 효과적으로 화재에 대응할 수 있게 해준다.

5) 기억해야 할 사항

이 화재로 300만 헥타르의 산림이 불타고 86명 이상이 목숨을 잃었다 (Petersen, 2005). 이 사건은 세계 역사까지는 아닐지라도 미국 역사상 가장 규모가 큰 산불일 가능성이 있으며, 뚜렷한 원인은 밝혀지지 않았다 (Petersen, 2005).

5. 1944년 코네티컷 주 하트포드 서커스단 화재

1) 재난의 1단계

당신은 미국 동부 해안지역에 위치한 대도시의 소방서장이다. 링링 브라더스와 바넘 & 베일리 서커스단Ringling Brothers and Barnum & Bailey Circus이 공연을 위해 이 도시로 왔다. 이 서커스단은 전통적인 대형 천막을 설치하며, (주로 여성과 어린이인) 주민 8,000명이 공연을 관람할 예정이다. 대형 천막은 캔버스 천에 파라핀 왁스와 휘발유로 방수 코팅을 한 것이다 (*Willow Bend Press*, 2007).

❶ **재난이 발생할 경우의 실행계획은 무엇인가?** 당신에게는 이런 식으로 방수 처리한 캔버스 천막의 사용을 금지할 권한이 없다. 그러한 권한은 시 의회에 있다. 따라서 대형 천막 안에서 불이 날 경우 주민을 대피시킬 계획을 세워야 한다. 그뿐만 아니라 만일 화재가 발생할 경우 신속하게 대응할 수 있도록 소방 장비를 서커스 공연장 인근에 미리 배치해둬야 한다. 또한 그와 같은 대형 천막은 불에 타기 쉬우므로 그런 시설을 대중 공연에 사용하는 것은 위험하다는 사실을 시의 담당 공무원에게 알려야 한다. 서커스 책임자는 모든 비상구를 표시하고 장애물을 치워야 하는 화재 법규를 준수해야 한다.

❷ **재난이 발생할 경우에 대비해 어떤 재난용 자원을 보유하고 있는가?** 소방서장은 응급 상황이 발생할 것에 대비해 소방차와 구급차를 대기시켜야 한다. 그뿐만 아니라 의료품과 소화기도 비치해 서커스 공연장에서 사용할 수 있게 해두어야 한다.

2) 재난의 2단계

공연이 시작되면서 캔버스 천으로 된 대형 천막에서 불이 나기 시작하고, 불길이 순식간에 서커스 공연장을 삼키면서 수천 명이 살기 위해 사방으로 뛰는 상황이 벌어진다(*Willow Bend Press*, 2007). 대피하던 사람들이 불길을 향해 뛰어들기도 한다(Brown, 2008). 게다가 비상구 여러 곳이 동물 우리에 막혀 있다(*Willow Bend Press*, 2007).

❶ **잘못된 비상구를 향해 무작정 달리는 사람들을 어떻게 할 것인가?** 소방대원들은 더 적극적으로 사람들에게 정확한 비상구 방향을 알리고, 비상구에서 동물 우리를 치워야 한다. 이렇게 해서 이미 붕괴하고 있는 대형 천막에 갇힐 사람의 수를 줄여야 한다. 그뿐만 아니라 소방차를 배치해 화재 현장에 물을 뿌려서 아직 화염에 휩싸이지 않은 천막 쪽으로 불길이 번지는 것을 막아야 한다.

❷ **막힌 비상구는 어떻게 할 것인가?** 비상구를 말끔히 치워야 하므로 차량을 동원해 우리를 치우거나 서커스 책임자가 다른 자원—예를 들면, 코끼리의 힘—을 사용해 우리를 옮겨야 한다.

3) 재난의 3단계

대형 천막의 기둥과 캔버스 천은 이제 완전히 무너져내렸다(Brown, 2008). 또한 수백 명이 부상을 당해 치료가 필요한 상황이다(Brown, 2008). 소방서장인 당신은 재난관리자로서 어떤 자원을 신속하게 구해야 하는지, 그리고 이들 자원을 어떻게 재난 현장에 배치할 것인지 숙고해야 한다.

❶ **실행계획은 무엇인가?** 불이 완전히 꺼졌는지를 확인하고 수색 및

구조 작업을 시작해야 한다. 또한 부상자를 분류해 가장 심한 부상을 입은 사람이 먼저 치료받을 수 있게 해주어야 한다.

❷ **현장에 필요한 자원은 무엇인가?** 의료품과 물뿐 아니라, 가능한 한 많은 긴급구조대원과 의료인력을 현장에 배치해야 한다. 그뿐만 아니라 화재로 목숨을 잃은 사람들의 시체를 수습해야 하며, 신원 확인을 위해 시신을 영안실로 옮겨야 한다. 또한 서커스 공연장에 온 모든 사람의 소재를 확인해 사건 발생 이후에 누락되는 사람이 없도록 해야 한다.

4) 주요 문제점

이 연구사례는 대형 장소에 대한 시의 법규가 왜 그토록 중요한지를 보여주기 위해 선별되었다. 적절한 법규나 조례가 없으면 대규모 행사에 부적합한 재료를 사용할 경우, 비극적인 사건이 벌어질 수 있다. 이 사건의 가장 큰 문제는 하트포드Hartford 시가 서커스단에 인화성 물질로 만든 천막을 사용하도록 허락한 것이다. 이 한 가지 요인 때문에 불이 너무 빨리 번져 서커스 관객이 안전하게 대피할 수 없었다. 그뿐만 아니라 그와 같은 공연을 허락하기 전에 서커스 관계자와 소방대원들이 재난이 발생해도 질서정연하게 관객을 대피시킬 수 있도록 분명한 계획을 세워두었어야 했다. 한쪽 통로가 동물 우리로 막혀 있어 관객이 대피할 방법이 없었던 데다 불이 붙지 않은 천막 쪽으로 관객을 대피시키기 위한 지침도 효율적으로 전달되지 못했다.

5) 기억해야 할 사항

이 화재로 10분 만에 168명이 화염 속에서 목숨을 잃는 참사가 벌어졌다(*Willow Bend Press*, 2007). 나중에 한 방화광이 불을 놓아 서커스의 대형 천막으로 옮겨 붙게 했음을 시인했다.

6. 2003년, 로드아일랜드 주 나이트클럽 화재

1) 재난의 1단계

당신은 교외에 있는 도시의 행정관리관이다. 1930년대의 식당을 나이트클럽으로 개조하기 위한 새로운 사업이 접수되었다. 이 사업은 음악공연을 유치할 계획이고, 따라서 원래 식당보다 수용인원을 크게 늘리고 싶어 한다.

❶ **행정관리관이 직면하게 될 문제는 무엇인가?** 이러한 개조가 현재의 건물에 적합해야 하며, 화재 법규뿐 아니라 미국 장애인복지법Disabilities Act에도 부합해야 한다는 점에 유의해야 한다. 하지만 70년 된 건물에는 이 모든 것이 부합되지 않는다.

❷ **이러한 우려에 대해 지역의 업체 및 건축법규를 시행할 담당 직원들에게 어떻게 전달할 것인가?** 시장, 시 의회 그리고 시정부 산하 다른 부서들의 도움을 받아 이 새로운 사업에 건축 및 화재 법규를 적용해야 한다는 사실을 모든 선출직 관리와 관련 부서에 분명히 알려야 한다. 시정부 측에서 이러한 사업을 유치할 경우, 경제개발 책임자는 이 사업이 비용 면에서 직면할 모든 법규 및 조례에 대해 잘 알고 있어야 한다. 경제 개발 책임자는 이 사업을 위해 추가적인 개조 비용을 치르지 않고 이사할 수 있는, 적당한 시설을 갖춘 적합한 건물을 찾아보아야 한다.

2) 재난의 2단계

2월 20일, 저녁 시간에 불꽃 공연이 포함된 록 콘서트가 진행되는 도중 불이 나 이 새 사업장이 전소되었다는 전화가 걸려온다(Arsenault, 2003). 화재가 난 이후에 나이트클럽의 수용인원을 변경할 때 설치했어야 할 화재용 스프링클러가 설치되지 않았으며, 방음 자재로 사용된 발포 고무가 인화성 물질이었음이 밝혀졌다. 시의 화재 조사관은 이 업체가 나이트클럽을 개조할 때 스프링클러를 설치하지 않았다는 사실을 언급하지 않았다(University of Texas at Austin, 2006). 주지사는 300명 이하 공연장에서 불꽃 공연을 금지시켰고(Madigan, 2003), 나이트클럽 소유주와 불꽃을 터뜨린 밴드의 투어 관리자는 기소되었다(Karl Kuenning RFL, 2005).

❶ **안전이라는 측면에서 기존 나이트클럽을 어떻게 조치할 것인가?** 현재의 화재법규와 미국 장애인복지법에 부합하는지 기존 나이트클럽들을 다시 검사해야 한다. 만일 이들 법에 부합하지 않는다면, 현재의 규정에 따를 수 있도록 유예기간을 주어야 한다. 만일 유예기간이 지났는데도 규정에 따르지 않는다면, 시 당국은 이 업체에 벌금을 부과하거나 (예를 들면, 업체를 폐쇄시키는 등의) 건물에 안전 부적합 판정을 내려야 한다.

❷ **화재 발생 전에 이 나이트클럽의 법규 위반 사실을 알리지 않은 직원을 어떻게 해야 하는가?** 시의 행정관리관은 의무를 이행하지 않은 직원에 대해 다양한 조치를 취할 수 있다. 이 직원에 대한 평가서를 작성하거나, 급료를 지급하면서 정직시키거나, 급료를 지급하지 않고 정직시키거나, 심지어 직위를 박탈할 수도 있다. 이러한 상황에서 행정관리관은 담당 직원이 이 새로운 사업장에 대해 무엇을 알고 있었는지, 그리고 이 새로운 사업장이 시의 규정에 따

르도록 하기 위해 어떤 조치를 취했는지 (취했다면) 조사해야 한다.

3) 주요 문제점

기존 법규를 시행하지 않음으로써 시의 행정관리관은 사업을 위해 이 도시를 방문한 사람들과 이 도시의 주민에게 무거운 법적 책임과 안전에 대한 우려를 남겼다. 만일 소화용 스프링클러가 설치되고 나이트클럽에 사용된 자재가 인화성 물질이 아니었다면, 인명피해는 훨씬 적었을 것이다.

나이트클럽 소유주는 시에서 규정한 건축법규에 따르지 않았고, 시의 법규 시행 부서도 이를 시행하지 않았다. 시에서 (적절한 점검을 하지 않는 등) 개조에 대한 행정적인 감독을 하지 않았고, (업체에 대한 감독이 제대로 이뤄지는지 감독관이 감시하지 않는 등) 관리부서의 감독도 없었기 때문에 발생한 사고였다.

4) 기억해야 할 사항

이 사건은 미국에서 네 번째로 많은 사망자를 낸 나이트클럽 화재다. 이 불로 100명이 사망하고 200명 이상이 부상을 입었다(Parker, 2007). 또한 세 사람이 범죄행위로 형사 기소되었다(Fortili, 2003).

7. 2009년 호주 검은 토요일 산불

1) 재난의 1단계

당신은 호주 빅토리아 주의 모든 재난인력을 관리하는 책임자다. 지난 몇 년 동안 이 지역에 비가 거의 오지 않은데다 몹시 더워 모든 시골지역의 초목이 메말라 있는 상태다(The Day the Sky Turned Black, 2012). 대부분의 나라에서 그렇듯이, 인구밀도가 높은 멜버른 같은 대도시 인근에는 시골이라고 할 만한 지역이 드넓게 펼쳐져 있다.

❶ **빅토리아 주의 건조한 상태를 감안할 때, 어떤 조치를 취해야 하는가?** 매우 건조한 상태임을 감안하면, 시골지역에서 불이 날 경우에 대비해 화재를 진압할 긴급구조대원을 동원할 수 있도록 다른 기관과 협약을 맺어두는 선제 조치를 취하는 게 좋다. 메마른 초목이 화재의 연료를 공급해 불이 순식간에 번지기 쉬운 상황이므로 대규모 화재를 진압하기에 적합한 장비를 마련해두는 게 중요하다. 시골지역에서 화재가 일어날 경우 불을 진압하는 데 도움이 될 지리정보시스템GIS을 갖추고, 이러한 지역에서 불이 날 경우 여러 도시와 마을에서 대피할 수 있는 대피로도 표시해두어야 한다.

❷ **시골지역에서 불이 날 경우 필요한 자원은 무엇인가?** 만일 불이 주변 시골지역 전체로 번지기 전에 불을 발견한다면, 가능한 경우 소방차와 비행기가 신속하게 화재를 진압할 좋은 방법이 될 것이다. 화재 진압에 사용할 물과 화학약품을 비축해두고, 많은 인구가 화재로 피해를 입을 가능성이 있는 지역에 이러한 자원을 미리 배치해두어야 한다.

❸ **이 시점에서 통신계획은 무엇인가?** 어떤 종류의 쓰레기도 태우지 말고, 캠핑을 가면 모닥불을 확실히 껐는지 확인하며, 담뱃불을 제대로 처리하지 않으면 메마른 초목에 치명적이므로 유의해야 한다는 사실을 빅토리아 주의 주민에게 알려야 한다. 그뿐만 아니라 방화를 저지르다가 잡히면 무거운 형량을 받는다는 사실을

시민에게 알려 모든 유형의 방화를 막기 위한 매우 강력한 캠페인을 벌여야 한다.

2) 재난의 2단계

2009년 2월 7일 토요일, 100건 이상의 화재가 목격되었다는 보고가 들어온다(The Day the Sky Turned Black, 2012). 시속 96km 이상의 돌풍에 38℃가 넘는 기온으로 인해 즉시 조치를 취하지 않으면 순식간에 불이 번질 것이다(Siddaway and Petelina, 2009).

❶ **실행계획은 무엇인가?** 화재 건수를 감안해 가능한 한 모든 자원을 모아야 한다. 그리고 아직 불길이 번지지 않은 지역뿐만 아니라, 무엇보다 시민을 보호해야 한다. 따라서 먼저 인구밀집지역에 화재를 진압할 긴급구조대원들을 동원하고, 그다음 두 번째로 시골 지역에서 난 불을 꺼야 한다.

❷ **어떤 자원을 동원해야 하는가?** 소방대원이나 긴급구조대원을 모두 즉시 동원해야 하며, 이들의 작업을 지원할 모든 차량도 동원해야 한다. 불길을 잡을 수 있는 화재 진압용 비행기도 가능한 한 빨리 동원해야 한다. 또한 화재가 이 주州의 인구밀집지역을 위협하기 시작하면, 사람들의 대피를 돕고 임시 쉼터에 있는 피난민을 돕기 위해 어떤 자원이 필요할지 숙고해야 한다.

❸ **통신계획은 무엇인가?** 불길이 향하는 곳에 사는 주민에게 대피해야 한다는 사실을 알려야 한다. 지역과 중앙정부의 기관들과 접촉해 추가 인력, 차량, 운송수단, 의료자원을 지원해달라고 요청해야 하다. 또한 긴급구조대원들과 긴밀히 통신하여 화재 진압 작업이 협조적으로 잘 이뤄지고 있는지 점검해야 한다.

3) 재난의 3단계

이제 서로 다른 개별적인 화재가 400건 정도 발생했으며, 시속 110km 이상의 강한 바람이 여러 방향으로 불어 모든 화재의 규모와 정도가 심해지고 있는 상황이다(Siddaway and Petelina, 2009; The Day the Sky Turned Black, 2012). 그뿐만 아니라 이제 마을 다섯 개가 흔적도 없이 사라졌고, 173명이 목숨을 잃었으며, 5,000명 이상이 부상을 입었고, 2,029채의 주택이 파괴되었다(Australian Broadcast Corporation, 2012).

❶ **실행계획은 무엇인가?** 재난 후에도 여전히 당신의 관리 능력을 필요로 하는 많은 문제가 남아 있다. 먼저 시신을 수습해 신원을 확인해야 한다. 피난민을 지원해야 하며, 2,029채의 주택이 파괴된 상황이므로 충분한 운송수단을 확보해 사람들에게 쉼터, 식량, 물, 의약품, 위생시설 등을 제공해야 한다. 재난관리자가 해결해야 할 다음 과제는 지역사회를 어떻게 재건하고 재원을 어떻게 마련할 것인가다.

❷ **어떤 자원을 동원해야 하는가?** 부상을 입은 많은 사람들이 치료받을 때까지 한동안 의료자원이 절실하게 필요할 것이다. 임시 거처를 운영하고 대피한 사람들을 도울 자원을 신속하게 확보해 비축해야 한다.

❸ **통신계획은 무엇인가?** 지금까지 무엇을 했는지, 무엇을 했어야 하는지, 그리고 모든 피난민을 돕기 위해 필요한 자원이 무엇인지에 대해 지역정부 및 중앙정부와 협의해야 한다. 피난민과도 접촉해 앞으로 필요한 것이 제공될 것이며, 좀 더 영구적인 거주를 위해 어떤 계획이 마련되어 있는지 알려야 한다.

4) 주요 문제점

건조한 날씨와 메마른 초목을 감안하면, 빅토리아 주에서 화재가 발생하기 전에 이 지역에서 산불이 발생할 가능성이 있다는 뚜렷한 징후가 있었다. 산불이 일어날 가능성이 있는 지역에서는 적절한 예방조치를 취하고 대규모 화재 진압에 필요한 식량을 비축해두어야 한다. 따라서 재난관리자는 재난이 발생했을 때 자원을 제공할 수 있는 정부의 다른 기관과 협약을 맺는 것이 현명할 것이다.

5) 기억해야 할 사항

산불이라는 관점에서 그동안 수많은 정부 정책이 검토되었지만, 산불에 대응하는 최선의 방법이 무엇인지에 대한 논의는 현재도 계속되고 있다(Hill, 2012).

제3장

사례연구: 자연재난 — 허리케인

1. 1775년 뉴펀들랜드 허리케인

1) 재난의 1단계

당신은 식민지 시대 노스캐롤라이나 주*의 주지사다. 9월 9일, 식민지 지역의 해안을 향해 매우 거대한 허리케인이 다가오고 있다는 연락을 받는다(Cox, 1997). 통신 역량이 매우 한정되어 있어 인편을 활용해 여러 곳에 소식을 전해야 할 상황이다.

❶ **실행계획은 무엇인가?** 사무실에 재난계획서가 구비되어 있는지를 제일 먼저 확인해야 한다. 만일 재난계획이 마련되어 있다면, 곧 닥칠 재난에 대비해 그러한 계획에 필요한 자원을 구비해놓아야 한다. 또한 사무실의 모든 직원이 재난계획을 볼 수 있게 해야 한

* 뉴펀들랜드 허리케인이긴 하지만, 사실 이 허리케인은 현재 주州가 된 노스캐롤라이나와 버지니아 식민지를 강타했다.

다. 만일 재난계획이 없다면, (시간이 있는 경우) 계획을 세워서 전 직원에게 나눠줘야 한다.

❷ **통신계획은 무엇인가?** 그동안 사용하던 통신선이 허리케인으로 인해 지장을 받을 수 있으므로 식민지 전역의 다른 기관들 그리고 긴급구조대원들과 통신할 다른 방법을 찾아야 한다. 그뿐만 아니라 허리케인이 오고 있으며, 모든 저지대 주민은 대피해야 하고, 항구에 있는 배는 피해를 입지 않도록 다른 지역으로 옮겨야 한다는 것을 사람들에게 반드시 알려야 한다. 만일 활용 가능한 통신수단이 인편뿐이라면, 충분한 파발꾼을 여러 곳으로 보내 통일된 메시지를 전달해야 한다. 긴급구조대원과 시민에게 일관된 메시지를 전달하는 것은 매우 중요하다.

❸ **제한된 역량으로 어떻게 지역사회와 연락을 할 것인가?** 제한된 통신 역량의 문제를 해결하는 한 가지 방법은 여러 지역정부와 더욱 긴밀히 협조해 이들 각각의 정부가 대표자를 지휘본부로 보내고 여기서 각각 전달한 내용을 다시 내려 보내 더욱 신속한 통신이 이뤄지게 하는 것이다. 이렇게 하면 여러 곳에 분산되어 있는 통신센터가 중앙통신센터에서 메시지를 받을 수 있다.

❹ **허리케인에 대처하기 위해 자원을 어떻게 분배할 것인가?** 보유하고 있는 자원을 여러 곳으로 보내려면 분배되는 양이 상대적으로 적어질 것이다. 따라서 더 많은 피해와 사망, 그리고 부상을 입을 수 있는, 인구밀도가 높은 저지대로 더 많은 자원을 보내는 것이 중요하다.

❺ **전기*를 대신할 에너지원으로 무엇을 활용할 것인가?** 대안적인 전력

---

* 이 재난은 현대적인 발전소가 생기기 전에 발생했지만, 전기를 생산할 방법은 있었다(예

을 생산할 자산과 자원을 갖고 있는지 확인해야 하며, 풍력과 수력이 전력을 얻을 가능성이 가장 높은 자원이 될 것이다. 현대의 재난에서는 이동식 발전소를 돌릴 배터리와 휘발유가 가장 필요할 것이다.

2) 재난의 2단계

태풍이 말할 수 없이 큰 피해를 입히고, 이제 북쪽으로 향했다는 보고가 들어온다. 여러 척의 배가 가라앉거나 파괴되고 150명 이상 사망했다(Stone, 2006).

❶ **실행계획은 무엇인가?** 매우 강력한 이 태풍이 이제 다른 인구밀집 지역을 향해 가고 있다. 허리케인으로 피해를 입은 지역에 대해 가능한 한 많은 정보를 모아 자원을 이러한 지역으로 재분배해야 한다. 신속하거나 효율적으로 자원을 분배할 전력도 통신수단도 없으므로 자원을 여러 곳으로 보내는 데 많은 시간이 걸릴 것이다.

❷ **통신계획은 무엇인가?** 알려주어야 할 주요 사항은 허리케인이 이웃 식민지를 향해 가고 있다는 사실이다. 이웃한 식민지 정부에 경고해야 하므로 인편을 보내 그 지역에 허리케인이 오고 있다는 소식을 전해야 한다. 그뿐만 아니라 더 많은 정보를 얻는 대로 허리케인이 강타한 지역의 긴급구조대원들과도 연락을 해야 한다.

❸ **한정된 역량으로 어떻게 지역사회와 연락을 할 것인가?** 주민과 통신

를 들면, 말, 풍차, 물레방아 등). 중앙정부가 관리하는 사회기반시설에서 전력을 얻을 수 없다면, 재난관리자는 전력을 생산할 대안을 찾아야 한다.

할 수단이 제한적이므로 충분한 인편을 확보하고, 지휘본부의 연결망을 활용해 메시지를 보내기만 할 것이 아니라 현재 허리케인으로 인한 피해와 지역사회에 필요한 자원에 대한 정보를 받기도 해야 한다.

❹ **허리케인에 대처할 자원을 어떻게 분배할 것인가?** 이제 부상자와 사망자가 나오고 있으므로 질병과 감염이 주민에게 전파되지 않도록 더 많은 의료인력과 시체를 관리할 검시관이 필요할 것이다. 허리케인의 직접적인 영향은 아니지만, 지역사회를 고통에 빠뜨릴 박테리아와 바이러스 감염으로 인한 유행병에도 유의해야 한다.

❺ **북쪽에 이웃한 식민지와 어떻게 협력해 구조작업을 펼칠 것인가?** 구조와 복구작업을 위해 두 식민지에서 모두 필요한 공통된 자원이 있을 것이다. 일부 숙련된 노동자가 한 식민지에 있지만 다른 식민지에 없다면, 그러한 인력을 이웃 식민지로 파견할 수 있다. 그러면 이번에는 이웃한 식민지에서 당신의 식민지로 자원을 보내줄 것이다.

3) 재난의 3단계

이제 허리케인으로 인한 세찬 바람과 높은 물살로 인해 여러 개의 댐이 무너졌거나 물에 잠겼다는 소식이 들어온다(Department of Commerce, National Oceanic and Atmospheric Administration 2012; Ruffman, 1996). 그뿐만 아니라 많은 옥수수 밭이 쓰레기로 뒤덮였다는 피해보고도 들어온다(Department of Commerce, National Oceanic and Atmospheric Administration, 2012).

❶ **실행계획은 무엇인가?** 무너진 댐에 대해서는 구조물을 강화해 더

이상의 홍수 피해를 막아야 한다. 그뿐만 아니라 무너지지 않은 다른 댐의 상태를 조사할 조사관을 파견하고, 시급히 보수해야 할 상황이라면 이들 댐을 보수해야 한다.

❷ **통신계획은 무엇인가?** 통신망을 활용해 댐이나 방파제를 보수하고, 이들 구조물을 검사할 모든 노동자를 소집해야 한다. 그뿐만 아니라 무너질 가능성이 있는 댐 주변에 사는 사람들에게 대피해야 한다는 사실도 알려야 한다.

❸ **허리케인과 싸우기 위해 자원을 어떻게 분배할 것인가?** 다음 두 가지 문제도 해결해야 한다. ① 시민을 위한 식량 구하기 ② 댐을 보수하거나 검사하기 위한 기술자와 건설노동자 구하기. 만일 댐을 보수하거나 필요한 검사를 하지 못한다면, 댐이 버티지 못해 더 많은 농지가 피해를 입고, 더 많은 시민이 대피해야 하며, 더 많은 시민이 목숨을 잃을 수 있다.

❹ **우선순위를 어떻게 둬야 하는가?** 최우선 순위를 두어야 할 것은 구조작업이다. 하지만 댐 검사와 보수 그리고 시민이 먹을 식량을 구하는 것도 우선순위가 높은 문제에 속한다. 구조 과정에는 긴급구조대원들이 필요하므로 여기서 다른 두 문제를 해결할 인력을 빼내서는 안 된다.

❺ **식량 공급이 원활히 이뤄지지 않는다면 어떻게 할 것인가?** 정보원들을 주변의 여러 주로 보내 비축된 식량을 사거나, 다른 식민지 정부로부터 기부받을 수 있는지 알아봐야 한다. 이러한 방법에 실패하면, 캔에 보관된 식품이나 저장용 음식을 얼마나 모을 수 있는지 알아보고, 이를 식량 부족을 겪게 될 인구밀집지역으로 보내야 한다.

4) 재난의 4단계

이제 폭풍이 가라앉았다. 수많은 사람이 피난민이 되었으며, 식량과 쉼터가 필요해졌다(Stone, 2006). 그뿐만 아니라 폭풍으로 인해 해안지역을 따라 4,000명 이상이 목숨을 잃었다(BBC Weather, 2007). 말 탄 기수를 파발꾼으로 활용해 여러 재난 현장과 통신을 시도하고, 시민에게 결국 상황이 안정될 것이라는 확신을 심어주기 위해 노력해야 한다.

❶ **실행계획은 무엇인가?** 이 시점에서 우선순위를 둘 것은 대피해 있는 시민을 위한 임시 거처를 충분히 제공하는 것이다. 거처를 제공할 수 있을 때까지 이웃 지역사회에 대피한 시민을 받아달라고 요청하는 것도 방법이 될 수 있다. 이웃한 식민지에서 허리케인이 지나간 후의 복구작업에도 도움을 줄 수 있을 것이다. 부상자를 돌볼 의료인력, 감염과 질병의 확산을 방지하기 위해 시신을 수습할 장의사도 필요하다. 일각에서 구조작업이 계속 진행 중일 수도 있지만, 이 시점에서는 복구에 더 많은 자원을 배치해야 한다. 정부가 상황을 통제하고 있다는 사실을 시민에게 보여주기 위해 이 시점에서 군대에 도움을 요청하는 것도 바람직하며, 이로 인해 복구작업에 배치할 추가 인력도 얻을 수 있다. 시민의 어려움을 덜기 위해 이웃한 여러 주에서 오는 식량과 물 그리고 의약품을 운송할 운송체계도 마련해야 한다.

❷ **통신계획은 무엇인가?** 동력화한 교통수단이나 통신수단이 없다면, 말을 타거나 인편을 활용해야 한다. 메시지는 간단하고 명료해야 한다. 메시지가 복잡할수록 내용이 왜곡될 가능성도 커진다. 재난의 이 시점에서는 지도자가 허리케인이 강타한 지역을 방문해 시민을 안심시키고, 현재 상황에 대한 직접적인 정보를

얻는 것이 현명할 것이다.

❸ **식량 공급이 제대로 이뤄지지 않으면 어떻게 할 것인가?** 이 재난이 일어났을 당시에는 냉장고가 없었다. 하지만 현대에도 전기가 나가서 냉장고에 음식을 넣을 수 없게 될 가능성이 있다. 이러한 상황에서는 가능한 한 많은 보존 음식 및 저장 음식을 모으는 것이 중요하다. 저장 음식을 확보해 비축해두어야 좀 더 효율적으로 전달할 수 있다. 이 당시에는 마차가 가능한 최상의 운송수단일 수 있으며, 멀리 떨어져 기후 상황이 서로 다른 곳으로 식량을 운반해도 여전히 먹을 수 있는 상태여야 한다.

❹ **대피한 사람들은 어떻게 할 것인가?** 이 문제에 대한 완벽한 답은 없다. (예를 들어 나무, 목수 등) 집을 지을 수 있는 자원이 어떤 게 있느냐에 따라 결과는 달라진다. 또 다른 방법은 영구적인 거처를 지을 때까지 수많은 천막을 세우는 것이지만, 일부 시민, 특히 노인이나 어린이가 오랜 시간을 버티기에는 기후가 좋지 않을 수 있다는 사실을 명심해야 한다.

5) 주요 문제점

이 연구사례는 현대적인 자원이 없는 상황에서 쉼터, 식량, 그리고 대피 문제에 대처하는 어려운 과제를 잘 보여주고 있다. 폭풍이 불어 (댐 같은) 기반시설이 파괴되는 문제는 좀 더 최근의 폭풍(예를 들어 허리케인 카트리나)에서도 똑같이 나타날 수 있다. 전기도, 현대적인 통신수단도 없는 상황에서 식민지 주민은 걸어서 또는 말을 탄 인편을 활용해 메시지를 전달함으로써 통신 문제를 극복해야 했다. 현대에는 좀 더 현대적인 통신을 할 수 있는 기반시설이 마련되어 있지만, 재난 상황에도 원활하게 작동된다고 보장할 수는 없다. 재난관리자는 현대적인 전자통신 시설이 파괴될 경우에 대비해 더욱 기본적인 통신 방법을 활용할 대안적인 계획을 마련해야 한다.

댐 같은 사회기반시설을 강화하기 위한 역량을 기르지 않으면, 허리케인으로 인한 피해는 자연적으로 발생한 것보다 더 커질 수 있다. 댐 같은 구조물이 무너지면, 어마어마한 규모의 홍수가 발생해 사람들이 죽거나 부상을 입을 뿐 아니라 다리, 주택, 사업체 같은 다른 기반시설에도 피해를 입힌다. 재난관리자는 허리케인이나 지진으로 댐이 파괴되는 데 따른 위험을 잘 인식하고, 이러한 기반시설을 정기적으로 검사하고 보완해야 한다. 댐이 파괴되어 일어나는 피해는 특히 큰데, 영국이 제2차 세계대전 당시 독일 산업의 중심부를 물에 잠기게 하기 위해 댐을 파괴하는 특수 무기를 개발했을 정도다(Rainey, 2011).

인명 손실뿐 아니라 배가 가라앉고, 기반시설이 파괴되며, 농경지도 폐허가 되고 만다. 이 재난이 발생했던 시기에는 현대적인 통신 및 교통수단 그리고 건설 자재가 존재하지 않았으며, 자연재난이 발생할 경우 세계의 많은 지역이 여전히 이러한 상황에 처하게 된다. 전 세계 개발도상국가의 재난관리자들은 이러한 문제를 인식해서 자연재난에 가능한 한 잘 견딜 수 있도록 사회기반시설을 강화해야 한다.

6) 기억해야 할 사항

역사상 여덟 번째로 치명적인 허리케인이었다(Stone, 2006).

2. 1900년 텍사스 주 갤버스턴 허리케인

1) 재난의 1단계

당신은 4만 2,000명의 주민이 사는 대규모 해안 도시의 행정관리관이다(Cline, 2000). 허리케인이 도시를 강타해 수많은 인명피해와 파괴를 낳을까 봐 걱정이다. 인디애놀라Indianola 시가 허리케인에 두 번 강타당한 후 그곳 지역사회가 엄청난 피해를 입어 주민이 결국 도시를 버리고 떠난 사건을 얼마 전에 목격했기 때문이다(Texas State Historical Association, 2001). 일부 주민이 허리케인으로 인한 피해를 줄일 수 있는 방파제 건설을 주장했으나, 이들의 요구는 묵살되고 말았다(Cline, 2000).

❶ **실행계획은 무엇인가?** 방파제 건설을 위한 지원을 얻기 위해 노력해야 한다. 그러기 위해서는 시장과 시 의회를 설득해 방파제 건설에 필요한 정치적 지원을 얻어내야 한다. 그뿐만 아니라 행정관리관은 직원들과 함께 허리케인에 특별히 초점을 맞춘 시의 재난 실행계획을 세워야 한다. 대피계획을 세우고, 허리케인 발생 시 긴급구조대원들이 유의해야 할 취약한 위험 시설을 밝혀내는 데도 노력을 기울여야 한다. 통신 시스템도 점검해 대피가 필요할 때 주민에게 경보를 발령할 수 있도록 해야 한다. 허리케인이나 폭풍이 해안으로 다가올 경우 신호기를 들어 올려 경보하는 폭풍 경보 타워도 설치해야 한다. 여러 색의 깃발을 활용하면 폭풍이 심각한 정도를 알릴 수 있다. 이러한 방법은 시대에 뒤떨어진 것처럼 여겨지지만, 폭풍 경보 타워는 현대적인 전자통신이 개발되기 전까지 매우 유용한 방법이었다. 폭풍이 도달하기 전에 다른 지역에서 먼저 폭풍을 감지한 경우, 전보도 폭풍이 다가오

고 있다는 사실을 알릴 수 있는 유용한 수단이 될 것이다.

❷ **허리케인이 도시를 강타할 경우에 대비해 어떤 자원을 비축해야 하는가?** 재난이 발생할 경우에 대비해 식량, 물 그리고 의약품을 확실히 비축해두어야 한다. 그뿐만 아니라 긴급구조대원에게 특정한 업무(예를 들어 전력선 폐쇄, 수색 및 구조 등)를 할당해야 한다. 전화나 전보를 이용하는 것이 이상적이지만, 그러한 시스템이 불통될 경우에 대비해 예비 인편도 마련해두어야 한다.

2) 재난의 2단계

심각한 피해를 일으킨 폭풍을 한 번도 겪은 일이 없으므로 주민과 시의회는 허리케인에 대해 걱정할 필요가 없다고 생각한다. 시민은 자신들이 안전하며, 따라서 그와 같은 사건이 발생할 것에 대비해 실행계획을 세울 필요가 없다고 생각한다(Cline, 2000). 하지만 9월 4일, 열대성 폭풍이 당신이 사는 도시에 상륙할 가능성이 있다는 소식이 들린다(NOAA Celebrates, 2007).

❶ **도시를 강타할 수도 있는 허리케인에 대비하기 위해 어떤 단계를 밟아야 하는가?** 대피 과정은 시간이 오래 걸리므로 기차, 배 그리고 마차 편으로 시민을 대피시키기 시작해야 한다. 그뿐만 아니라 곧 다가올 허리케인에 대비해 시설물을 보강하고, 허리케인이 상륙하기 전에 도시를 빠져나가지 못한 시민을 위해 생필품을 모으기 시작해야 한다.

❷ **시민의 저항이 있는 상황에서 이러한 계획을 어떻게 실행할 것인가?** 행정관리관은 시의 직원들에 대한 권한을 갖고 있으며, 시의 관할권 안에서 자원을 모으는 데 영향력을 행사할 수 있다. 행정관

리관은 허리케인이 상륙해도 남기를 선택한 주민에게 그러한 상황에서 긴급구조대원을 파견하는 것은 몹시 위험하므로 도움의 손길을 기대해서는 안 된다는 사실도 알려야 한다.

3) 재난의 3단계

미국 기상청National Weather Service 게시판에 허리케인이 9월 7일 당신이 사는 도시를 강타할 것이라는 공지가 올라온다(NOAA Celebrates, 2007). 현재 날씨가 매우 온화하므로 시민은 대피에 아무런 관심도 없어 보인다(*Galveston Newspaper*, 2007). 9월 8일 오전 9시 45분, 본토로 연결된 철로가 물에 휩쓸려 내려가 그 기차에 탄 승객이 다른 대피용 기차로 갈아타야 대피를 완료할 수 있는 상황이 되었다. 그 후에 출발한 다른 기차는 95명의 승객을 태운 채 불어 오른 물에 고립되고 말았다. 허리케인은 이제 당신이 사는 도시를 지나고 있으며, 도로의 절반 이상이 물에 잠겼다(Cline, 2000). 이제 아무런 통신수단도 없이 본토와 완전히 단절되었으며, 섬에서 피난민을 실어 나르고 자원을 섬으로 운반할 다리도 끊어지고 말았다. 재난관리자로서 시민을 보호하기 위해 극복해야 할 심각한 장애물이 여럿 생긴 셈이다.

❶ **어떤 자원이 필요한가?** 기차에 고립된 95명을 구조하기 위한 자원이 있어야 한다. 그뿐만 아니라 주민을 허리케인으로부터 보호할 충분한 쉼터가 있는지도 알아봐야 한다.

❷ **실행계획은 무엇인가?** 이 시점에서는 폭풍이 지나갈 때까지 기다리는 것 말고는 할 수 있는 일이 거의 없다. 행정관리관은 도의상 폭풍이 휘몰아치는 위험한 환경에 긴급구조대원들을 보내서는 안 된다.

❸ **기차에 탄 채로 고립된 95명은 어떻게 할 것인가?** 구조를 시도할 인력과 고립된 기차에 성공적으로 도달할 수단이 있다면, 행정관리관은 승객을 구조하기 위해 긴급구조대원을 파견하기로 결정할 수도 있다. 그렇지 않으면 이들 95명은 목숨을 잃게 될 것이다.

4) 재난의 4단계

기차에 고립되었던 사람들 중 10명이 인근 등대로 탈출하는 데 성공했고, 다른 주민 200명도 그 등대에 있다는 소식이 들려온다. 물이 들어와 기차에 있던 85명은 목숨을 잃고 말았다(Frank, 2003). 또한 3,600채의 건물과 주택이 파괴되고(Weather Channel Interactive, 2007), 8,000~12,000명이 목숨을 잃었다(Texas State Historical Association, 2002). 본토의 대도시에서 지원을 제공했고, 주지사도 어려운 상황에 처한 도시를 돕기 위해 자원을 보내왔다(Lester, 2006).

❶ **본토의 대도시와 주지사로부터 어떤 자원을 받아야 하는가?** 긴급구조대원, 식량, 물, 의약품, 사회기반시설을 복구할 인력 그리고 의료인력이 필요할 것이다. 그뿐만 아니라 시신을 수습해 매장할 인력도 필요하다. 너무도 많은 건물과 주택이 파괴되어 임시 거처도 절실하게 필요한 상황이다.

❷ **지역사회 및 다른 정부기관과 어떻게 통신할 것인가?** 전화를 이용할 수 있다면, 전화가 외부 지역사회 및 정부기관과 통신할 주된 방법이 될 것이다. 그렇지 않으면 전보와 말을 이용한 인편도 활용할 수 있다.

❸ **허리케인이 휩쓸고 지나간 지금 실행계획은 무엇인가?** 수색 및 구조작업을 우선적으로 시행해야 한다. 두 번째 우선순위는 집을 잃

은 주민을 위한 쉼터를 확보하고, 생존자들에게 필요한 자원을 제공하는 것이다.

❹ **새롭게 전개되는 상황에 대처하는 데 있어 어떤 측면에 주안점을 둘 것인가?** 특정한 유형의 자연재난에 정기적으로 위협받는 시정부는 인근 지역사회와 협약을 맺어 재난이 발생할 경우 상호 지원을 제공해야 한다. 이러한 유형의 협약을 맺으면, 식량, 물, 인력 그리고 의료 지원 같은 자원을 서로에게 제공할 수 있다.

5) 주요 문제점

인명 손실을 막기 위해서는 대피계획을 세우는 것이 반드시 필요하다. 이 연구사례는 시의 행정관리관이 허리케인이 올 것에 대한 정확한 사전 경보를 하는 것이 불가능한 시기에 발생했다. 현대에는 이러한 사전 경보가 어느 정도 가능해졌다. 방파제는 잠재적인 피해를 줄여줄 수는 있지만, 사람들이 많이 거주하는 지역으로 허리케인이 다가오고 있다면 결국 시민이 대피하는 수밖에 없다. 1900년 텍사스 주 갤버스턴Galveston의 허리케인은 아직도 미국을 강타한 가장 치명적인 허리케인으로 기록되어 있다. 이 허리케인으로 8,000~12,000명이 목숨을 잃었으며, 도시의 상당 부분이 파괴되었다(Cline, 2000).

6) 기억해야 할 사항

갤버스턴은 허리케인에 강타당하기 전까지 멕시코 만 지역의 주요 상업도시였다. 그러나 허리케인이 휩쓸고 지나간 후에 상업적 역량의 많은 부분이 갤버스턴 대신 휴스턴Houston으로 이전되었다.

3. 2005년 허리케인 카트리나

1) 재난의 1단계

당신은 루이지애나 주의 주지사다. 8월 23일, 허리케인이 루이지애나 주의 주요 항구도시 쪽으로 올 수도 있다는 소식이 전해진다(Preparation for Hurricanes, 2007). 이전에도 이 도시에 허리케인이 온 일은 있지만, 이번 허리케인은 3등급의 위력을 지닐 것으로 예측된다(Solar Navigator, 2007). 폭풍은 현재 플로리다 인근에 있다. 8월 26일, 미국 해안경비대U. S. Coast Guard는 다가올 허리케인에 대비해 인력을 배치하고 예비군 400명을 소집하기 시작한다. 당신은 필요한 자원을 얻을 수 있도록 연방정부에 재난사태를 선포해달라고 요청한다(USCG Stormwatch, 2007).

❶ **실행계획은 무엇인가?** 항구도시에 적절한 대피계획이 마련되어 있는지 시장과 긴밀히 확인해야 한다. 그뿐만 아니라 자동차가 없거나 운전을 할 수 없는(예를 들어 병원에 입원한 환자, 요양원 거주자 등) 주민을 대피시킬 적절한 운송자원도 필요하다. 또한 주방위군에 경계 태세를 발령하여 이들을 허리케인이 강타한 지역으로 배치해 주민을 대피시키고 (모래주머니 같은) 방파제를 건설하는 등 지역사회에 필요한 지원을 제공할 준비를 해야 한다. 이 항구도시로 들어오는 모든 배를 차단시키고, 이 도시에 있는 배는 허리케인이 상륙하기 전에 이곳을 떠나라고 명령해야 한다.

❷ **통신계획은 무엇인가?** 주지사는 허리케인이 이 지역을 강타할 경우 지원을 제공할 연방정부의 기관뿐 아니라 지역사회의 공무원들과 지속적으로 연락해야 한다. 또한 재난관리, 법률 집행, 기반시설을 책임지고 있는 부서의 책임자들과도 지속적으로 접촉해

야 한다.

2) 재난의 2단계

항구도시의 시민 80%가 대피했지만, 이런저런 이유로 아직 대피하지 못한 사람이 20%나 된다(Brown, 2005). 당신은 연방재난관리청에 재난 지원을 요청했다(*New York Times*, 2005). 하지만 아직 답변은 듣지 못한 상태다. 당신의 주에서는 피해지역의 주민을 3단계로 대피시킬 예정이다. 이 거대한 해안도시의 주민은 폭풍이 해안에 상륙하기 전에 30시간에 걸쳐 대피해야 한다(Louisiana Homeland Security and Emergency Preparedness, 2007). 하지만 이 대도시의 개인 소유 운송회사가 운송계획에 따르기를 거부하면서 여러 개인 병원, 의료시설, 은퇴시설에서 환자들을 대피시키지 못했다(Times Picayune, 2005b). 그뿐만 아니라 연료가 떨어져가고, 렌터카가 동났으며, 공공 교통수단이 거의 마비되어 이용 불가능한 상황이다(Office of Public Affairs, 2005).

❶ **어떤 조치를 취해야 하는가?** 주지사는 대피가 완료되지 못한 이유를 파악하기 위해 이 항구도시의 공무원들과 접촉해야 한다. 아직 대피하지 못한 주민에 대해서는 이들의 대피에 필요한 충분한 자원을 제공함으로써 문제를 해결해야 한다. 다른 방법이 여의치 않으면, 모든 주민이 대피할 때까지 제방이 붕괴되는 것을 막기 위해 제방을 강화할 기술자를 파견하고 공공 차량을 운전할 인력을 준비해야 한다. 교통수단의 부족으로 주민을 대피시키지 못한다면, 주방위군을 배치해 트럭이나 헬리콥터로 대피시켜야 한다.

❷ **어떤 자원이 필요한가?** 기술자, 건설 팀, 그리고 차량 운전사 같은

인력, 그리고 그와 같은 임무를 수행하는 데 필요한 차량과 중장비가 필요하다.

❸ **통신계획은 무엇인가?** 주지사는 지역 공무원들은 물론 주방위군, 고속도로 관리부서 그리고 긴급구조대원을 담당하는 부서의 책임자들과 긴밀한 통신을 주고받아야 한다. 또한 허리케인과 홍수 때문에 피난하거나 대피해야 하는 주민을 지원하기 위해 연방재난관리청과 해안경비대에도 지원을 요청해야 한다.

3) 재난의 3단계

8월 28일, 이 거대한 항구도시의 시장이 주민에게 강제 대피를 명령하고 허리케인은 5등급으로 격상된다(Solar Navigator, 2007). 시장은 2만 6,000명을 수용하는 지역의 체육경기장을 대피소로 지정한다. 하지만 이 대피소에는 물도 식량도 비치되어 있지 않다(Times Picayune, 2005). 같은 날 캐나다 내셔널 철도Canadian National Railway, 암트랙Amtrack과 워터포드 Waterford 핵발전소가 가동을 완전히 중단하기에 이른다(Angelfire, 2005).

❶ **실행계획은 무엇인가?** 지역 공무원들이 시민을 대피시키지 못하거나 대피시키려 하지 않기 때문에 주지사가 개입해 주방위군에게 도시 밖으로 빠져나갈 차편이 없는 주민을 대피시키라고 지시해야 한다. 그뿐만 아니라 연방재난관리청이 아직 지원 요청에 답하지 않고 있으므로 주정부의 재난 관련 담당자는 지정된 쉼터로 식량과 물, 의약품과 안전요원을 우선적으로 배치해야 한다.

❷ **통신계획은 무엇인가?** 주지사는 허리케인을 피해 대피할 수단이 있는 시민에게 도시를 떠날 것을 직접 호소해야 한다. 그뿐만 아

니라 주변 지역사회와 접촉해 교통수단, 식량, 물 그리고 의약품을 이 항구도시로 제공해줄 수 있는지 알아봐야 한다. 또한 연방재난관리청과도 지속적으로 접촉하며 지원을 요청해야 한다.

❸ **기반시설이 마비되기 시작하면 어떻게 시민을 대피시키고 필요한 지역에 전기를 공급할 것인가?** 현재 주민이 거주하고 있는 지역에 전기를 공급하기 위해 이동용 발전기를 구하려고 노력해야 한다. 고속도로 관리부서에 지시해 가능하면 주요 고속도로를 개방해 대피 용도로 사용할 수 있게 해야 한다.

4) 재난의 4단계

8월 29일, 루이지애나 주에서 가장 큰 도시인 뉴올리언스에 허리케인이 상륙한다(Think Progress, 2007). 그 결과 53개의 대규모 제방이 무너지고 도시의 80% 이상이 물에 잠겼다(MSNBC, 2005). 물이 범람해 시민이 집에 고립되었으며, 수십 만 가구의 전기가 나갔다(U. S. Department of Energy, 2005). 현재 부상자와 사망자 수를 확인 중이며, 폭우로 폰처트레인 호수Lake Pontchartrain가 넘쳐 도시 인근의 수많은 교외지역이 피해를 입었다. 이 호수의 범람으로 이 도시와 여러 지역사회를 연결하는 다리가 파괴되고 끊어졌다. 폐수시설의 범람으로 유독한 화학물질이 수도시설로 대량 유입되고 있다. 시민에게 휴대용 물을 공급하는 것이 중대한 관심사가 되었다(Angelfire, 2005).

❶ **새로운 실행계획은 무엇인가?** 해안경비대에 수색과 구조 작업에 필요한 지원을 요청해야 한다. 해안경비대에는 그러한 구조작업을 수행할 (헬리콥터, 인력 같은) 자산이 있다. 그뿐만 아니라 환경보호청EPA과 접촉해 현재 도시로 침투하고 있는 위험 물질도 해결

해야 한다. 또한 제방을 정상화하고 도시 전체를 뒤덮고 있는 물의 수위를 낮추기 위해 물을 뽑아내는 펌프도 배치해야 한다.

❷ **어떤 자원을 얻어야 하는가?** 현재 홍수에 발이 묶인 주민을 대피시키기 위한 교통수단과 수색 및 구조 팀이 필요하다. 그뿐만 아니라 물이 더 범람하는 것을 막기 위해 건설노동자와 기술자들을 제방에 배치해야 한다. 만일 교량시설로 쓸 만한 장비가 있다면, 이러한 자원을 배치해 도시 밖으로 빠져나갈 대피로로 활용해야 한다.

5) 재난의 5단계

8월 30일, 허리케인이 루이지애나 주를 휩쓸고 지나가기 시작한다(Department of the Interior, 2007b). 하지만 이제 새로운 문제가 발생하는데, 이 거대 항구도시의 시민이 약탈을 저지르기 시작했고, 그래서 대혼란과 폭력이 야기된 상황이다. 지역의 치안 유지 인력에게 총을 쏘는 사람도 여러 명 등장했다. 따라서 주지사는 주방위군을 동원해 범죄행위를 막도록 지시한다. 많은 경찰과 소방대원들이 책임을 회피한 채 도시를 버리고 달아났으므로 폭력에 대처하는 것이 더더욱 어려운 상황이다(Thevenot, 2005). 그뿐만 아니라 이 항구도시의 시민은 식량, 물, 쉼터 같은 연방재난관리청의 지원을 전혀 받지 못하는 상황이다. 미국 적십자 American Red Cross 같은 비영리단체 여러 곳에서 생필품과 도움을 제공하고 싶어 하지만, 계속되는 범죄행위로 이 지역이 너무 위험해 지원인력의 접근을 허용하기도 어려운 상황이다. 해안경비대는 고립된 6만 명의 시민 중 3만 3,500명을 구조하는 데 성공했다(U. S. Government Accountability Office, 2006).

❶ **이 항구도시에서 벌어지고 있는 범죄행위와 폭력에 어떻게 대처할 것인가?** 경찰을 동원하고, 가능하면 다른 지역에 치안 유지에 대한 지원을 요청해 비영리기관이 구호 활동을 벌일 수 있도록 치안을 유지해야 한다. 주방위군은 지정된 쉼터에서의 폭력을 중단시키고 약탈뿐 아니라 총격도 중지시켜야 한다.

❷ **아직 고립되어 있는 주민에게 자원을 어떻게 성공적으로 전달할 것인가?** 집에 고립되어 있는 주민에게 식량과 물을 제공할 헬리콥터를 보유한 단체에 도움을 요청해야 한다. 작은 배를 이용해 고립된 주민에게 물품을 전달하는 것도 가능할 것이다.

6) 재난의 6단계

허리케인과 그로 인한 여파로 1,836명이 목숨을 잃고 이 지역에 86조 달러(2007년 추산)의 피해가 발생했다(U. S. Department of Health and Human Services, 2007). 연방재난관리청장이 사임하고, 이 항구도시의 시장은 재난에 비효율적으로 대처했다는 비난을, 그리고 주정부는 여러 의심을 받고 있다(*Associated Press*, 2005a).

❶ **실행계획은 무엇인가?** 이 시점에서 가장 역점을 둘 것은 그 지역에서 대피한 주민에게 임시 쉼터를 제공하는 것이다. 그뿐만 아니라 가까운 미래에 이 항구도시를 덮칠 추가적인 폭풍에 대비해 제방시설과 펌프를 복구하는 데 많은 자원을 쏟아부어야 할 것이다. 마지막으로, 주민이 어떻게 이 항구도시로 돌아갈 것인지 그리고 주택이 파괴된 상태에서 돌아가면 어디서 지낼 것인지에 대한 문제를 검토해야 한다.

❷ **통신계획은 무엇인가?** 주지사는 시민에게 복구계획에 대해 알려

야 하며, 대피해 있는 시민에게 생필품을 제공하는 미국 적십자 및 연방재난관리청과 협력해야 한다. 현재 다른 도시에 가 있는 주민에게는 임시 거처가 마련될 때까지 가능하면 지금 있는 곳에 머물러야 한다는 내용도 전달해야 한다.

7) 주요 문제점

재난대응과 관련된 대규모 정부기관들은 잠재적인 재난을 위해서뿐 아니라, 실제로 재난이 발생했을 때 다른 주정부 및 연방정부의 기관과 효율적으로 일할 준비가 되어 있어야 한다. 이러한 노력이 효과적으로 조율되지 않으면, 지원 활동이 제대로 이뤄지지 않아 수색 및 구조 작업 그리고 대규모 대피에 문제가 생길 수 있다. 그뿐만 아니라 서로 다른 차원의 정부가 도시, 주, 그리고 연방정부의 조직들과 효율적으로 함께 일하는 데 실패하면, 뉴올리언스에 상륙한 허리케인의 경우보다 훨씬 더 심각한 위기가 발생할 수 있다. 교통수단의 부족, 사회기반시설의 마비, 그리고 지정된 쉼터에 식량과 물 부족 등의 문제는 서로 다른 차원의 정부가 제대로 기능하지 않아 사태를 악화시킨 여러 요인 중 세 가지에 해당될 뿐이다. 주정부와 연방정부의 지원이 이뤄지지 못할 경우에 대비해 지역정부는 자신들이 보유하고 있는 자원을 사용할 준비를 해두어야 한다. 시정부는 재난이 발생할 경우 지원을 제공할 수 있는 주변의 다른 시정부와 협약을 맺어두어야 한다.

이 연구사례에서는 수많은 실패와 결함을 찾아볼 수 있는데, 이는 뉴올리언스 시민의 대피 실패, 교통수단이 없는 시민을 위한 적절한 대안 제공 실패, 뉴올리언스 지역 주변에 있던 수많은 제방의 결함, 그리고 고립된 뉴올리언스 시민에게 즉각적으로 효율적인 지원을 제공해야 하는 연방정부의 실패 등이다. 그뿐만 아니라 재난이 발생한 동안 범죄행위를 효율적으로 통제하지 못했고, 운송수단에서도 수많은 실패가 드러났다. 수많은 시민이 목숨을 잃거나 부상당했으며, 보수하거나 재건하는 데 상당한 자원이 필요한 엄청난 재산피해도 입었다. 뉴올리언스 시민은 다른 도시로 이주했으며(일부는 영구히 이주함), 단기적으로 뉴올리언스 인구는 크게 감소했다. 허리케인 카트리나와 관련해 수많은 정부기관이 비난과 함께 조사를 받아야 했는데, 그 결과 작업 절차, 운송수단의 관리 그리고 작업계획 수립 등에서 결함이 드러났을 뿐 아니라, 재난이 발생한 동안 재난을 관리하는 효율적인 리더십도 부재했던 것으로 밝혀졌다.

8) 기억해야 할 사항

슈퍼돔에서 만연한 폭력에 대한 보도는 과장됐던 것으로 밝혀졌다. 사실, 언론이 보도한 것보다 폭력의 수위는 훨씬 낮았다(Thevenot, 2005).

4. 2005년 허리케인 리타

1) 재난의 1단계

당신은 자연재난으로 피해를 입은 지역의 구호와 원조를 감독하는 연방정부기관의 책임자다. 9월 20일 국립허리케인센터National Hurricane Center는 허리케인이 형성되고 있으며 미국을 향하고 있다는 판단을 내린다(National Weather Service, 2007).

❶ **실행계획은 무엇인가?** 우선 식량, 물 그리고 의료품 같이 재난과 싸우는 데 필요한 물품을 마련하기 위한 목록을 작성해야 한다.

그뿐만 아니라 이러한 물품을 신속하게 운반하고, 가능한 경우 허리케인이 강타할 해안 인근의 창고로 이러한 자원 중 일부를 운반해둘 방법에 대해서도 계획을 세워야 한다.

❷ **어떤 자원을 확보해야 하는가?** 물품을 운반할 인력과 이 물품을 주요 거점 지역으로 운송할 차량이 필요하다. 그뿐만 아니라 이동용 발전기와 재난이 발생할 경우 필요한 식량과 의약품을 저장해둘 냉장시설, 그리고 사람들에게 제공할 임시 쉼터도 필요할 것이다.

❸ **어떤 정부기관과 협력해야 하는가?** 허리케인이 상륙할 가능성이 있는 지역정부 및 주정부와 연락하는 것은 이들 지역에서 필요로 하는 자원이 무엇인지 파악하는 데 반드시 필요하다. 그뿐만 아니라 다른 연방정부의 부서장들과도 연락하여 사람들이 가장 필요로 하는 생필품을 모으기 위해 노력해야 한다.

2) 재난의 2단계

9월 21일, 주지사는 앞으로 닥칠 재난에 대처하기 위해 1,200명의 주방위군, 1,100명에 달하는 경찰 그리고 수렵 감시관game warden을 동원했다. 그뿐만 아니라 교통의 흐름을 바꿔 주간 고속도로interstate highway를 주요 항구도시에서 대피 목적으로 주를 빠져나가는 것만 가능한 일방통행 도로로 만들었다(Hays, 2005). 일부 대형 병원의 환자들과 질병이나 장애로 바깥출입을 하지 못하는 사람들이 허리케인의 영향력 밖에 있는 다른 도시로 이미 이송되었다는 좋은 소식도 들린다(Easton, 2005). 하지만 교통이 정체되어 대피가 생각만큼 빨리 이뤄지지 못하고 있다. 그뿐만 아니라 많은 정유공장이 몰려 있는 중심지가 취약한 상태다(Townsend, 2005).

❶ **대피를 더욱 원활하게 하기 위한 계획은 무엇인가?** 대피로를 따라 길게 늘어선 차량을 위해 연료 보급소를 제공하고, 운전자에게 물과 식량을 배급해야 한다. 또한 주정부의 재난대응 조정관state emergency response coordinator과 접촉해 교통 정체 완화를 위해 차량들이 임시로 다른 길로 가게 하거나 특정한 고속도로를 통과하게 하는 등의 대안이 있는지 알아봐야 한다.

❷ **정유공장을 어떻게 지킬 것인가?** 환경보호청EPA과 긴밀히 협조하여 정유공장을 지킬 수단을 강구해야 한다. 가능하다면 화학물질과 해로운 물질이 유출되지 않도록 허리케인이 상륙하기 전에 가능한 한 많은 기름과 화학물질을 제거해야 한다.

❸ **통신계획은 무엇인가?** 주지사는 효율적인 재난대응 구호작업을 조율하기 위해 주 및 지역의 정부 공무원뿐 아니라, 다른 연방기관의 책임자들과도 긴밀히 접촉해야 한다.

3) 재난의 3단계

9월 24일, 허리케인이 이웃한 두 개의 주州 사이로 상륙한다(Hurricane Headquarters, 2007). 허리케인이 해안을 강타하면서 세 지역이 흔적도 없이 사라졌으며, 다른 여섯 개 지역은 심각한 피해를 입었다(Struck and Milbank, 2005). 이제 200만 시민의 전기가 끊기고(Diamond, 2005), 추정되는 재산피해는 10조 달러에 이른다(National Weather Service, 2007). 폭풍으로 인한 직간접적인 원인으로 목숨을 잃은 사망자 수는 82명에 달하는 것으로 추정된다(Knabb, Brown, and Rhome, 2006).

❶ **200만 명의 주민이 사는 지역이 정전된 상황을 바로잡기 위해 무엇을 할 것인가?** 폭풍으로 인해 전기가 나간 지역에 이동용 발전기

를 배치할 수 있는지 알아봐야 한다. 또한 연료를 제공받지 못하는 발전소에 연료를 공급해 발전소가 신속하게 정상 운영될 수 있도록 노력해야 한다.

❷ **허리케인에 강타당한 지역을 돕기 위한 계획은 무엇인가?** 식량, 물 그리고 의약품이 없는 도시로 이것들을 운반할 운송수단을 얻기 위해 매우 적극적인 노력을 기울여야 한다. 물품 운송에 필요한 도로가 복구되는 즉시 가장 심한 피해를 입은 도시들에 원조를 제공해야 한다. 고립된 지역에 물품을 전달하려면 헬리콥터가 필요할 수도 있다.

❸ **다른 기관이나 비영리단체와 연락하기 위한 통신계획은 무엇인가?** 모든 지역사회가 연방재난관리청, 연방정부의 다른 기관, 주정부의 기관 또는 비영리단체의 지원과 도움을 받을 수 있도록 지속적으로 접촉해야 한다. 주지사가 다른 기관들과 지속적인 연락을 하지 않으면, 피해지역에 구호품이 적절하게 분배되지 않아 어떤 지역은 너무 많은 원조를 받고 다른 지역은 아무것도 받지 못하게 될 우려가 있다.

❹ **시민이 자신들의 집으로 돌아가도록 돕기 위한 계획은 무엇인가?** 주택이 파괴되거나 손상된 주민에게는 임시 거처를 제공해야 한다. 임시 거처는 (트레일러하우스 등) 이동용 주택에서부터 호텔 같은 숙박시설까지 다양할 수 있다.

4) 주요 문제점

대규모로 이뤄지는 대피에는 심한 교통 체증에 대처할 기반시설이 필요할 뿐 아니라, 차량 이용이 증가하면서 (가솔린 등) 필요한 지원품도 고려해야 한다. 단계적으로 대피를 실시한다면, 모두가 똑같은 시간에 똑

같은 도로를 사용하는 차량 혼잡을 피하기 위해 이러한 단계를 엄격하게 적용해야 한다.

이 연구사례의 주안점은 바로 대피로 인한 교통 정체에 있다. 수백만 명의 시민이 동시에 같은 주간 고속도로를 사용하면, 차가 기어갈 수밖에 없다. 정식 대피 명령이 내려진 상황에서 자발적으로 도시를 떠난 사람들이 여러 시간 동안 차에 갇혀 신속히 대피하지 못하게 된다. 텍사스 주 리버티Liberty의 전 행정관리관은 대책을 의논해 직원들과 함께 최소한 몇 시간째 교통 정체로 발이 묶인 운전자들에게 물을 나눠주었다. 이 대피계획은 미흡했으며, 허리케인 리타가 상륙할 가능성이 있는 휴스턴의 대도시 지역을 벗어나려는 운전자들이 물, 식량 그리고 연료 부족을 겪어야 했다.

5) 기억해야 할 사항

허리케인 리타는 텍사스 주에만 8조 달러의 피해를 입혔으며, 사회기반시설의 파괴로 인해 수천 명의 시민이 몇 주 동안 집으로 돌아가지 못하는 결과를 낳았다(Struck and Milbank, 2005). 적어도 90개의 토네이도가 허리케인 리타와 합쳐져 미시시피 주 잭슨Jackson에서 지금까지(2012년)의 기록으로 단일 사건으로는 가장 큰 토네이도가 만들어졌다(Knabb, Brown, and Rhome, 2006).

제4장

사례연구: 자연재난 — 홍수

1. 1889년 펜실베이니아 주 존스타운 홍수

1) 재난의 1단계

당신은 3만 명의 주민이 사는 마을의 시장이다. 이 마을에는 독일계 블루 칼라 철강 노동자들이 주로 산다. 불행히도 이 마을은 두 강이 만나는 홍수 범람원에 건설되었고, 마을에 주거용 주택과 다른 건물이 들어설 땅을 내주면서 강둑이 좁아진 상태다. 그 결과, 때때로 작은 규모의 홍수가 발생하곤 한다. 그뿐만 아니라 상류에 있는 사우스포크 댐South Fork Dam은 유지관리를 맡고 있는 그 지역의 사냥과 낚시 관리소hunting and fishing lodge에서 관리를 하지 않아 보수가 절실하게 필요한 상황이다 (U. S. Department of the Interior, 2007a).

❶ **실행계획은 무엇인가?** 홍수가 반복되는 데다 앞으로 큰 문제가 발생할 가능성이 있으므로 지역사회의 지도자인 시장은 홍수 문제에 대해 선제 조치를 취하도록 격려해야 한다. 또한 계획 수립과

마을의 구역 설정 조례를 연구 검토하고, 마을 의회에 강을 따라 이뤄지는 개발을 제한하는 조치를 취하도록 해야 한다. 마을 주민을 위해 재난 실행계획과 대피계획을 세우고, 재난이 발생할 경우 필요한 자원을 확인해두어야 한다. 그뿐만 아니라 끔찍한 댐 사고로부터 마을을 철저히 보호하려면, 사우스포크 댐을 적절히 관리하고 점검해야 한다.

❷ **통신계획은 무엇인가?** 시장의 통신계획에 마을 의회의 의원들을 포함해야 하며, 이들에게 적절히 대처하지 않으면 발생할 수 있는 위험한 상황에 대해 알려야 한다. 그뿐만 아니라 더 나은 건물 조례와 계획 수립을 위해 주택 개발업자뿐 아니라 마을의 공무원들에게도 지원을 아끼지 말아야 한다. 시장은 이 마을의 긴급 구조대원뿐 아니라, 사우스포크 댐의 유지관리에 책임이 있는 관계자들과도 접촉해야 한다. 이 지역사회 전체가 현존하는 재난 가능성 및 대피계획에 대해 잘 알고 있어야 한다. 재난이 벌어졌을 때 시장이 마을 주민과 통신할 수 있는 자원도 제대로 비치해두어야 한다.

❸ **이미 벌어졌거나 벌어질 가능성이 있는 문제에 대비해 어떤 자원을 획득해야 하는가?** 시장이 해결해야 할 가장 큰 문제 중 하나는 사우스포크 댐을 보수할 자원을 확보하는 것이다. 일반 주민은 현재 댐을 수리하거나 유지 보수해야 할 필요성을 느끼지 못하고 있다.

❹ **실행계획을 완수하기 위해 정부의 어떤 기관과 접촉해야 하는가?** 앞에서 언급했듯이, 시장은 마을의 의회와 상호 협력을 주고받아야 한다. 마을 의회와의 소통은 댐을 보수하는 데 필요한 자원을 얻고, 강을 따라 이뤄지는 개발과 관련된 건축 및 구역 설정 조례를

통과시키는 데 반드시 필요하다. 시장은 재난이나 대피계획 개발을 지원할 인력을 확보하기 위해 마을의 최고 지도층과도 소통해야 한다.

2) 재난의 2단계

5월 31일 오후 4시 7분, 폭우가 쏟아진 뒤 사우스포크 댐이 무너졌다. 댐의 붕괴로 20톤에 달하는 높이 18m에 이르는 물이 시속 64㎞의 속도로 마을을 향해 돌진하고 있다(U. S. Department of the Interior, 2007a).

❶ **실행계획은 무엇인가?** 주민을 대피시키기 위해 동원 가능한 긴급구조대원을 모두 소집해 강 가까이 사는 주민부터 대피시켜야 한다. 물살이 마을을 향해 돌진하고 있으므로 이 시점에서는 마을 주민을 대피시키는 것 말고는 할 수 있는 일이 거의 없다. 이러한 상황에서는 홍수의 피해를 줄이기 위해 다른 선택을 하거나 다른 조치를 취할 시간이 극히 제한되어 있다. 재난이 벌어지고 있는 현재 상황을 고려해볼 때 마을 주민을 대피시키는 것이 최선의 실행계획인 셈이다.

❷ **통신계획은 무엇인가?** 마을 주민을 대피시켜야 한다. 그러기 위해 가능한 한 모든 방법을 동원해 고지대로 대피해야 한다는 사실을 주민에게 알려야 한다. 현대적인 통신수단이 없으므로 메가폰을 들고 뛰어다니거나 말에 탄 인편에 의존해 마을에 신속하게 이를 알려야 한다.

❸ **임박한 재난에 대비해 필요한 자원은 무엇인가?** 시민을 대피시키는 긴급구조대원들을 조율하고, 시민에게 소식을 전하기 위해 발로 뛰거나 말에 탄 인편 등 모든 형태의 통신을 시도해야 한다. 가능

하다면 전보를 활용해 다른 지역사회와 접촉해서 식량, 의료품 그리고 긴급구조대원을 지원받아야 한다. 또는 말에 탄 인편을 내보내 바깥사회의 다른 단체들과 통신해야 한다.

3) 재난의 3단계

10분 뒤 수많은 사람이 물에 휩쓸려 내려가거나 하류에 있는 석조 다리의 교각 밑에 고립되었다. 그 다리의 구조물에 걸려 있던 잔해에서 시작된 불로 적어도 80명이 목숨을 잃었다. 수천 명의 주민이 목숨을 건졌지만, 파편 위에 떠다니거나 집의 다락방에 갇혀 있는 상황이다(U. S. Department of the Interior, 2007a).

❶ **현재의 재난을 맞아 우선적으로 해야 할 일은 무엇인가?** 시장은 긴급구조대원에게 가능한 한 빨리 수색 및 구조 작업을 펼쳐 주민을 물에서 구해내라고 지시해야 한다. 수색 및 구조 작업의 다음 단계는 다락방에 갇힌 사람들을 찾아 안전하게 구조하는 일이다. 시장은 주변의 도시와 접촉해 수색과 구조 작업에 투입할 긴급구조대원을 지원받아야 한다.

❷ **실행계획은 무엇인가?** 이 시점에서 기존에 세워둔 계획이 효율적일 수는 없다. 따라서 시장은 방파제 위의 불을 끄고 다락방에 갇힌 사람들을 구조할 효율적인 수색 및 구조 전략을 짜내야 한다. 현재 집에 갇혀 있는 주민에게 대피 통로를 열어줄 도끼와 나무를 부술 다른 장비도 필요할 것이다.

❸ **주민 그리고 다른 정부기관과 어떻게 소통할 것인가?** 전보를 칠 수 있는 상황이 아니라면 통신수단이 존재하지 않으므로 시장이 외부의 정부기관과 접촉할 방법이 없다. 외부의 다른 도시와 연락

하려면 말을 탄 인편을 활용해야 할 것이다.

4) 재난의 4단계

사망자와 부상자가 놀라운 속도로 늘어나고 있다. 마을은 완전히 파괴되었으며, 당신은 이제 피해를 입은 시민에게 식량과 의약품을 공급하는 문제를 고민해야 한다(U. S. Department of the Interior, 2007a). 당신은 재난관리자로서 주민을 돌봐야 할 벅찬 업무에 직면한다. 재난이 벌어진 이후에 우선적으로 해야 할 일은 무엇인가?

❶ **지역주민의 배고픔과 질병을 어떻게 덜어줄 것인가?** 살아남은 주민의 생존을 위해 외부에서 식량과 물을 들여와야 한다. 의약품과 의료진을 주변 지역에서 들여와야 하며, 부상자나 환자는 마을 밖의 의료시설로 옮겨야 한다.

❷ **어떤 자원을 획득해야 하는가?** 살아남은 사람들을 돕기 위해 쉼터, 식량, 물, 의약품 그리고 의료인력을 구해야 한다. 그뿐만 아니라 시신을 수습하고 장례를 치를 인력을 배치해 생존자에게 질병과 감염이 번지는 것을 막아야 한다.

❸ **대피한 주민을 위한 실행계획은 무엇인가?** 가능한 한 빨리 임시 쉼터를 지어야 한다. 다른 지역에 사는 가족이나 친구의 집으로 갈 수 있는 이들을 위해서는 교통편을 제공해 이들을 이동시켜야 한다. 신속한 복구가 가능한 집을 고치는 데 최우선을 둬야 임시 쉼터에 대한 수요를 줄일 수 있다. 그뿐만 아니라 시장은 피해자들이 재정 지원을 받아 구호 활동에 쓰고 생활을 꾸려나갈 수 있게 해주어야 한다. 재정 지원은 주정부나 연방정부에 소속된 외부 단체에서 구해야 할 것이다.

5) 주요 문제점

이 재난은 개인이 소유해 적절히 관리되지 않은 사우스포크 댐에서 발생했다. 마을의 모든 주택과 사업체가 엄청난 힘으로 마을을 덮칠 수 있는 물이 흐르는 계곡을 따라 건설되어 있으므로 댐의 유지 보수는 마을이 입을 피해를 예방하는 데 필수적이다. 일반 주택은 물론, 상업시설도 구조물을 강타하는 수압의 맹공격을 견디기는 어려운 법이다. 이러한 어마어마한 물은 가장 현대적인 건축물조차 휩쓸어버릴 것이다. 물의 속도가 빨라 주민이 안전한 곳으로 대피할 시간에도 제한이 있을 수밖에 없다.

사회기반시설이 지역주민의 안전에 영향을 미칠 수 있는 곳에 위치해 있다면, 사적인 소유물에도 점검과 규제가 필수적이다. 그뿐만 아니라 홍수가 발생할 수 있는 강둑에 건물을 세워서는 안 된다. 이 연구사례는 계획 수립과 구역 설정이 왜 그토록 중요한지를 잘 보여준다. 적절한 계획 수립과 구역 설정으로 주택과 사업체가 하천 인근의 홍수 범람지대에서 멀리 위치하도록 해야 한다.

6) 기억해야 할 사항

존스타운Johnstown 홍수로 2,209명이 목숨을 잃고, 많은 시민이 집을 잃었다(Johnstown Flood Museum, 2012). 댐이 붕괴한 가장 큰 원인은 사우스포크 댐 관리에 책임이 있는 사냥과 낚시 관리사무소에 있었다(U. S. Department of the Interior, 2007a).

2. 1913년 5대호 폭풍

1) 재난의 1단계

당신은 미국 중서부에 위치한 거대 산업도시이자 항구도시의 행정관리관이다. 11월 7일, 기온이 놀라울 정도로 빠르게 떨어지고, 바람이 거세지면서 비가 쏟아지기 시작한다. 바람은 이제 시속 64*km*로 휘몰아쳐 나무가 쓰러지고 통신선이 두절되었다(Ohio Historical Society, 2006). 그뿐만 아니라 진눈깨비가 쌓이기 시작해 교통이 마비되었다(Ohio Historical Society, 2006).

❶ **실행계획은 무엇인가?** 추위로 인한 재난에 대비하기 위해 활용 가능한 모든 자원과 인력을 모아야 한다. 그뿐만 아니라 지역 언론과 접촉해 시민에게 춥고 궂은 날씨에 대비해 수도관을 감싸고, 집을 난방할 자원을 확보하며, 식량과 물을 충분히 준비하는 등의 예방조치를 취하도록 알려야 한다.

❷ **이 시점에서 어떤 자원이 필요할 것인가?** 궂은 날씨로 교통과 통신이 마비될 수 있으므로 도로를 정비하고 통신라인을 복구하는 데 필요한 자원을 확보해야 한다. 그뿐만 아니라 일시적 한파가 지나갈 동안 묵을 곳이 필요한 사람들을 수용할 쉼터도 마련해야 한다. 환자가 생길 경우에 대비해 의료진과 의료 장비도 대기시켜야 한다.

2) 재난의 2단계

수로에 있는 배가 가라앉고 있으며, 모든 유제품과 식량이 철도 차량에 실린 채로 발이 묶여 식량이 부족한 상황이다(Ohio Historical Society, 2006).

❶ **실행계획은 무엇인가?** 바다에서 구조 활동을 벌이는 인력에게 수로에서 가라앉고 있는 배를 수색해 구조하도록 지시해야 한다. 이에 못지않게 우선적으로 처리해야 할 것은 통신라인을 복구하고 도로를 정비해 생필품을 필요로 하는 사람들에게 나눠줄 식량과 물을 수송하는 일이다. 도로를 이용하지 않는 운송수단을 활용해 주민에게 물과 식량을 나눠줄 방법도 찾아야 한다.

❷ **통신계획은 무엇인가?** 수로에 있는 모든 배들에게 폭풍이 지나갈 때까지 배를 부두에 매어두라고 알려야 한다. 그뿐만 아니라 주변 지역과 연락해 사회기반시설을 복구할 자원이 있는지 알아보고, 다른 지역의 시정부 및 주정부와 연방정부의 단체들로부터 더 많은 자원을 얻기 위해 노력해야 한다.

❸ **항구에서 가라앉기 시작하는 배들을 어떻게 할 것인가?** 현재 가라앉고 있는 배를 수리하는 데 도움을 줄 수 있는 기술자나 인양 전문가를 모집해야 한다. 그뿐만 아니라 항구의 예인선을 활용할 수 있다면, 곤란한 상황에 처한 배를 항구에서 끌어내 수리할 수 있게 해주어야 한다.

3) 재난의 3단계

이제 바람이 거세어져서 시속 120㎞가 넘는 속도로 휘몰아친다(Dallaire, 2004). 항구에서 막 들어온 소식도 좋지 않다. 현재까지 선원 235명이 목숨을 잃었으며, 배 12척이 가라앉았다(Ohio Historical Society, 2006). 좋은 소식은 농부들이 말이 끄는 썰매로 유제품과 식량을 운반하고 있다는 것이다(Ohio Historical Society, 2006). 당신은 보이스카우트에 부탁해 불이 날 경우에 대비해 소화전에 쌓인 눈을 치우도록 한다. 건물 여러 채가 무너지고 도로가 막혔으므로 불이 나면 큰일이 아닐 수 없다(Ohio Historical

Society, 2006).

❶ **이 시점에서 필요한 자원은 무엇인가?** 의료품과 의료인력을 구해야 함은 물론, 사망자 수가 증가하면서 장의사도 필요한 상황이다. 도로를 깨끗이 치우는 것은 식량과 물을 운반하는 데 있어서뿐 아니라, 긴급구조대원들이 화재에 대응하고 환자를 데리러 갈 구급차가 지나가기 위해서도 매우 중요하다. 또한 가라앉을 위험에 처한 배를 위해 항구로 도움의 손길을 보내고, 추위와 굶주림으로 죽어가는 선원들을 대피시키기 위해서도 두 배의 노력을 기울여야 한다.

❷ **이 시점에서 다른 어떤 기관에 지원을 요청해야 하는가?** 일단 폭풍이 지나간 후에는 복구에 집중해야 한다. 임시 쉼터를 지어야 할 뿐 아니라, 더 많은 식량을 당신이 사는 도시로 운반해야 한다. 그러기 위해 시의 행정관리관은 적십자 같은 단체뿐 아니라, 재난이 닥쳤을 때 지역사회를 지원하는 연방정부 및 주정부의 기관들과도 접촉해야 한다.

❸ **폭풍이 발생한 후에 시민과 배에 대한 지원을 위해 어떤 분야에 역점을 둬야 하는가?** 시민에게 물, 식량, 의약품 그리고 거처를 제공하는 데 역점을 둬야 한다. 선원들을 위해 물과 식량을 제공할 뿐 아니라, 배를 수리하고 항구에서 배를 인양하는 것도 지원해야 한다.

4) 주요 문제점

5대호Great Lakes 폭풍은 5대호에서 발생한 역사상 가장 규모가 큰 폭풍에 속한다. 허리케인급 강풍으로 250명이 목숨을 잃고 500만 달러의 재산피해를 보았다(McLeod, 2011). 이 연구사례는 대규모 겨울폭풍이 발생할 경우 고립에 대비해야 한다는 것을 잘 보여준다. 한동안 교통이 마비될 것에 대비해 식량, 의약품, 연료를 잘 비축해두어야 한다. 그뿐만 아니라 해당 지역 및 주변에 있는 모든 단체와 효율적인 통신 수단을 구축해 효과적인 예방조치를 취해두어야 한다. 이 연구사례의 가장 큰 실패는 그와 같은 사건에 대비해 생필품을 비축해두지 않은 것이다. 두 번째로 큰 실패는 폭풍이 본격적으로 닥치기 전에 배를 그 지역 밖으로 나가도록 지시하지도, 손상된 배에서 선원들을 대피시키지도 않은 것이다. 하지만 1913년에 활용 가능한 통신 수단으로는 항구를 벗어나 있는 배에 효과적인 통보를 할 수도 없었을 것이다.

5) 기억해야 할 사항

배 12척이 실종되었으며, 그중 다섯 척은 오늘날까지 행방이 밝혀지지 않았다(Dallaire, 2004).

3. 1975년 중국 반차오 댐 홍수

1) 재난의 1단계

당신은 중국 허난 성 지역의 안전과 재난관리를 책임지는 재난관리 조정관emergency management coordinator이다. 1950년대에 정부 사업으로 반차오 댐Banqiao Dam을 비롯한 많은 댐이 건설되기 시작했다(Watkins, 2012). 당신이 사는 지역은 시골이지만, 유럽이나 미국의 도시와 비교해 인구밀도가 매우 높은, 수많은 작은 마을로 이뤄져 있다(Zhao, 2012). 강둑을 따라 늘어선 수많은 마을에는 전화가 거의 없고, 대부분의 마을에는 현대적인 통신수단이 전무한 상태다(Zhao, 2012). 특히 반차오 댐은 중국 정부가 원래의 설계보다 댐을 더 튼튼하게 만들기 위해 소련의 지원을 받아 댐을 보강하고 보수하기까지 했다(Watkins, 2012). 보강작업이 이뤄진데다 이 댐이 천 년에 한 번 올 수 있는 홍수에 대비해 만들어졌으므로 당신은 댐이 안전하다는 것을 확신한다(Watkins, 2012). 이제 8월이고, 당신은 방금 일기예보를 보고 태풍이 허난 성 지역을 향해 다가오고 있다는 사실을 알게 된다.

❶ **실행계획은 무엇인가?** 우선 댐이 얼마나 많은 물을 보유할 수 있는지 확인하기 위해 폭풍으로 비가 얼마나 올 것인지를 예측해야 한다. 그뿐만 아니라 믿을 만한 현대식 통신 시스템을 갖추고 있지 못하므로 어떤 유형이든 믿을 만하고 신속한 통신 시스템을 구축해야 한다.

❷ **통신계획은 무엇인가?** 태풍이 당신이 사는 지역으로 다가올 가능성이 있으므로 강을 따라 늘어선 마을에 폭풍이 오고 있다고 알려야 한다. 각 마을은 가능한 한 대피계획을 세우고 이를 널리 알려서 대피해야 할 상황이 되면 어떻게 해야 하는지를 지역주민에게 잘 알려야 한다. 그뿐만 아니라 댐의 용량을 넘어 물이 넘치거나 결국 댐이 무너질 경우에 대비해 파발꾼을 대기시켜놓아야 한다. 만일 댐에 문제가 생긴다면, 마을 사람들의 생존을 위해 대피할 시간을 반드시 확보해야 한다. 또한 댐에서 일하는 사람, 지역정부 및 중앙정부의 공무원, 그리고 날씨를 예보하는 사람들과 긴밀한 접촉을 유지해야 한다.

❸ **어떤 자원부터 동원해야 하는가?** 활용 가능한 제한된 현대식 전자통신 시스템을 이용해 홍수가 발생할 경우 피해를 입을 마을에

대피하라는 경보를 전달할 파발꾼을 모집해서 이들을 훈련시켜야 한다. 또한 지역사회의 대피계획을 자발적으로 세운 마을을 지원해 생존율을 높여야 한다.

2) 재난의 2단계

처음에 예보된 것보다 더 많은 비가 쏟아지고, 댐이 견딜 수 있도록 설계된 천 년에 한 번 올 홍수가 아니라, 댐이 견딜 수 있는 한계를 훨씬 넘어 2천 년에 한 번 올 정도의 비가 쏟아졌다(Watkins, 2012). 그뿐만 아니라 (댐과 통신할 수 있는 유일한 수단인) 전보의 기능도 손상되었다(Watkins, 2012). 댐에 수문을 열어 일정한 양의 물을 방류하라고 요청했지만 방류는 아직 이뤄지지 않았는데, 그 이유는 통신라인이 끊어졌기 때문이다. 게다가 많은 사람들이 집에서 깊이 잠들어 있는 시간도 문제인 데다 주민에게 위험이 임박했다고 알릴 전자통신 시스템도 없다. 신속하게 대피해야 한다는 사실을 알리지 못하면, 많은 주민이 목숨을 잃게 될 것이다.

❶ **실행계획은 무엇인가?** 인편을 비롯한 다른 가능한 통신수단을 동원해 홍수의 피해를 입게 될 마을로 보내 사람들을 깨워 안전하게 대피시켜야 한다. 보유된 물을 방류하는 문제에 대해 댐으로부터 아무 답변도 듣지 못했기 때문에 많은 사람들에게 경보를 발령할 수 있는 댐 직원과 효율적인 통신이 불가능한 것으로 결론 내려야 한다.

❷ **통신계획은 무엇인가?** 지역사회에 경보를 발령하고, 모든 가능한 수단을 동원해 댐과의 통신수단을 마련하는 것이다. 믿을 만한 통신수단을 확보할 수 없다면, 사람을 보내 댐과 연락해야 한다. 이 시점에서 지역사회와 중앙정부의 담당 공무원과 연락해 강을

따라 늘어선 마을에 안전을 위해 대피하라는 통보를 하고 있다는 사실을 알려야 한다. 지금이 주민을 대피시킬 추가적인 자원이 필요하며, 전자통신 기술자를 댐으로 보내 통신라인을 재설치해야 한다고 정부에 알릴 좋은 시점이다.

❸ **어떤 자원부터 동원해야 하는가?** 인편과 끊어진 통신을 다시 연결시켜줄 전자통신 기술자를 동원하는 것이 재난관리 계획에 필수적이다. 그뿐만 아니라 지원받은 의료품을 옮기고, 환자가 생기면 이동시키며, 주민을 대피시킬 차량도 시급히 동원해야 한다.

3) 재난의 3단계

결국 반차오 댐이 무너졌다. 또한 이 댐 상류에 있는 시만탄 댐Shimantan Dam도 무너져 반차오 댐을 향해 물이 몰려오고 있다(Watkins, 2012). 이러한 일련의 사건은 이제 62개의 댐이 무너지는 최악의 상황으로 치달아 전체 60억 m^3의 물이 방류되어 너비 10㎞, 높이 7m에 이르는 거대한 물줄기가 시속 50㎞의 속도로 강 아래쪽으로 돌진해 내려오고 있다(Xinhua, 2005; Mufson, 1997; Watkins, 2012).

❶ **실행계획은 무엇인가?** 가능한 모든 수단을 동원해 강을 따라 늘어선 모든 마을의 주민을 가능한 한 빨리 대피시킬 방법을 찾아야 한다. 물살이 너무 강력하고 드넓어 수색과 구조 활동을 벌일 헬리콥터가 필요할 수도 있다.

❷ **통신계획은 무엇인가?** 이 시점에서 피해를 입을 수 있는 모든 마을에 대피 명령을 전달해야 한다. 그뿐만 아니라 앞으로 필요해질 모든 의료자원을 동원하기 위한 시도를 해야 한다. 정부와도 접촉해 수색 및 구조 인력과 장비를 지원해달라고 요청해야 한

다. 구조공학자와도 연락해 피해지역에 장벽을 추가로 설치하는 등의 방법으로 이미 무너진 댐에서 방류되는 물을 막을 방법이 있는지도 알아봐야 한다.

❸ **어떤 자원부터 동원해야 하는가?** 의료자원과 기술적인 지원뿐 아니라, 수색 및 구조 인력과 장비를 최대한 동원해야 한다. 대피한 주민과 의료자원을 수용할 수 있는 모든 시설의 목록을 만들기 시작해야 한다. 인구가 많으므로 식량과 물, 위생용품 및 의약품 등의 자원도 충분히 준비해야 한다.

4) 재난의 4단계

이제 통신이 제대로 되지 않으며 완전히 두절된 상황이다. 또한 신호탄도 보이지 않고, 전보도 오가지 않으며, 인편으로 보낸 여러 명이 물살에 휩쓸려 실종되었다. 그뿐만 아니라 다른 댐도 무너졌거나 물살을 역류시키기 위해 군대에서 폭파했으며, 통신라인은 사라져버렸고, 드넓은 지역에 걸쳐 전기가 나갔으며, 교통도 완전히 두절되었고, 범람한 물에 100만 명 이상이 고립되어 있다(Watkins, 2012; Navarro, 2008). 며칠 뒤, 홍수로 20만 명이 사망했으며 여러 마을이 지구상에서 흔적도 없이 사라져버렸다는 사실이 보도된다(Navarro, 2008; Watkins, 2012).

❶ **실행계획은 무엇인가?** 100만 명에 달하는 사람들을 고립지역에서 끌어내고, 어떤 형태든 교통수단을 마련해 기아가 발생하기 전에 이들에게 식량과 다른 생필품을 전달해야 한다. 사회기반시설을 신속하게 정비해 생필품과 인력을 공급하고, 기술자들이 댐을 보수하며, 고립되어 있는 사람을 대피시켜야 한다. 이제 해결해야 할 다른 문제는 시신을 수습해 따로 보관해서 식수와 다른 지역

이 오염되지 않게 하는 것이다. 그러려면 시신 보관소로 쓸 수 있는 파괴되지 않은 시설이 필요하며, 이곳에 시신을 보관했다가 나중에 신원을 확인해야 한다.

❷ **통신계획은 무엇인가?** 통신 기반시설이 정상화될 때까지는 인편을 통해 메시지를 주고받아야 한다. 따라서 우선적으로 기술자들을 배치해 전자통신망을 복구하고 교체해야 한다. 전자통신기기가 작동하려면 전기가 필요하므로 전력시설도 복원해야 할 것이다.

❸ **어떤 자원부터 동원해야 하는가?** 도로와 철로 같은 교통 기반시설이 정상화될 때까지 비행기나 배에 의존해 생필품을 전달하고 수색 및 구조 작업을 벌여야 할 것이다. 의료자원은 부상자 치료뿐 아니라, 오염된 식수를 마셔 병에 걸린 사람들을 치료하는 데도 필요하다. 안전한 식수는 대피한 시민, 지원인력 그리고 홍수로 단절되고 고립된 사람들 모두에게 반드시 필요하다.

5) 주요 문제점

이 연구사례는 재난관리자에게 통신 악몽에 대해 잘 보여준다. 기본적인 통신수단만 존재하며, 그나마 그 통신수단(전보)도 제한적으로 운용되는 지역에서 재난이 벌어진 것이다. 1975년의 중국은 2012년의 중국과는 완전히 다르다. 1975년의 중국은 인구의 대다수가 시골지역에서 살았으며, 도시 거주자가 이용하는 전화를 비롯한 모든 전자통신에 접근할 수 없는 개발도상국가였다. 오늘날에도 많은 개발도상국가들이 상당히 비슷한 상황에 있으며, 따라서 이러한 상황에서 재난관리자는 정부기관은 물론 피해를 입을 주민과 연락할 강력하고도 이중적인 전략을 개발해야 한다. 이 연구사례에서의 통신 상황은 1775년 뉴펀들랜드 허리케인 당시의 통신 공백과 매우 흡사하다. 그뿐만 아니라 재난관리자들은 댐의 안전을 과신했고, 따라서 홍수가 발생할 만일의 경우에 대비한 재난관리계획을 세우지 않아 치명적인 결과를 낳았다. 재난관리자는 늘 최악의 상황을 염두에 두고 대비해야 하며, 지역사회에 발생할 비극을 예방하거나 적어도 줄이기 위해 그러한 계획을 실행할 준비가 되어 있어야 한다.

6) 기억해야 할 사항

1,100만 명의 주민이 홍수 피해를 입었으며, 반차오 댐의 재건은 1993년까지 이뤄지지 않았다(Watkins, 2012; Mufson, 1997). 그뿐만 아니라 더 많은 주민이 홍수 자체보다 전염병과 기아로 목숨을 잃었다(Navarro, 2008).

제5장

사례연구: 자연재난 — 토네이도

1. 1840년 미시시피 주 나체즈 토네이도

1) 재난의 1단계

당신은 미국 남부 어느 항구도시의 카운티 행정관이다. 5월 7일, 카운티의 도로를 살펴보다가 지평선 너머로 깔때기 모양의 거대한 구름을 목격한다(Tornado Project, 2007).

❶ **실행계획은 무엇인가?** 첫 번째 실행계획은 당신이 사는 지역의 모든 사람에게 토네이도를 목격했으며 이 지역을 향해 오고 있으니 대피하라고 경고하는 일이다. 두 번째로는 만일 있다면 토네이도에 대비한 재난계획을 실행해야 한다. 세 번째는 모든 카운티와 지역 인력을 대기시키고, 나중에 필요할 여러 자원의 위치를 확인하기 시작해야 한다.

❷ **통신계획은 무엇인가?** 지역사회에 대피해야 한다고 알리고, 모든 긴급구조대원과 카운티 및 지역의 공무원들에게 토네이도를 목

격했으며 이 지역으로 오고 있다는 사실을 알려야 한다.

❸ **어떤 자원부터 동원해야 하는가?** 재난의 초기인 지금, 토네이도가 오고 있으며 주민은 즉시 대피해야 한다고 지역사회에 알릴 인력을 동원해야 한다. 의료인력 및 자원을 확인하고 토네이도로 인해 생길 수 있는 부상자를 위해 대기시켜놓아야 한다.

2) 재난의 2단계

나체즈Natchez는 5등급의 위력을 지닌 토네이도에 심하게 강타당했다(Tornado Project, 2007). 건물과 주거용 주택은 완전히 무너졌다. 책임자의 한 사람으로서 마을의 주민을 어떻게 보호할 것인가?

❶ **실행계획은 무엇인가?** 우선, 도움이 가장 절실하게 필요한 곳으로 긴급구조대원을 파견하기 위해 나체즈의 어떤 지역이 파괴되거나 피해를 입었는지를 정확히 판단해야 한다. 두 번째, 긴급구조대원을 동원해야 한다. 잔해와 자갈 더미에서 구해내야 할 사람이 많이 있을 것이다. 세 번째, 그 정도의 피해를 입었으면 시민 중에 부상자가 나올 것이므로 의료인력과 시설을 작동해 부상자를 돌볼 준비를 해야 한다.

❷ **통신계획은 무엇인가?** 현재 상황에 대한 정보를 더 끌어 모아서 주변 지역과 메시지를 주고받을 수 있는 지휘소를 세워야 한다. 또한 가능하다면, 토네이도가 향할 가능성이 있는 다른 카운티나 지역에 이러한 사실을 경고해야 한다.

❸ **당신의 카운티를 위해 어떤 자원을 확보해야 하는가?** 가능하다면, 더 많은 긴급구조대원, 의료자원 및 기술자 등 추가 자원을 획득해서 붕괴할 위험이 있는 건물을 강화하고 자갈과 잔해 더미에

갇힌 사람들을 구조하는 데 힘을 보태야 한다.

3) 재난의 3단계

현재 나체즈에서 약 48명이 목숨을 잃었다. 토네이도는 강 아래쪽으로 이동하기 시작했고, 이에 따라 강에 매어져 있던 많은 배들이 가라앉기 시작한다(Tornado Project, 2007b). 바람이 너무 강력해서 배와 선원들이 말 그대로 공중으로 튕겨져 올라가고, 그러다가 선원들은 끝내 강물에 빠져 익사하고 만다(Nelson, 2004).

❶ **실행계획은 무엇인가?** 가능하다면, 배에 있는 모든 사람을 대피시켜야 한다. 그뿐만 아니라 토네이도가 지나는 경로에 있는 사람들을 가능한 한 많이 대피소로 옮겨야 한다. 토네이도 뒤에 몰려오는 바람도 강력해서 사람들이 죽거나 부상을 당할 수 있는 상황이다.

❷ **통신계획은 무엇인가?** 당장 해야 할 가장 중요한 일은 토네이도의 길목에 있는 사람들과 연락해 토네이도가 오고 있으며 대피해야 한다고 경고하는 일이다.

4) 재난의 4단계

이 토네이도에 의해 강을 따라 추가로 269명이 목숨을 잃었으며, 강에 있던 여러 척의 배가 파괴되었다(Tornado Project, 2007). 부상당한 사람이 이제 109명에 달하면서 병원이 부상자들로 넘쳐난다(Tornado Project, 2007). 현재의 자원보다 의료조치가 필요한 사람들이 압도적으로 많은 상황이다. 그뿐만 아니라 전기도 들어오지 않고, 부상자에게 줄 페니실린이나 항생제도 없다.* 의료자원 부족에 어떻게 대처할 것인가?

❶ **실행계획은 무엇인가?** 의료시설이 수용인원을 초과했으므로 부상자를 위해 활용 가능한 기존 건물을 임시 병원으로 전환해야 한다. 긴급구조대원들은 강으로 가서 가라앉거나 파괴된 배에 구조할 사람이 남아 있는지 살펴봐야 한다.

❷ **통신계획은 무엇인가?** 이 시점에서 통신계획은 다른 지역과 협조해 의료자원과 더 많은 긴급구조대원을 가능한 한 빨리 지원받는 것이다. 그뿐만 아니라 가족들과 접촉해 시신의 신원을 확인해야 한다.

❸ **어떤 자원을 동원해야 하는가?** 기술자와 건설노동자를 동원해 사회기반시설을 복구하고, 대피한 사람들을 위한 쉼터를 제공해야 한다. 물과 식량의 운송도 가능한 한 빨리 이뤄져야 한다. 강이 이 도시의 생명줄이므로 장애물을 치워 가라앉거나 파괴된 배가 강의 흐름을 막지 않도록 해야 한다.

❹ **실행계획에서 역점을 두어야 할 것은 무엇인가?** 시신을 수습해서 매장하고, 대피한 사람들에게 식량과 쉼터 그리고 물을 제공해야 한다. 추가지원을 받을 수 있는 유일한 통로이므로 나체즈로 연결되는 강과 도로를 개방해야 한다.

5) 주요 문제점

배에 있던 선원들이 그 지역에서 효율적으로 대피했는지는 알려진 바 없다. 알려진 것은 토네이도가 실제로 그 마을을 강타했을 때보다 더 많은 사람이 강을 따라 사망했다는 사실이다(Nelson, 2004). 이 연구사례

* 페니실린 같은 현대적인 의약품은 적어도 1910년까지는 존재하지 않았다. 재난이 벌어진 동안 현대적인 의약품을 구하지 못할 수도 있으므로 만일의 사태에 대비한 계획으로 그와 같은 사태에 대처해야 한다.

에서 수집한 모든 정보를 동원해도 주민이 대피할 수 있는 토네이도 쉼터가 존재했는지도 알 수 없다. 1840년에는 토네이도가 오기 전에 주민이나 선원들이 대피하도록 조기경보를 발령할 수 있게 해주는 도플러 레이더도, 일기예보도 존재하지 않았다. 저개발지역에서는 아직도 이런 문제에 직면할 수 있다. 현재의 과학으로도 토네이도가 언제 어느 곳을 공격할 것인지 예측하지 못한다. 과학의 힘으로 이러한 사건의 발생을 정확히 예측할 수 있을 때까지 재난관리자는 토네이도가 예측 경로에 피해를 줄 가능성이 있을 때 주민을 대피시킬 계획을 늘 마련해두어야 한다.

나체즈의 경우, 토네이도가 지나가며 파괴한, 강가에 사는 주민과 연락할 효율적인 방법이 없었다(Nelson, 2004). 모든 공무원 및 재난관리자들은 재난대응 상황에서 주민과 통신하는 것이 매우 중요함을 잊어서는 안 된다. 적절한 통보 없이 효율적인 대피는 불가능한 법이다.

6) 기억해야 할 사항

나체즈를 휩쓴 토네이도는 미국 역사상 두 번째로 치명적인 토네이도의 자리를 아직도 굳건히 지키고 있다(Tornado Project, 2007).

2. 1902년 텍사스 주 골리어드 토네이도

1) 재난의 1단계

당신은 매우 작은 마을의 시장이다. 인력과 자원은 한정되어 있고, 자치정부의 예산은 빠듯하다. 5월 18일 오후 3시 35분, 토네이도가 샌안토니오 강의 강둑에 막 상륙했다는 사실을 통지받는다(Victoria Internet

Providers, 2007).

❶ **통신계획은 무엇인가?** 주민과 연락해 즉시 쉼터로 대피하라고 알려야 한다. 그뿐만 아니라 모든 긴급구조대원을 대기시키고 재난이 곧 닥칠 것임을 마을 의회에 알려야 한다.

❷ **실행계획은 무엇인가?** 사용 가능한 마을의 모든 자원을 목록으로 만들어야 한다. 또한 다른 도시들과 연락해 자원을 보내줄 수 있는지 알아보고, 적절한 병원시설이 매우 부족하므로 부상자를 다른 도시의 의료시설로 이송하기 위한 허락을 받아야 한다.

❸ **어떤 자원을 획득해야 하는가?** 피해 가능성에 대비해 의료인력과 긴급구조대원을 가능한 한 빨리 동원해야 한다. 그뿐만 아니라 주민이 대피할 수 있는 장소를 가능한 한 많이 확보해야 한다.

2) 재난의 2단계

토네이도가 마을을 휩쓸고 지나가면서 수많은 주택과 사업체가 형체도 없이 파괴되었다. 당신은 흑인 감리교회 건물이 토네이도로 파괴되는 광경을 목격한다(Victoria Internet Providers, 2007). 토네이도는 사망자와 잔해를 남긴 채 도시를 휩쓸고 지나갔다. 토네이도가 남긴 이처럼 엄청난 파괴에 어떻게 대처할 것인가?

❶ **실행계획은 무엇인가?** 마을에 병원이 없으므로 병원으로 사용할 시설을 지정해야 한다. 또한 수색 및 구조 인력을 보내 자갈 더미에 갇힌 사람이나 부상당한 사람을 찾으라고 지시해야 한다. 그런 다음 지정된 병원에서 부상자를 분류해서 의료인력으로 하여금 가장 심한 부상을 입은 사람을 먼저 치료하게 하고, 그러고 나

서 가능하면 상태가 안정된 사람들을 주변 지역사회의 의료시설로 이송해야 한다.

❷ **어떤 자원을 획득해야 하는가?** 쉼터, 의료품, 식량 그리고 물은 이 정도 규모의 자연재난에 강타당한 도시가 모아야 할 필수 품목이다. 부상자가 많으므로 이들을 치료할 인력이 필수적이다. 그뿐만 아니라 적당한 시점에서 주변 지역사회와 통신을 재개하고, 효율적인 교통수단도 재가동해야 한다.

❸ **어떤 협조를 구해야 하며, 누구로부터 그러한 도움을 얻을 것인가?** 적당한 시설이 없으므로 골리어드Goliad 카운티 법원을 임시 병원이자 영안실로 개조한다(Victoria Internet Providers, 2007). 피해를 입은 사회기반시설을 복구해야 하며, 그러기 위해 골리어드는 여러 지역사회에서 기반시설 복구를 수행하기 위한 물품과 인력을 지원받아야 한다. 그뿐만 아니라 주변 지역사회에서 의료 지원을 받고 긴급구조대원도 구해야 한다.

3) 주요 문제점

이 토네이도로 인해 114명이 목숨을 잃고(무너진 감리교회에서만 50명이 사망했다), 230명이 부상을 당했으며, (1902년 달러 가치로) 5만 달러의 재산피해가 발생했다(Victoria Internet Providers, 2007). 골리어드 같은 작은 도시나 마을은 활용할 수 있는 자원이 한정되어 있기 마련이다. 따라서 이러한 마을의 기관들은 재난이 발생했을 때 지원을 제공할 주변 기관들과 협약이나 약정을 맺는 것이 매우 중요하다.

골리어드는 토네이도에 대비해 주민에게 안전을 제공하기 위한 아무런 계획(또는 견고한 쉼터)도 마련하지 못한 상태였다. 1900년대 초에 지어진 건물은 대부분 나무로 되어 있어 토네이도를 견뎌내지 못했다. 토네이도가 흔히 발생하는 텍사스에서 토네이도 빈발 지역 내에 있는 도시들은 주민에게 쉼터를 제공하고 다른 단체로부터 (의료자원이나 긴급구조대원 등) 필요한 자원을 얻기 위한 재난 실행계획뿐 아니라 효과적인 통신계획을 반드시 세워야 한다. 골리어드의 공무원들은 시설 부족이라는 문제에 법원 건물을 활용한 것으로 대처했는데, 이는 재난이 발생했을 때 도시가 처한 시설 부족에 대한 임시방편의 해결책이었다.

4) 기억해야 할 사항

1902년, 골리어드 토네이도는 텍사스 주에서 가장 치명적인 토네이도에 속하며, 미국에서 10번째로 많은 사상자를 냈다(Dan, 2003).

3. 1925년 세 개 주에 상륙한 토네이도

1) 재난의 1단계

당신은 미국 연방재난관리청장이다. 3월 18일, 세 개의 주州에 강력한 폭풍이 상륙한다.

❶ **현재의 실행계획은 무엇인가?** 연방재난관리청장으로서 가장 먼저 할 일은 현재 폭풍이 휘몰아치고 있는 세 개 주의 주지사에게 연락해 자연재난에 대처할 계획이 있는지 알아보는 일이다. 그뿐만 아니라 재난관리 목적으로 할당된 연방정부의 자원을 확인하고, 재난지역으로 파견될 인력에게도 통보해야 한다. 또한 날씨에 관한 후속 보고를 받기 위한 충분한 통신수단을 확보하고, 세 개 주에 무엇이 필요할지도 확인해두어야 한다.

❷ **잘 조율된 지원을 위해 어떤 기관과 접촉할 것인가?** 연방재난관리청장은 재난 발생 시 필요한 모든 형태의 지원과 자원을 제공할 수 있는 연방정부의 모든 기관과 협조해야 한다(예를 들어, 전쟁부Department of War*, 내무부Department of Interior 등). 또한 주정부 차원에서 주지사실과 현 상황에 대해 그리고 재난이 발생할 경우 어떤 자원을 모을 수 있는지에 대해 지속적인 접촉을 하는 것이 중요하다.

2) 재난의 2단계

이제 여러 개의 토네이도가 세 개 주에 걸쳐 발생하고 있다. 머피스버로Murphysboro라는 마을은 토네이도에 의해 완전히 초토화되었다(Ishman, 2001).

❶ **어떤 자원을 동원해야 하는가?** 연방재난관리청장은 연방정부의 여러 기관에서 얼마나 많은 의료팀과 복구팀을 동원할 수 있는지 알아봐야 한다. 그뿐만 아니라 추가 자원을 보낼 수 있는 다른 주와 지역의 기관들과도 연락해서 식량, 물, 쉼터, 의료품, 그리고 발굴 장비를 가능한 한 빨리 머피스버로로 보내야 한다.

❷ **통신계획은 무엇인가?** 연방재난관리청장은 현장의 감독관들과 끊임없이 접촉하며, 상황의 변화를 이들에게 알려 필요한 경우 더 많은 자원을 배치해야 한다. 그뿐만 아니라 잘 조율되고 효율적인 노력을 기울일 수 있도록 주정부 및 연방정부의 다른 기관들과도 지속적으로 접촉해야 한다.

---

* 전쟁부는 1947년에 국방부Department of Defense가 되었다.

3) 재난의 3단계

현재 머피스버로에서 250여 명이 목숨을 잃고 500명이 부상당했으며, 도시 여러 곳에서 화재가 발생해 재산피해를 내고 있다.

❶ **이 시점에서 어떤 자원을 동원해야 하는가?** 파괴된 건물의 잔해에 깔린 생존자를 위한 수색 및 구조팀이 가장 중요할 것이다. 수색 및 구조팀을 우선적으로 파견해야 하며, 의료품을 지원해야 한다. 머피스버로에 동원하거나 배치할 수 있는 모든 소방기구에 최우선권을 두어 더 많은 건물이 피해를 입는 것을 막아야 한다. 그래야 온전한 건물을 확보해 대피한 사람들에게 쉼터로 제공할 수 있다. 식량과 물뿐 아니라, 피해지역에 범죄가 발생하는 것을 예방하기 위해 이 지역에 공권력이 필요한지 여부도 고려해야 한다.

❷ **다음 실행계획은 무엇인가?** 일단 수색 및 구조 작업이 마무리되면 다음 단계로 시신을 수습해야 하며, 필요한 임시 거주지도 마련해야 한다. 만일 부상자를 그 지역에 있는 다른 병원으로 옮길 수 있다면, 인근 지역의 의료시설의 부담을 덜기 위해 부상자를 이송해야 한다.

4) 주요 문제점

이 토네이도로 695명이 목숨을 잃고 2,027명이 부상을 당했으며, 머피스버로가 파괴되어 이곳에서만 234명이 목숨을 잃었다(National Weather Service, Paducah, Kentucky, Forecast Office, 2010). 세 개의 주, 13개의 카운티, 그리고 19개 이상의 지역사회에서 1만 5,000채 이상의 주택이 파괴되었다(National Weather Service, Paducah, Kentucky, Forecast Office, 2010).

토네이도 같은 자연의 힘은 피할 수 없다. 취할 수 있는 것은 예방조치뿐이며, 이는 상황에 따라 성공할 수도, 성공하지 못할 수도 있다. 예를 들어, 토네이도가 자주 발생하는 지역의 정부는 토네이도가 발생할 경우에 대비해 주민을 위한 쉼터를 건설하는 게 좋다. 하지만 이런 조치는 지방자치단체에 그러한 쉼터를 지을 자원이 있는가에 따라 좌우될 것이다. 한정된 자원을 가진 정부기관은 재난이 발생했을 때 지원을 제공받을 수 있는 주변의 다른 기관들과 협약이나 약정을 맺어야 한다.

5) 기억해야 할 사항

이 토네이도는 인디애나, 일리노이 그리고 미주리, 이렇게 세 개 주를 휩쓸고 지나갔다(Ishman, 2001).

제6장

사례연구: 자연재난 — 지진과 화산

1. 1906년 샌프란시스코 지진

1) 재난의 1단계

당신은 거대한 항구도시의 부시장이다. 당신은 잠을 자다가 갑자기 바닥으로 내동댕이쳐진다. 선반에서 물건들이 떨어지고, 벽에 걸려 있던 그림이 떨어지고, 바닥과 침대가 흔들리며, 이상하고 초자연적인 소리가 난다. 수요일 오전 5시 12분이다(USGS, 2006). 방금 강력한 지진의 첫 충격파를 겪은 것이다. 20분 뒤 두 번째 여진으로 몸이 심하게 흔들리고, 세상의 종말이 온 것만 같다. 그때 시청으로 나가 필요한 조치를 취해야겠다는 생각이 든다.

❶ **부시장으로서 가장 먼저 취해야 할 조치는 무엇인가?** 공무원으로서 취해야 할 첫 번째 조치는 어떤 일이 일어났는지를 정확히 파악하는 것이다. 이 경우에는 당신이 사는 도시에 지진이 발생한 것이다. 따라서 얼마나 많은 피해가 발생했고, 어느 곳이 지진으로

피해를 입었는지를 가장 먼저 파악해야 한다. 리더십이 필요한 이 같은 상황에서 책임감 있는 공무원은 부하직원들과 접촉해 정보를 모으고 상황에 대처하는 데 필요한 지시를 내려야 한다. 이러한 경우, 현재 상황에 대한 정보를 모으고, 긴급구조대원들의 노력을 조율하기 위한 지휘본부를 세우기 가장 좋은 장소는 시청이다. 하지만 책임감 있는 공무원이라도 이런저런 이유로 지휘본부에 오지 못할 수 있으며, 그런 경우 통신이 제대로 이뤄지지 않는다. 따라서 재난이 발생했을 때 조직의 책임자가 그 조직을 이끌지 못할 경우에 대비해 조직의 지휘체계를 세우는 일이 중요하다.

❷ **지진에 대처하기 위해 어떤 공공기관을 활용할 것인가?** 재난관리자는 어떤 유형의 긴급 대응 자원을 사용할 수 있는지, 그리고 필요하다면 어떻게 접촉해 이들 자원을 사용할 것인지를 반드시 알아두어야 한다. 재난이 발생했을 때 그 상황을 책임지는 재난관리자는 발생할 수 있는 여러 상황에 대처할 특정한 자원을 지정할 수 있어야 한다. 이 연구사례에서는 막 지진이 발생했으며, 따라서 부시장은 소방서, 경찰서, 의료기관 그리고 토목사업을 담당하는 부서와 함께 일해야 한다.

긴급한 대응을 위해 시민의 부상에 대처하고 복구작업에 참여하기 위해 소방서, 경찰서, 그리고 의료기관과 함께 일해야 하는 것은 자명한 사실이다. 하지만 토목사업을 담당하는 부서와는 왜 연락해야 하는가? 첫째, 토목사업을 담당하는 부서는 통상 잔해와 자갈 밑에 깔려 있을 부상자를 구조하는 데 필요한 중장비에 접근할 수 있기 때문이다. 둘째, 토목사업을 담당하는 부서는 천연가스관, 수도관, 하수관, 그리고 전기와 관련된 사회기반시설을 복구하는(또는 만일의 경우 차단하는) 데 필요하다. 이 연구사례에서 나중에 알게 되겠지만, 공공기관은 사회기반시설의 손상으로 심각한 문제를 겪게 된다. 공공기관은 집결지를 계획해두고, 정전이나 통신 두절이 발생할 경우 직원들과 연락할 여러 가지 방안을 세워두어야 한다.

❸ **제한된 자원에 대한 우선순위는 어떻게 설정할 것인가?** 어떤 조직이든 자원은 한정되어 있기 마련이다. 따라서 재난관리자는 이러한 자원을 어떻게 배치할 것인지 우선순위를 세워두어야 한다. 예를 들어, 만일 어느 소방서의 주된 임무가 붕괴된 다리에서 생존자를 찾아 구조하는 것이라면, 이러한 자원으로는 지진으로 인해 발생한 화재와 싸울 수 없을 것이다. 재난관리자는 의사결정 과정에서 선택에 어려움을 겪겠지만, 생명이 재산보다 소중하므로 이런 경우 다리의 생존자를 구하는 데 자원을 배치하는 결정을 내리기가 더 쉬울 것이다. 하지만 만일 화재로 인해 부상자나 사망자가 발생한다면, 재난관리자의 의사결정 과정은 훨씬 더 복잡해질 것이다. 따라서 자원의 효율성을 최대화하기 위해 우선순위를 어떻게 매길 것인지(예를 들어, 재산보다 생명에 우선순위를 두는 것 등)는 매우 중요한 문제다.

❹ **다른 공공기관과 시민을 위한 통신수단은 무엇인가?** 이 시점에서는 전자 기기, 전력 또는 다른 형태의 현대적 편의시설에 접근하는 게 불가능할 것이다. 따라서 이 시점에서 재난관리자가 활용할 수 있는 방법은 무엇인가? 재난관리자는 시의 직원들과 접촉할 수 있으며, 시민단체에도 접근할 수 있을 것이다. 따라서 이러한 인적자원을 여러 곳의 시민과 현 상황에 대한 정보를 수집하고 지시를 전달하는 데 필요한 조직 내 다른 부서 사이의 통신을 전

달하는 수단으로 활용할 수 있다. 이러한 방법은 현대적인 접근은 아니지만 다른 통신수단이 존재하지 않는, 인구밀도가 높은 대도시의 자치정부에는 효과적일 것이다.

2) 재난의 2단계

시청에 도착해보니 지진으로 도시의 건물 대부분이 완전히 붕괴하고, 시민 수천 명이 잔해 밑에 깔려 있는 상황이다. 게다가 당신을 괴롭히는 다른 심각한 문제가 두 가지나 더 있다. 첫 번째 문제는 지진으로 뒤틀린 살리나스Salinas 강 때문에 도시의 여러 곳에 홍수가 발생한 것이다(U. S. News Rank, 2012). 두 번째는 도시 전역에서 수많은 화재가 발생한 것이다(*New York Times*, 1906).

❶ **이제 자원을 어떻게 할당할 것인가?** 앞서 언급했듯이, 자원을 어떻게 배치할 것인가 하는 결정은 매우 중요하다. 당신에게 있는 것은 소방서, 경찰서, 의료기관 그리고 토목사업을 담당하는 부서에 있는 많은 직원들뿐이다. 제 시간에 발견하지 않으면 일부 시민은 부상으로 목숨을 잃을 것이고, 또 다른 시민은 살리나스 강으로 인한 홍수로 목숨을 잃을 것이며, 도시 전역에서 발생한 화재도 위험한 상황이다. 가능하다면 자갈 더미에서 생존자를 찾는데 자원봉사자들의 도움을 받아야 한다. 그러면 일부 긴급구조대원들이 화재를 진압하고 물에 잠긴 지역에서 구조작업을 벌일 수 있게 될 것이다. 복구 훈련을 받은 일부 소방대원은 토목사업을 담당하는 부서와 협조해—이들이 중장비에 접근할 수 있으므로—자갈 더미에 깔린 생존자를 구조할 수 있을 것이다. 한편, 경찰은 지진으로 피해를 입은 여러 지역을 순찰하며 범죄 활동을

중단시키고 부상당한 시민을 수색할 수 있을 것이다.

❷ **어떤 우선순위에 따라 구조 활동을 벌일 것인가?** 자갈 더미에 깔린 생존자를 찾는 데 우선순위를 둬야 하는데, 이들 피해자 중 많은 사람들을 출혈, 뇌진탕 또는 내상으로 인해 병원으로 이송해야 하기 때문이다. 이들을 구하려면 무엇보다 시간이 중요하므로 부상자를 병원으로 옮기는 데 최우선을 둬야 한다. 두 번째, 시민을 보호하려면 화재를 진압해야 하며, 그래야 가능한 한 많은 건물을 집을 잃고 갈 곳 없는 시민을 위한 쉼터로 제공할 수 있다. 그뿐만 아니라 시민을 위해 물과 위생용품을 제공해야 하는데, 그러려면 소방서와 토목사업을 담당하는 부서가 가능한 한 많은 사회기반시설을 복구해야 한다.

❸ **새롭게 발생하는 문제에 대처하기 위해 어떤 추가 자원을 확보해야 하는가?** 이 시점에서 고위 재난관리자는 연방정부의 기관, 주정부의 기관 그리고 다른 지역의 재난관리자들과 접촉해 더 많은 자원을 제공받아야 한다. 재난이 발생하기 전에 다른 시정부와 상호 협약을 맺는 것은 흔히 있는 일이다. 불행히도 이 연구사례에 나오는 시정부는 아무런 사전 협약도 맺지 않았고, 따라서 지진 피해가 발생한 후에 추가 자원을 요청해야 했다.

3) 재난의 3단계

현재 화재로 인해 사망자가 많이 발생하고 있다. 천연가스관이 여러 곳에서 파열되었고, 사람들이 피운 모닥불과 방화로 인해 화재가 빠르게 번지고 있는 상황이다. 또 다른 문제는 지진으로 인해 상수도관이 대부분 파열되어 화재를 진압하기가 몹시 어렵다는 것이다(*New York Times*, 1906).

❶ **물 부족에 어떻게 대처할 것인가?** 활용 가능한 현대적인 화재 진압 장비가 없을 수도 있다는 점을 명심해야 한다. 게다가 손상된 사회기반시설에서 나오는 매우 적은 양의 전기는 토목작업을 하는 인력을 위해 남겨두어야 한다. 이들은 수도관을 복구하고 도시의 다른 기반시설을 복구하는 데 용접기, 기중기 같은 기계를 사용해야 한다. 그뿐만 아니라 상수도관을 통해 물을 공급할 수 없을 가능성에 대비한 계획도 세워두어야 한다. 화재 진압용 펌프 트럭에 의존해 문제가 발생한 지역으로 물을 전달해야 할 수도 있다. 화재 진압용 펌프 트럭에는 저수지, 강 또는 만 같은 곳에서 막대한 양의 물을 채워야 할 것이다. 화재 진압용 펌프 트럭에 이런 식으로 물을 채우려면 화재를 진압하기까지 많은 시간과 에너지가 필요하지만, 이러한 상황에서는 어쩔 수 없을 것이다. 다른 현대적인 방법은 화학약품을 사용해 화재를 진압하는 것으로, 현재는 비행기를 이용해 뿌릴 수 있다. 그뿐만 아니라 공무원들은 도시 이곳저곳에 화재를 일으키는 방화범을 잡는 일에도 자원을 배분해야 할 것이다.

❷ **(상수도 본관과 천연가스관 같은) 도시의 기반시설을 복구하는 데 어떤 우선순위를 둘 것인가?** 천연가스관은 폭발할 수 있으므로 도시 이곳저곳에서 화재가 발생하는 상황에서는 가스관을 완전히 차단하는 게 필수다. 상수도관을 복구해 더 효율적으로 화재를 진압하기 위해서는 전력이 필요할 것이다. 그뿐만 아니라 전선도 추가적인 사망, 부상 그리고 재산피해를 야기할 수 있으므로 다음 단계로 이러한 전선도 반드시 복구해야 한다. 세 번째로 복구해야 할 기반시설은 수도관이다. 그래야 화재 진압을 할 수 있을 뿐 아니라 생존에 반드시 필요한 물을 시민에게 공급할 수 있다. 마지막으

로 복구해야 할 것은 하수도관인데, 이동용 옥외 화장실이나 땅을 파서 사용하는 변소로 위생 문제를 임시로 해결할 수 있기 때문이다.

4) 재난의 4단계

화재를 진압하기 위한 현재까지의 모든 시도가 실패로 돌아갔다. 시장은 약탈자를 보는 대로 총살하라는 지시를 내렸고, 이러한 지시로 500명 이상이 목숨을 잃었다. 군대는 흑색 화약, 다이너마이트, 대포의 탄약 등으로 방화대를 설치했다. 이러한 조치로 화재는 진압되었지만, 결과적으로 더 많은 건물이 파괴되었다(PR Newswire US, 2006).

❶ **군대와 어떻게 협력할 것인가?** 군대의 개입으로 재난이 시작될 때는 존재하지 않았던 정치적인 문제가 발생했다. 시정부의 공무원들은 책임자가 누구이며, 상황에 대처하기 위해 군대의 자원을 어떻게 효율적으로 배치할 것인가 하는 문제를 군대와 협의해야 한다. 이제 도시가 무정부 상태에 가까워졌으므로 군대가 지휘권을 장악하고 의사결정 과정을 통제하게 되었다. 이 연구사례에서 총살당한 많은 약탈자가 사실은 파괴된 집에서 자신들의 소유물을 찾던 평범한 시민이었다. 이 연구사례는 경찰이나 군대가 정당한 법 절차 없이 약탈자를 처단하는 것이 어느 시점에서 필요한가에 대해 생각할 거리를 던져준다. 시정부의 재난관리자는 상황에 대한 통제권을 어떻게 다시 얻을 것인가? 군의 개입으로 이점도 있었지만 상당한 부작용도 발생했다. 군 인력은 일반적으로 경찰 같은 훈련을 받지 않아서 재난관리 상황에서 일반 시민을 진압하는 데 문제가 발생할 가능성이 있다.

❷ **법과 명령이 올바로 시행되려면 어떤 조치를 취해야 하는가?** 시정부는 이러한 상황에서 파견된 군 인력에게 시민은 정당한 법 절차에 따라 처분받을 권리가 있으며, 약탈자에게 발포하는 것은 첫 번째가 아니라 마지막으로 의존할 수단임을 분명히 해야 한다. 그뿐만 아니라 이러한 특별한 상황에서 시정부는 순찰을 도는 군인과 경찰을 동행시켜 경찰의 훈련과 판단에 의해 약탈자로 추정되는 자들에게 군인이 총을 쏘는 행위를 완화시켜야 한다.

❸ **어떤 통신계획을 세워야 하는가?** 이제 통신수단은 거의 파괴된 상태다. 재난관리자는 어려운 문제를 해결하기 위한 자원을 배치하기 위해, 그리고 시민에게 식량과 쉼터 그리고 의료 지원을 어디서 얻을 수 있는지 알리기 위해 새로운 통신계획을 세워야 한다.

❹ **약탈자를 보이는 대로 총살하라는 시장의 명령에 동의하는가?** 경찰과 군인을 도시 전역에 파견해 실질적인 순찰을 돌게 할 인적자원이 있다면, 그러한 명령을 내려서는 안 된다. 지진 같은 대규모 재난 상황에서는 (수색과 구조, 기반시설의 복구, 자신들의 소유물을 찾으려는 시민 등과 같은) 여러 가지 다양한 작업이 진행된다. 너무도 많은 시민이 집을 잃었고 갈 곳도 없으므로 계엄령을 선포하는 것도 문제가 될 수 있다. 약탈자로 추정되는 사람들을 체포하면 한동안 억류해 정당한 법 절차에 따를 수 있도록 이들을 임시 유치장에 수용할 계획도 세워야 할 것이다.

5) 재난의 5단계

당신을 비롯한 시의 다른 직원들에게 피해 규모가 완전히 밝혀지기 시작한다. 지진이나 화재로 도시의 대부분이 파괴되었을 뿐 아니라(80%), 225,000~300,000명에 달하는 이재민이 발생했고(USGS, 2006), 6조

5,000억 달러에 달하는 재산피해(2006년 피해 추정액)가 났으며(Evans, 2007), 3,000명 이상이 목숨을 잃었다(Berkley Seismological Lab, 2007).

❶ **이제 재난의 초기 단계가 지나간 상황에서 어떤 우선순위에 따라 자원을 배치할 것인가?** 긴급히 처리해야 할 문제는 생존자들을 위해 수색과 구조 작업을 진행하는 것이며, 식량, 물, 쉼터 그리고 의료 자원을 필요한 시민에게 제공하는 것이다. 두 번째로 해야 할 일은 다른 기관들로부터 추가로 자원을 모으고, 효율적인 통신체계를 확립해 운영하며, 사회기반시설의 복구를 완료하는 일이다.

❷ **그토록 많은 사람들에게 어떻게 임시 쉼터를 제공할 것인가?** 사람들에게 임시 거처를 제공하는 데는 여러 가지 방법이 있다. 첫째, 천막 같은 임시 거처를 세우는 것이다. 둘째, 시민을 (경기장, 학교 등의) 임시 거처가 제공되는 다른 도시로 옮기는 것이며, 또 다른 대안은 더 나은 수용시설이 세워질 때까지 이동 가능한 트레일러로 임시 거처를 짓는 것이다.

❸ **복구계획은 무엇인가?** 수송계획을 세워서 식량, 물, 의약품 그리고 거처가 필요한 이들에게 전달하는 일이 무엇보다 시급하다. 다음은 사회기반시설을 점검해서 임시적인 미봉책 이상의 복구계획을 세우는 일이다. 이제 주요 도로, 다리, 하수관 같은 사회기반시설의 복구를 계획의 중심에 놓아야 한다. 대피한 시민을 임시 거처에서 더 오래 머물 수 있는 건물로 옮기기 위해서는 새로운 주거지를 건설하거나, 파손된 다른 시설을 복구해야 하므로 잔해와 자갈을 치우는 일도 해야 한다. 마지막으로 추후 발생할지도 모를 지진으로부터 인명피해와 손실을 줄이기 위한 계획을 세우는 일도 필요하다. 생필품을 제 위치에 제대로 보관해야 대

규모 재난관리를 해야 하는 상황에서 이를 다른 시정부와 시민에게 신속하게 전달할 수 있다.

❹ **시신을 신속하게 수습하지 않으면 다른 어떤 재난이 발생하는가?** 살아남은 시민에게 질병이 번지는 것을 막기 위한 위생적인 측면에서 시신은 반드시 수습되어야 한다. 질병이 번지면, 부상자를 치료하는 의료자원에 더 큰 차질이 빚어질 것이다.

6) 주요 문제점

군대가 경찰 역할을 하게 놔두는 것은 대단히 위험한 일이다. 군대에 규율이 있긴 하지만, 군인들은 법률을 집행하는 훈련을 받지 않았으므로 추가적인 문제를 일으킬 수 있다. 군대를 경찰력으로 활용하는 것은 법과 질서를 회복하기 위한 최후의 수단이어야 한다. 이 연구사례는 재난에 맞서 싸우는 것(화재 같은)뿐 아니라 더 많은 문제가 발생하는 것을 예방하기 위해 (파열된 천연가스관 같은) 손상된 사회기반시설을 복구하는 것의 중요성에 대해서도 잘 보여주고 있다. 이 연구사례에서는 사회기반시설을 신속하게 복구하지 못해 도시의 80%가 잿더미로 변하는 결과를 낳았다. 사회기반시설을 복구할 자원이 있었는지 그렇지 않은지는 알 수 없지만, 분명한 사실은 지진으로 상수도관과 천연가스관이 손상을 입었고, 이것이 더 큰 피해로 이어졌다는 사실이다. 천연가스관과 상수도관을 신속하게 복구하지 못한 것이 본질적으로 화재가 도시 전체로 번지도록 한 셈이다. 그뿐만 아니라 약탈을 한 게 아니라 잔해더미에서 자신들의 소유물을 찾던 시민이 군인의 총에 맞아 목숨을 잃고 말았다(U. S. Department of the Interior, National Parks Service, 2010).

7) 기억해야 할 사항

금전적인 피해뿐만 아니라 (팔래스 호텔Palace Hotel 같은) 수많은 기념비적 건물과 과학연구소가 사라졌다(Cooper, 2011; *New York Times*, 1906). 지진으로 인한 손상이나 피해는 보험이 적용되지 않으므로 많은 주민과 상가 소유주들이 자신의 주택이나 건물에 불을 질러 전소시키고 말았다(Virtual Museum of the City of San Francisco, 2012).

2. 1946년 알류샨 열도 지진

1) 재난의 1단계

당신은 미국의 섬 영토인 하와이의 주지사다.* 4월 1일 아침, 태평양에서 지진이 발생했다는 경보가 들어온다(Joint Australia Tsunami Warning Center, 2008).

❶ **이 시점에서 무엇에 관심을 기울여야 하는가?** 섬이나 해안지역의 주된 관심은 지진으로 인해 쓰나미가 발생할 가능성이며, 쓰나미가 발생하면 낮은 해안지역의 주민과 사회기반시설이 피해를 입게 된다. 추가적인 관심은 쓰나미의 피해를 입을 수 있는 특정지역에 거주하는 사람들을 대피시키는 문제다.

❷ **어떤 자원부터 동원해야 하는가?** 긴급구조대원을 대기시키고, 쓰나미가 발생할 수 있는 지역의 주민 대피에 사용할 교통수단을 확보해야 한다. 주방위군을 대기시키고, 임시 쉼터를 마련해 대

* 하와이와 알래스카는 1959년 미국의 주州가 될 때까지 미국의 준주準州였다.

피한 주민을 수용할 준비를 해야 한다.

❸ **통신계획은 무엇인가?** 시민은 해안지역에 쓰나미가 닥칠 가능성에 대해 알고 있어야 한다. 또한 시민을 수용할 임시 쉼터로 신속하게 대피할 준비가 되어 있어야 한다.

2) 재난의 2단계

미국 서부 해안지역의 한 주州가 방금 쓰나미의 공격을 받아 철근 콘크리트로 된 해안경비대의 등대가 무너지고, 그곳에서 근무하던 사람들이 모두 목숨을 잃었다는 새로운 보고가 들어온다. 서부 해안을 휩쓴 지 5시간 후에 쓰나미가 어느 섬에 밀어닥쳐 해변을 완전히 초토화시키고 159명 이상의 주민이 목숨을 잃었다(Joint Australia Tsunami Warning Center, 2008).

❶ **실행계획은 무엇인가?** 수색과 구조 팀을 배치해 쓰나미가 휩쓸고 간 지역에 아직 있을지도 모를 생존자를 수색해야 한다. 또한 의료팀과 자원을 동원해 쓰나미로 인한 희생자들을 돌보고, 대피한 시민에게 쉼터와 식량을 제공해야 한다.

❷ **통신계획은 무엇인가?** 지역정부의 담당 공무원과 연락해 지원이 필요한 지역사회에 신속하고도 효율적으로 전달해야 한다. 그뿐만 아니라 희생자의 가족이나 가까운 친지에게 사망했거나 입원한 시민에 대한 소식을 전해야 한다.

❸ **어떤 자원을 동원해야 하는가?** 시신을 수습하고 잔해를 제거할 팀을 동원해야 한다. 사회기반시설, 주택 그리고 사업체의 재건은 초기 복구작업이 완료된 후에 시작해야 한다.

3) 주요 문제점

일단 경보음이 들리면, 공무원들은 해안지역의 저지대와 즉시 연락해 주민을 대피시키거나 대피계획을 세워야 한다. 그뿐만 아니라 수색과 구조 자원을 가능한 한 빨리 배치해 교통수단이나 사회기반시설의 미비로 그 지역을 벗어나지 못한 사람들을 대피시켜야 한다. 이 연구사례에서는 마을과 도시의 주민을 성공적으로 대피시키지 못한 것이 쓰나미의 피해를 입은 해안지역의 인명 손실로 이어졌다. 성공적인 재난대응에는 통신과 효율적인 계획 수립이 반드시 필요하다.

4) 기억해야 할 사항

알류샨 열도 지진으로 하와이와 알래스카에 (1946년 달러 가치로) 2,600만 달러에 달하는 피해가 발생했다. 이 지진으로 하와이에 태평양쓰나미경보센터Pacific Tsunami Warning Center가 설립되었다(Joint Australia Tsunami Warning Center, 2008).

3. 1960년 칠레 대지진

1) 재난의 1단계

당신은 미국 연방정부기관의 책임자다. 5월 22일, 진도 9.5의 지진이 칠레 해안지역을 강타했다(USGS, 2008).

❶ **통신계획은 무엇인가?** 태평양 해안지역을 포함하고 있는 주정부는 무엇보다 지진과 그 지역에 피해를 줄 수 있는 쓰나미의 가능성에 주목해야 한다. 둘째, 태평양에 면한 해안의 저지대에 사는

모든 주민에게 쓰나미의 발생 가능성을 경고하고, 바닷물이 범람할 수 있는 지역의 주민에게 대피를 권고해야 한다. 셋째, 쓰나미가 미국 내의 어떤 지역을 강타할 만일의 경우에 대비해 지원을 제공할 수 있는 연방정부의 기관 및 부서의 책임자들과 연락해야 한다.

❷ **실행계획은 무엇인가?** 첫 번째로 할 일은 미국의 어떤 지역이 쓰나미의 피해를 입을 것인지 예측하는 것이다. 두 번째는 쓰나미의 피해를 입은 지역에 도움이 될 만한 자원을 미리 배치하거나 필요로 하는 곳에 자원을 신속하게 나를 운송수단을 갖추는 일이다.

2) 재난의 2단계

하와이와 태평양에 면한 여러 주의 해안지역에 현재 쓰나미가 발생했다는 보고가 들어온다(Duke, 1960).

❶ **어떤 자원을 동원해야 하는가?** 피해지역으로 갈 수 있는 화물 수송기를 동원해 식량, 물, 쉼터 그리고 필요한 경우 긴급구조대원을 수송해야 한다. 그뿐만 아니라 배에 의료 장비와 물품을 실어 쓰나미로 심각한 피해를 입은 지역으로 보내야 한다. 군함을 배치해 대규모 병원 장비와 수색 및 구조에 필요한 자원을 해안지역의 도시로 보낼 수도 있다.

❷ **지원을 위해 어떤 기관과 접촉할 것인가?** 보통 연방정부 차원의 지원을 얻기 위해서는 서너 개 부서와 접촉해야 한다. 국방부와 환경보호청 같은 부서는 재난 상황에 성공적으로 대처하는 데 반드시 필요한 여러 자원을 보유하고 있다.

❸ **이 시점에서 통신계획은 무엇인가?** 연방정부의 책임자인 당신은 연방정부의 다른 부서 및 기관의 책임자들과 지속적으로 연락해야 함은 물론, 주정부 및 지역정부와도 긴밀한 통신을 유지하며 정보를 주고받아야 한다. 통신이 원활하게 이뤄지면 정보가 들어오는 대로 이러한 자원을 피해가 더 심한 지역으로 보낼 수 있다.

3) 재난의 3단계

쓰나미로 인해 하와이에서 62명이 목숨을 잃었고, 7,500만 달러 이상의 재산피해가 발생했다(USGS, 2008).

❶ **실행계획은 무엇인가?** 하와이가 가장 심한 타격을 받았으므로 응급 의료 상황과 생필품 부족을 해결하기 위해 비행기를 이용해 하와이로 적절한 자원을 보내야 한다. 그뿐만 아니라 더 많은 긴급구조대원을 하와이로 파견해 수색 및 구조 작업을 수행하도록 해야 한다.

❷ **복구작업과 관련해 어떤 기관과 일해야 하는가?** 이 시점에서 몇몇 비영리단체 및 정부기관이 시민에게 구호품을 제공할 수 있을 것이다. 미국 적십자 같은 단체는 자연재난이 발생하면 매년 전국적으로 수많은 인도주의적 사업을 펼친다.

4) 주요 문제점

이 정도로 강력한 지진은 드넓은 지역에 대단히 파괴적인 영향을 미친다. 남아메리카에서 하와이까지 수많은 인구밀집지역에 엄청난 파괴를 초래해 사람들이 죽거나 부상을 당하고 집을 잃는 결과를 낳았다. 이러한 사건이 발생하면 조직에도 피해가 미칠 수 있으므로 책임자는 이러한 유형의 재난에 미리 대비해두어야 한다. 그러기 위해서는 건축법규를 더욱 엄격하게 만들고, 그와 같은 재난에 대비해 생필품을 보관해두며, 수색 및 구조 작업에 필요한 자원을 구해 즉시 배치할 준비를 해두어야 한다. 통신 기반시설은 물론 쓰나미에 대비한 계획은 한 가지 방법이나 계획이 실패할 수많은 경우를 예측해 다른 방법이나 계획을 실행할 수 있게 해두어야 한다. 쓰나미에 견딜 수 있도록 하와이 섬 전체의 구조물을 보강하는 것은 불가능하지는 않을지라도 매우 어렵다. 따라서 범람의 위험이 높은 지역에서 가능한 다른 방법은 그 지역에서 대피하는 것이다.

5) 기억해야 할 사항

칠레 대지진은 태평양 전역에 걸쳐 사상자를 냈다. 칠레에서만 1,655명이 목숨을 잃었고, 3,000명이 부상을 당했으며, 200만 명이 집 없는 신세가 되었다(USGS, 2008). 이 지진은 현재까지 가장 강력한 지진으로 순간 진도Moment Magnitude Scale (MMS) 9.5를 기록했으며, 이 지진으로 인해 발생한 쓰나미는 하와이와 칠레에만 피해를 준 게 아니라 일본, 뉴질랜드, 호주 그리고 알래스카에도 피해를 입혔다(Pararas-Carayannis, 2011).

4. 1964년 성聖 금요일의 지진

1) 재난의 1단계

당신은 주지사다. 3월 27일 오후 6시 15분, 기독교의 성聖 금요일인 이 날, 주州의 항구도시가 지진에 의한 것으로 보이는 엄청난 충격파에 강타당했다는 보고를 받았을 때, 당신은 집에서 친지들과 함께 저녁 시간을 보내고 있었다.

❶ **이러한 상황에 대한 최초의 대응은 무엇인가?** 해일이 인구밀집지역 인근의 해안지역에 몰려올까 걱정이다. 지진이 항구도시 인근을 강타했으므로 이 도시에 해일의 피해를 입을 수 있다는 경보를 발령해야 한다. 만일 대피계획이 마련되어 있다면, 많은 인구가 충격파에 노출될 수 있는 지역에서 실행해야 한다.

❷ **통신계획은 무엇인가?** 통신계획에는 관할권 내에 있는 기관은 물론, 해안선 인근 지역의 공무원들과도 지속적으로 긴밀한 접촉을 하는 것이 포함되어야 한다. 긴급구조대원들에게는 일정한 시간 내에 쓰나미 발생이 가능한 재난지역으로 배치될 수 있음을 통보해야 한다.

2) 재난의 2단계

더 많은 정보가 들어온다. 지진은 지진계로 진도 9.2에 달하는 것으로 측정되었으며(USGS Newsroom, 2004), 4분간 지속되었다(USGS Newsroom, 2004). 지진은 교통이 정체되는 퇴근 시간인 오후 5시 36분에 발생했다. 지진뿐 아니라 수많은 쓰나미가 해안선으로 밀려와 사망자와 파괴가 발생했으며, 이곳저곳에서 암석 슬라이드로 인한 피해도 발생했다.

❶ **주지사로서 어떤 일에 우선순위를 둘 것인가?** 대피계획이 마련되어 있다면, 즉시 시행해야 한다. 대피계획이 마련되어 있지 않은 지역에 대해서는 주정부가 개입해 주민이 안전한 곳으로 대피하도록 해야 한다. 쓰나미와 암석 슬라이드의 피해를 입은 지역에 대해서는 주정부의 공무원과 주방위군이 개입해 생존자를 위한 수

색 및 구조 작업을 벌여야 한다. 부상당한 시민은 가능한 한 빨리 의료시설로 이송해야 한다.

❷ **이러한 재난에 대처하려면 어떤 자원을 동원해야 하는가?** 가능한 한 많은 긴급구조대원을 수색 및 구조 작업에 투입해야 함은 물론, 밀려드는 부상자를 치료하기 위해 의료진도 배치해야 한다. 주정부의 여러 기관과 주방위군을 통해 교통수단도 신속하게 동원해야 한다.

❸ **실질적인 자연재난을 맞아 추가로 다른 어떤 문제가 발생할 수 있는가?** 물, 전기, 하수도시설 같은 사회기반시설이 모두 피해를 입을 수 있다는 점에 유의해야 한다. 이러한 시설은 시민의 생존뿐 아니라 긴급구조대원의 재난대응 활동에도 영향을 미친다. 사회기반시설 복구를 신속하게 수행해야, 예를 들면 긴급구조대원들이 물로 불을 끌 수 있게 된다.

3) 재난의 3단계

날이 저물면서 거드우드Girdwood(Timberline Drive Bed & Breakfast, 2007)와 포티지Portage(Wicker, 1982)가 완전히 파괴되었고, 쓰나미 때문에 이 두 도시 모두 물에 잠겼다는 사실을 알게 된다. 다른 두 개 주의 해안지대에서는 쓰나미로 16명 이상이 목숨을 잃었다는 보고도 들어온다(USGS, 2007). 이 밖에도 미국 원주민 마을이 쓰나미로 완전히 휩쓸려 내려갔으며(Associated Press State and Local Wire, 2006), 클리어 공군기지Clear Air Forces Station의 탄도미사일 탐지 장비가 잠시 작동이 중단되기도 했다. 물 위에 뜬 기름에 불이 붙으면서 여러 지역에서 화재가 발생한다(Rozell, 2009). 캐나다 총리가 주지사실로 연락해 캐나다도 피해를 입었다는 사실을 알린다. 지휘본부로 더 많은 정보가 들어온다. 일부 지역은 지진으로 인해 사실상 초토화되었으며, 현재 지진 자체로 인해 확인된 사망자는 9명이고, 쓰나미로 인해 확인된 사망자는 106명이며(USGS, 2007), 2007년 미국 달러 가치로 1조 8,000억 달러 이상의 피해가 발생했다(USGS Newsroom, 2007).

❶ **다음 실행계획은 무엇인가?** 재난의 초기가 지나간 지금, 주지사는 사회기반시설을 복구하는 것뿐 아니라 외딴 지역에서의 수색 및 구조 작업에도 집중해야 한다. 임시 주거시설을 짓고, 시신을 수습해 그로 인한 보건상의 문제가 발생하는 것을 예방해야 한다.

❷ **입수된 정보를 근거로 자원 배분을 재조정할 것인가?** 자원은 피해가 가장 심한 지역에 배치되어야 한다. 그뿐만 아니라 해안지역으로 배치하지 않은 자원이 있다면, 재건이 이뤄지고 있는 곳이나 자원을 절실하게 필요로 하는 캐나다 같은 곳으로 자원을 잠시 이동시켜야 한다.

4) 주요 문제점

지형과 기후가 판이하게 다른 알래스카 같은 넓은 해안지역에서 재난을 관리하는 것은 쉬운 일이 아니다. 게다가 해안지역의 인구를 성공적으로 대피시키기 위해서는 통신과 운송 지원이 필수적이다. 재난관리자는 재난대응을 효율적으로 관리하기 위해 만일의 사태에 대비한 모든 계획을 세워두어야 한다. 이 연구사례에서는 지면이 실질적으로 액화되어 주로 헬리콥터에 의한 대피가 필요할 수도 있다. 지형과 기후가 완전히 다른 알래스카 같은 곳에서는 차량이 작동하기 매우 어려울 수 있으므로 재난대응에 활용할 수 있는 특수 인력과 장비의 활용도 계획에 포함시켜야 한다. 유용한 것으로 입증된 차량으로는 호버 크래프트*

* 아래로 분출하는 압축 공기를 이용해 수면이나 지면 바로 위를 나는 탈것 — 옮긴이

가 있으며, 이 차량은 어떤 지형에서도 수색 및 구조 작업을 수행할 수 있다.

5) 기억해야 할 사항

알래스카뿐 아니라 미국의 서부 해안지역에서도 사망자가 발생했다. 알래스카에서의 피해에 더해 캐나다도 지진으로 재산피해를 입었으며, 이 지진은 멀리 떨어진 텍사스와 루이지애나에서도 감지되었다(U. S. Department of the Interior, 2011). 성 금요일의 지진은 '알래스카 대지진'으로도 알려져 있다.

5. 1980년 워싱턴 주 세인트헬렌스 화산 분출

1) 재난의 1단계

당신은 산악지역에 속하는 어느 카운티의 행정관이다. 3월 말, 일상적인 업무를 시작하려 할 때 화산학자 한 명이 사무실에 나타난다. 그 학자는 화산이 활동을 시작한 것 같으며, 두 건의 지진으로 산의 북쪽이 이미 함몰되었고 증기가 뿜어져 나오기 시작했다고 말한다(USGS, 2012). 이 지역에서는 벌목업과 관광업이 이뤄지고 있으며, 산에 거주하는 주민도 있다(USDA Forest Service, 2007).

❶ 무엇이 인간의 생명을 위협하는가? 화산의 경우, 어떤 유형의 화산인지에 따라 피해의 정도가 결정되는 경우가 많으며, 따라서 어떤 유형의 활동이 일어나는가에 따라 대응도 달라져야 한다. 화산활동에는 크게 세 가지 유형이 있다. 첫 번째 유형은 순상화산

shield volcano으로, 화산 정상을 향해 길고 얕은 경사면을 형성하는 경우가 많다. 순상화산은 보통 용암을 분출하지만, 넓은 지역으로 많은 양의 파편을 분출하지는 않는다. 순상화산은 하와이에 많으며, 분출해도 대개 폭발하지 않는다(USGS, 2009). 두 번째 유형은 원추화산cinder volcano으로, 화산 쇄설암 파편으로 이뤄져 있다. 이 화산은 보통 분출하면서 엄청난 양의 재와 용암을 내뿜는다. 세 번째 유형은 복합화산composite volcano이다. 역사상 가장 큰 피해를 초래한 화산 중 일부는 바로 이 복합화산이었다(USGS, 2009). 복합화산에서는 화산 쇄설암 파편과 재가 드넓은 지역에 걸쳐 맹렬하게 분출되며, 화산의 경사면으로 엄청난 양의 용암이 흘러내린다. 이 연구사례에 등장하는 화산은 복합화산으로, 매우 넓은 지역에 걸친 피해와 사망 및 부상을 유발한다.

❷ **실행계획은 무엇인가?** 이 시점에서 시민에게 경고하고, 주와 지역의 공무원들에게도 화산이 활동을 시작했다는 것을 알리는 게 좋다. 시민은 재난 물품을 구비해두고 즉시 대피할 준비를 해둬야 한다. 수색 및 구조 작업, 교통통제, 의료인력, 산불을 진압하는 소방대원과 토목업무를 담당한 직원에게 필요한 자원을 알려줘야 둔다. 그뿐만 아니라 헬리콥터, 소방용 항공기, 트럭, 의료품, 식량, 물, 방독면, 이동용 발전기, 그리고 휴대용 인공호흡기 같은 장비와 자원을 갖춰두고 화산이 분출할 경우 바로 동원할 수 있도록 분류해둬야 한다. 화산 인근에 사는 사람들을 위한 대피계획도 신속하게 세워야 한다. 재난관리자는 연방정부와 주정부 그리고 지역의 기관들이 자원을 유예해두는 결과를 낳기도 하는 잠재적인 정치적 장애물을 예리하게 인식하고 있어야 한다. 재난이 일어나기 전에 이러한 정치적 장애물에 대해 의논하고 문

제의 기관들과 협약을 맺어 이를 해결해야 한다.

❸ **통신계획은 무엇인가?** 주민으로 하여금 대피에 대비하도록 하고, 발이 묶여 대피할 수 없는 경우에 대비해 생존에 필요한 물품을 구비해두도록 원활한 통신을 하는 것이 카운티 행정관의 책임이다. 벌목업은 안전 문제로 화산에서 멀리 떨어진 곳에서만 작업하도록 적극적으로 설득해야 한다. 카운티와 지역의 공무원들은 화산활동에 대해 숙지하고 경계 태세에 들어가야 하며, 대피, 수색 및 구조 작업, 산불 진압, 그리고 사회기반시설의 복구에 필요한 자원이 어디에 있는지도 잘 알아두어야 한다. 그뿐만 아니라 카운티와 지역의 긴급구조대원들은 가장 최신의 지도, 연락처, 그리고 재난이 발생할 경우 수행해야 할 일의 목록 등을 구비해두어야 한다.

❹ **재난에 어떤 자원을 배치할 것인가?** 앞서 언급했듯이, 의료품, 식량, 물, (방독면, 휴대용 인공호흡기 등) 호흡 관련 장비, 헬리콥터, 건설장비, 화재 진압 장비, 비행기, 트럭 등을 화산이 분출할 경우에 대비해 준비해두어야 한다. 그뿐만 아니라 재난 구호 목적의 시설을 따로 마련해두고, 연방정부와 주정부, 그리고 카운티 및 지역 차원의 모든 긴급구조대원들과 연락하고 작업을 조율하기 위한 지휘본부도 마련해야 한다. 대피로로 사용할 도로를 선별해 엄청난 교통량이 그 지역을 빠져나갈 수 있도록 도로를 안전하고 깨끗하게 정비해둬야 한다. 지원을 제공할 주변 지역사회 및 카운티와 협약을 맺는 것도 좋다. 시간이 허락한다면, 긴급구조대원의 능력을 향상시키기 위한 훈련을 실시하는 것도 좋다.

2) 재난의 2단계

4월 말이 되었고, 산이 불룩해지기 시작한다(USGS, 2010). 산에 남아 있는 것이 극도로 위험한 상황이라고 충분히 알렸는데도 집을 떠나기를 거부하는 주민이 한 명 있다(*Associated Press*, 1980).

❶ **무엇이 인간의 생명을 위협하는가?** 이 연구사례에서 화산은 실제로 매우 활동적이며, 따라서 인간의 생명, 특히 대피하기를 거부하는 사람들에게 매우 위협적이다. 복합화산이 엄청난 양의 재와 파편을 대기로 뿜어내므로 서기 79년 폼페이에서 발생한 사건과 똑같이 사람들이 뜨거운 재에 파묻히거나 질식할 가능성이 매우 높다. 날아다니는 파편에 맞아 죽거나 다칠 수도 있다. 산 위에 있던 눈이 고운 진흙 상태의 급류를 이뤄 인근 마을에 홍수를 일으킬 수도 있다.

❷ **실행계획은 무엇인가?** 카운티의 특정지역을 대피시키기 위한 실행계획은 화산이 분출하기 전에 신속하게 실행되어야 한다. 반복되는 경고에도 불구하고 대피를 거부하는 사람들은 혼자 힘으로 해나가도록 놔두어야 한다. 도움의 손길을 거부하는 소수를 구하기 위해 주와 카운티 그리고 지역의 인력이 너무도 큰 위험을 무릅쓸 수는 없기 때문이다. 임박한 화산 분출에 대처하고 대피 경보에 주목하고 있는 수천 명의 주민을 돕기 위해서는 자원에 우선순위를 매겨야 한다.

❸ **통신계획은 무엇인가?** 주민에게 대피 명령을 내리는 일은 물론, 다른 지역사회와도 접촉해 지원을 받기 위해 노력해야 한다. 이 시점에서 연방재난관리청과 적십자에도 연락해 화산 분출이 곧 일어날 가능성이 크며, 피난민의 쉼터와 식량 지원이 필요하다는

사실을 알려야 한다.

❹ **재난에 어떤 자원을 배치할 것인가?** 쉼터를 개방하고, 재난인력을 배치해 대피하는 시민을 도와야 한다. 대피가 질서정연하게 이뤄지도록 교통통제 인력도 배치해야 한다. 다른 교통수단을 보유하지 못한 주민을 대피시키기 위한 차량도 배치해야 한다. 헬리콥터도 대기시켜 발이 묶인 사람들을 대피시켜야 한다. 소방대원과 토목업무를 담당한 직원은 경계 태세에 들어가야 하며, 이 시점에서 지휘본부도 가동해야 한다. 원활하게 작동할 수 있도록 통신 장비도 점검해야 한다. 긴급구조대원에게는 방독면, 물, 식량 그리고 구급상자를 지급해야 한다.

3) 재난의 3단계

5월 18일 일요일, 폭발음이 들리고 둥글게 피어오르는 검은 구름이 해를 완전히 가렸다(USDA Forest Service, 2007). 대규모 화산 폭발이 방금 시작된 것이다. 당신은 370㎢ 내에 있는 모든 초목과 건물이 초토화되었다는 사실을 나중에 알게 될 것이다(USDA Forest Service, 2007). 벌목업체에서 그날 그 산에서 아무에게도 작업을 시키지 않은 것은 무척 다행스러운 일이 아닐 수 없다(Tilling, 1990).

❶ **실행계획은 무엇인가?** 이 시점에서 재난관리자는 주민이 대피해야 할 만큼 위험한 지역이 어디이며, 어느 지역에서 수색 및 구조 작업을 즉각 실시해야 하는지 파악해야 한다. 또한 주민이 성공적으로 대피하고 수색 및 구조 작업이 완료되면, 지역을 재건을 하고 다시 나무를 심기 위해 필요한 것이 무엇인지 파악해야 한다.

❷ **통신계획은 무엇인가?** 며칠 동안 사건의 진전 상황을 주민에게 알

려야 한다. 과학자들과 접촉해 화산이 주민에게 더 위험한 측면은 없는지, 그리고 화산 분출 이전의 상태로 되돌리기 위해서는 환경을 어떻게 복원해야 하는지 결정해야 한다. 그뿐만 아니라 재난관리자는 임시 거처, 식량, 물, 수색 및 구조 인력 그리고 의료 지원 등 추가지원을 받기 위해 연방정부와 주정부, 그리고 지역의 여러 기관들과 접촉해야 한다.

4) 주요 문제점

세인트헬렌스St. Helens 산이 분출할 때, 그 지역에서 일하는 벌목업체 노동자가 없었던 것은 무척 다행스러운 일이다. 만일 노동자들이 있었다면, 사망자 수가 훨씬 늘어났을 것이다. 집을 떠나지 않겠다고 고집을 부리는 주민은 스스로 선택하도록 놔둬야 한다. 그 주민은 그 지역을 떠나라는 경고를 여러 차례 받았다. 만일 충분한 경고를 받고도 주민이 위험을 무릅쓰고 그곳에 남아 있으려 한다면, 재난이 발생한 동안 정부기관으로부터 도움을 기대해서는 안 된다. 이는 사전에 그 지역을 떠나라는 경고를 받고도 떠나지 않은 주민 때문에 긴급구조대원을 추가적인 위험에 빠뜨리는 셈이 된다.

이 연구사례에서 정부공무원들은 화산이 언제 분출할지 예측할 수 없었다. 활동 중인 화산도 지진으로 다른 때보다 활동이 더욱 활발해지는 시기가 있으므로 노련한 화산학자라 하더라도 언제 화산이 분출할 것이며, 용암 분출과 화산 쇄설암 파편이라는 측면에서 얼마나 치명적인 화산이 분출할 것인지를 정확히 예측하기는 어렵다. 따라서 몇 년까지는 아니더라도 몇 달에 걸쳐 화산이 분출할 것인지 아닌지 알 수 없으므로 주민이 화산 주변에서 활동하는 것을 막기도 힘들다. 상황이 이러하므로 화산이 분출할 경우 최악의 시나리오에 대처할 재난대응 계획과 효율적인 대피계획을 세우는 것이 매우 중요하다.

5) 기억해야 할 사항

세인트헬렌스 화산의 분출로 57명이 목숨을 잃었다. 이 분출로 3,000만 ㎦의 재가 대기로 뿜어져 나갔다(USGS, 2005).

6. 2008년 중국 쓰촨 성 지진

1) 재난의 1단계

당신은 중국 쓰촨 성 지역의 재난관리자다. 2008년 5월 12일, 이 지역에 리히터 강도 7.9에 달하는 대규모 지진이 발생했다. 무선 및 전통적인 트위스트 페어선 통신시설이 심각한 손상을 입어 통신도 불가능한 상황이다. 여전히 철로에 크게 의존하는 교통 인프라도 지진으로 크게 파괴되었으며, 지역의 많은 건물이 완전히 붕괴되었다(Tan, Washburn, Chorba, and Sandhaus, 2012).

❶ **이러한 상황에서 가장 먼저 어떤 대응을 할 것인가?** 많은 사람이 건물의 잔해 밑에 깔려 있는 상황이므로 가능한 한 많은 자원봉사자와 긴급구조대원을 모아야 하며, 잔해를 치울 자원도 필요하다. 지진으로 무너진 건물의 커다란 잔해를 치우기 위해서는 굴착 및 발굴용 중장비가 필요하다. 그뿐만 아니라 의료자원도 필요하며, 아직 무너지지 않은 건물에서 환자를 받고 임시 수술실도 만들어야 한다. 환자를 위해서뿐 아니라 긴급구조대원과 대피한 시민을 위해 충분한 양의 식량, 물 그리고 의약품도 확보해야

한다.

❷ **통신계획은 무엇인가?** 지진으로 발생한 사상자에 대처하는 데 필요한 지원을 얻기 위해 외부 기관들과 통신할 수 있도록 시설을 재정비해야 하며, 수송을 위해 반드시 필요한 사회기반시설도 재건해야 한다. 지휘본부를 가동해 지역주민과 연락해야 하며, 현대적인 통신시설이 재정비될 때까지 인편을 활용해야 한다.

2) 재난의 2단계

의료조치가 시급함에도 불구하고 빈곤한 시골지역이다 보니 지역주민을 돌볼 충분한 의료자원을 얻기 힘든 상황이다(Kurtenbach and Foreman, 2008). 그뿐만 아니라 오래전에 세워진 많은 학교와 건물들이 발전된 다른 지역과 같은 기준으로 지어지지 않아 이번 지진으로 많은 건물이 붕괴되었고, 이로 인해 더 많은 사망자와 부상자가 발생했다(Kurtenbach and Foreman, 2008). 이번 지진으로 학교에서만 9,000명 이상의 사상자가 발생했다(Hays, 2010). 그뿐만 아니라 현재 집을 잃은 사람들이 500~1,100만 명에 이른다(Vervaeck and Daniell, 2011).

❶ **실행계획은 무엇인가?** 가장 먼저 해야 할 일은 국제적십자사연맹International Federation of the Red Cross 같은 단체나 정부관리와 접촉해 의료지원을 받는 것이다. 재난이 발생한 경우에는 의료자원이 희소한데다 전문인력이 워낙 적어 의료자원을 얻기 힘든 경우가 많은데, 가난한 시골지역은 더더욱 그러하다. 그뿐만 아니라 수색과 구조 노력에 박차를 가하기 위해 가능한 한 많은 인력과 장비도 지원받아야 한다. 드넓은 지역이 파괴되었으므로 무너진 건물을 수색하고 구조하는 팀을 많이 투입해야 할 것이다. 대피한 주

민이 많으므로 이들을 위한 임시 거처가 필요하고, 임시 거처에 식량, 물, 위생용품, 의료품도 제공해야 한다. 굴착에 필요한 중장비를 대신해 사용할 수 있는 것으로는 Mi-6, Mi-26 같은 군수송 헬기가 있는데, 이 장비는 최대 탑재량이 1만 2,000kg에 달하며 지상 수송 장비나 크레인이 접근할 수 없는 지역에서 무거운 건물 잔해를 들어 올릴 수 있다.

❷ **어떤 자원을 동원해야 하는가?** 현재 진행 중인 수색 및 구조 노력에 더해 가능한 한 많은 건설노동자와 기술자를 동원해 손상된 사회기반시설을 복구하고, 아직 무너지지는 않았지만 거주자를 위험에 빠뜨릴 수 있는 건물도 검사해야 한다.

3) 주요 문제점

지진 발생 지역에서 건축법규는 매우 중요하다. 건물이 노후했거나 지진 발생 지역에 적합한 건축법규에 따라 지어지지 않았을 경우, 이러한 건물이 붕괴해 더 많은 사망자나 부상자를 낳을 가능성이 크다. 이 사례연구에서 다룬 중국의 저개발지역 건물들은 대부분 내진 설계가 반영된 1976년의 건축법규가 제정되기 전에 지어졌으며, 따라서 훨씬 더 큰 피해와 사망자를 낳았다. 그뿐만 아니라 교통 기반시설이 피해를 입어 피해지역으로 신속하게 배치되어야 할 인력과 장비의 이송에 심각한 제약을 받았다. 무선통신 같은 현대적인 통신수단과 전통적인 트위스트 페어 통신도 사회기반시설의 일부인데, 이러한 기본적인 통신수단이 마비되고 2차적인 어떤 재난 통신수단도 없으면, 지진으로 심각한 피해를 입은 상황에서 인명을 구할 방법이 차단되는 셈이다. 따라서 재난관리자는 재난대응 계획에 2차적인 통신수단도 계획해두어야 한다.

4) 기억해야 할 사항

이 지진으로 6만 8,000명 이상이 목숨을 잃고 37만 명이 부상을 당했다. 또한 이 지진으로 발생한 산사태로 강이 막히면서 호수 34개가 생겨났다(Vervaeck and Daniell, 2011).

제7장

사례연구: 기타 자연재난

1. 1888년 미국 초대형 눈보라

1) 재난의 1단계

당신은 보건후생부Health and Human Services의 국장이다. 믿을 만한 소식통에 의하면, 미국 북동부 지역에 극심한 추위가 닥칠 것이라고 한다. 3월 11일이면 전국 대부분 지역의 날씨가 상당히 좋아야 한다. 하지만 당신은 담요를 두르고 앉아 사무실 창밖으로 놀라운 속도로 쏟아지는 눈을 바라보고 있다. 최소한 다른 세 개 주도 같은 상황이며, 교통도 마비되어가고 있다(Douglas, 2005).

❶ **실행계획은 무엇인가?** 보건후생부의 국장으로서 어떤 사람들이 극심한 추위에 취약한지 판단하는 것이 중요하다. 일단 취약집단을 정하고 나면 어떤 자원이 필요하며, 이러한 자원을 어떻게 배치할 것인지에 대한 정보를 모아야 한다. 자동차가 없으므로 필

요한 자원을 분배할 다른 방법을 찾아야 한다.*

❷ **통신계획은 무엇인가?** 당시 전자통신은 극히 제한적으로 사용되었다. 따라서 주민, 시와 주정부의 재난관리자 그리고 긴급구조대원들과 통신할 다른 방법을 찾아야 한다.

❸ **어떤 자원을 동원해야 하는가?** 혹한으로 인한 재난이 진행 중인 상황이므로 (매우 어린 아이들, 매우 연로한 노인, 집 없는 사람들 등) 추위에 취약한 주민에게 모든 수단을 동원해서 가능한 한 신속하게 생필품을 전달해야 한다. 그러려면 재난관리자는 생필품이 있는 곳을 정확히 알고, 지역의 기관들과 협약을 맺어 이러한 자원을 추위에 취약한 집단에 분배해야 한다. 그뿐만 아니라 도로가 막히면 고립되어 자원을 얻을 수 없는 여러 집단의 사람들을 위해 식량, 난방용 연료, 난방기, 물 등의 자원을 확보해두어야 한다. 그뿐만 아니라 고립된 취약한 집단의 사람들에게 생필품을 공급할 대안적인 방법도 마련해야 한다.

2) 재난의 2단계

날이 저물어가면서 전국 여러 곳에 그날 하루 동안 127㎝도 넘는 눈이 쏟아졌다는 기상청의 보도가 있었다(Douglas, 2005). 그뿐만 아니라 통신 기반시설은 불안정하고 연료는 매우 제한적인 상황이다(Brunner, 2007).

❶ **실행계획은 무엇인가?** 이제 행동에 나서야 한다. 악천후의 피해를 입지 않은 다른 주와 지역에서 지원품을 추가로 얻을 수 있는지

* 자동차가 처음 개발된 것은 1885년 독일에서였다. 미국에서는 1893년까지 자동차가 생산되지 않았다. 해당 지역의 기술 수준과 사회기반시설의 상태 그리고 활용 가능한 연료에 따라 현대에도 긴급구조대원이 재난대응 활동에 자동차를 활용하지 못할 수 있다.

알아봐야 한다. 기차는 다량의 지원품을 신속하게 들여올 수 있는 좋은 교통수단이다. 이는 피해지역의 대표들이 눈에 갇힌 지역사회의 주민을 위해 식량, 물 그리고 연료를 확보하기 위해 통신을 시도하고 협약을 맺어야 한다는 것을 뜻한다. 가능한 경우, 선박도 남부의 여러 주에서 다량의 지원품을 들여올 수 있는 대안이 될 수 있다. 그뿐만 아니라 철로를 정비하고 배가 들어올 수로를 개방하는 데 필요한 자원도 구해야 한다. 연료가 떨어졌거나 집이 없는 사람들을 위한 임시 쉼터도 확보해야 한다.

❷ **새로운 통신계획은 무엇인가?** 전자통신수단이 별로 없으므로 먼 거리에는 말이나 배 또는 기차를 활용한 인편이 주요 통신수단이 될 것이다. 가까운 지역에서는 자치단체의 대표들이 메시지를 주고받는 데 여러 명의 파발꾼을 활용할 수 있을 것이다.

❸ **자원을 어떻게 동원할 것인가?** 통로를 개방하고 물품을 분배하는 운송작업에 자원을 집중해야 하며, 기아와 동상에 노출된 환자들을 위한 의료계획도 실행해야 한다.

3) 재난의 3단계

3월 13일이 되었고, 기아로 사망한 사람들과 집에서 얼어 죽은 사람들에 대한 통지가 사무실로 쏟아져 들어온다(Schmid, 2005). 그뿐만 아니라 길이 완전히 막혀 소방서가 폐쇄되면서 여기저기서 불이 나도 손을 쓰지 못해 부상을 당하는 사람들도 생겨나고 있다(Brunner, 2007).

❶ **실행계획은 무엇인가?** 재난관리자인 당신은 현 실태를 조사하고, 식량 부족 사태를 완화하기 위해 무엇을 해왔고 어떻게 해야 할지를 결정해야 한다. 소방서를 다시 가동하고, 병원에 인력을 배

치하며, 수송을 재개할 자원을 필요한 곳에 재배치해야 한다.

❷ **어떤 자원을 동원해야 하는가?** 운송을 재개하고 재난관리 업무를 제대로 수행하는 데 필요한 자원을 배치해야 한다. 식량, 물 그리고 연료를 실은 화물을 받으려면 도로와 철로를 정비하고 수로를 치우는 인력이 반드시 필요하다. 이 단계에서는 병원과 소방서에 숙련된 인력을 배치하는 것이 매우 중요하다.

4) 재난의 4단계

3월 14일이 되었고, 아직도 눈이 내리고 있다(Brunner, 2007). 해안선을 따라 그 자리에서 얼어붙은 배 200여 척에서 선원 100명이 목숨을 잃었다는 보고가 들어온다(Douglas, 2005). 연료는 이제 거의 떨어져가고, 방치된 화재로 인해 이 지역에서만 2,500만 달러 이상의 재산피해가 발생했다(Brunner, 2007).

❶ **실행계획은 무엇인가?** 너무 많은 배가 항구에 얼어붙어 있으므로 지역의 재난관리자는 항구의 배에 고립된 선원들에게 쉼터를 제공해야 하며, 잠재적으로는 이들 인적자원을 활용해 운송계획을 세우고 수송로를 정비해야 한다. 현재 방치된 채로 타오르고 있는 화재를 진압할 추가인력도 배치해야 한다.

❷ **이 시점에서 어떤 작업에 역점을 둬야 하는가?** 운송로를 정비해 식량, 물, 연료를 주민에게 나눠 주고, 화재를 진압하는 데 역점을 둬야 한다. 그뿐만 아니라 머물 곳이나 연료가 없는 사람들은 임시 쉼터로 대피시키거나 운송 사정이 나아질 때까지 잠시 해당 지역을 벗어날 수 있게 해주어야 한다.

5) 주요 문제점

효과적인 운송계획을 실행하고 연료와 식량 그리고 물을 잘 비축해두었더라면, 이러한 재난대응 상황에서 생존율이 달라졌을 수 있다. 이같이 열악한 조건에서 어린아이나 연로한 노인들은 극심한 추위로 병에 걸리거나 목숨을 잃을 수도 있다. 재난관리자는 인구의 어떤 계층이 가장 취약한지를 파악해서 우선순위에 따라 자원을 보낼 곳을 결정할 때 이러한 요인들을 명심해야 한다.

이 사례연구에서는 여러 분야의 문제점을 언급할 필요가 있다. 가장 큰 문제는 한파가 닥칠 경우에 대비해 생필품을 비축해두지 않은 것이다. 사회기반시설이 파괴되고 주민이 고립될 경우에 대비해 교통수단과 난방에 사용할 연료를 비축해두는 것은 매우 중요하다. 그뿐만 아니라 통신 기반시설에 이차적인 대안이 없어 사람들이 외부와 효과적으로 통신할 어떤 방법도 없었다. 재난관리자는 주된 통신체계가 무너졌을 때 다른 방법으로 통신할 수 있도록 계획을 세워두어야 한다.

6) 기억해야 할 사항

1888년 초대형 눈보라는 아직도 미국 역사상 최악의 눈폭풍으로 기록되어 있다. 이 눈보라로 보스턴, 뉴욕, 필라델피아 그리고 워싱턴 D. C.가 이틀 동안 고립되었다(Brunner, 2007). 충분한 식량과 물, 연료가 없어 적절한 자원만 공급해주었다면 살아남을 수 있었을 많은 사람들이 목숨을 잃었다.

2. 1898년 아프리카 차보의 사자

1) 재난의 1단계

당신은 케냐와 우간다를 연결하는 철로를 건설하는 데 꼭 필요한 다리를 세우는 토목사업의 기술 책임자다. 우간다 철로는 상아 같은 값비싼 상품을 교역하기 위해 케냐와 우간다 사이에 개통될 예정이며, 530만 파운드의 예산이 책정되어 있다(Monitor Reporter, 2012). 이 사업에서 영국 정부는 철도 차량에 100만 파운드를 투입했으며, 노동력은 인도에서 공급되었다(Monitor Reporter, 2012). 이 철로는 1895년부터 건설 중이며, 영국 정부는 그 다리가 완공되어 경쟁이 심해지기 전에 철로의 전 구간이 개통되기를 초조하게 기다리고 있다(Nairobi Chronicle, 2008). 당신은 이 다리의 설계도를 갖고 있으며, 다리 건설을 감독하러 차보Tsavo에 도착하는 대로 공사가 시작될 예정이다. 하지만 현장에 도착한 지 1주일 뒤 노동자 두 명이 원인도 모르게 실종되었다는 보고가 들어온다. 천막에서 잠을 자던 이들을 사자가 물어 죽였다고 믿는 노동자들이 있는 상황이다(Patterson, 1919).

❶ **실행계획은 무엇인가?** 가장 먼저 해야 할 일은 노동자들을 보호하기 위한 조치를 취하는 것이다. 함께 일하는 노동자들의 생각과 달리, 당신은 이 두 사람이 사자에게 물려 죽었다는 사실에 회의적이지만(Patterson, 1919), 노동자들의 안전과 보안을 위해 가능한 한 모든 조치를 취해야 한다. 노동자들을 천막에서 재우는 게 흔히 있는 관행이라 하더라도 그 지역에 사냥감을 찾아다니는 사자가 있을 수 있으므로 적어도 천막 주변에는 보호조치를 취하고 경계를 서야 한다. 당신이 있는 곳은 야생 동물을 극히 조심해

야 하는, 개발되지 않은 원시환경의 한복판이다. 이러한 문제는 노동자들이 현장에 도착하기 전에 고려했어야 한다. 그뿐만 아니라 실종된 두 노동자의 시체를 찾아 사자가 공격한 것인지 범죄 행위에 의한 것인지도 밝혀내야 한다.

❷ **통신계획은 무엇인가?** 두 노동자가 죽은 원인이 무엇인지 밝혀내야 할 뿐 아니라, 다른 노동자들의 생명을 보호하기 위해 어떤 조치를 취할 것인지에 대해서도 노동자들과 의논해야 한다. 당신은 노동자들이 정직하게 열심히 일하며 잘 지내기를 바라고 있으며, 이들의 정신적 · 육체적 건강을 진지하게 고려하고 있다. 따라서 이러한 사실을 알리는 것은 매우 중요한 일이다. 또한 노동자들에게 미심쩍은 일이 생기면 당신 또는 다른 관리자에게 곧 보고해야 숙소에 위험이 발생하는 것을 막을 수 있다는 사실도 노동자들에게 알려야 한다.

❸ **어떤 자원을 동원해야 하는가?** 노동자들의 숙소가 한데 모여 있어야 더욱 효과적이고 효율적으로 이들을 보호할 수 있다. 무장 경비를 배치하고 노동자들이 묵는 숙소 주변에 울타리를 세워야 한다. 그뿐만 아니라 (두 노동자를 죽인 것이 사자라면) 사자를 유인할 만한 것은 노동자들의 숙소에서 멀리 치워 먹이를 찾아다니는 동물의 주의를 끌지 않도록 해야 한다. 또한 죽음이나 부상을 예방하기 위해 노동자들에게 그 지역의 야생 동물들과 문제를 일으키지 않는 방법을 교육시켜야 한다.

2) 재난의 2단계

당신이 차보에 온 지 3주가 되었고, 두 노동자의 시체는 아직 찾지 못했다. 그뿐만 아니라 당신은 사자가 두 노동자를 죽였다는 사실을 믿지 않으므로 노동자들을 보호하기 위한 적극적인 조치를 취하지 않는다. 하지만 그때 사자가 동료를 천막 밖으로 끌고 나가 먹어치우는 것을 봤다는 세 번째 목격자가 나타난다. 당신은 천막을 조사하고 나서야 그 노동자를 정말로 사자가 끌고 나가 죽였다는 사실을 믿게 된다. 당신은 사람을 공격한 사자를 뒤쫓기로 한다. 당신은 가까스로 가장 최근에 죽은 희생자의 시신을 찾아내고 이전에 죽은 다른 두 사람의 유해도 발견한다. 시신을 조사한 결과, 이러한 공격을 벌인 것은 사자 두 마리였다는 사실도 알게 된다(Patterson, 1919).

❶ **실행계획은 무엇인가?** 이제 사자 두 마리가 범인이라는 사실을 확실히 알게 됐으니 즉시 노동자들을 보호할 조치를 취해야 한다. 기술적인 면에서는 당신이 전문가이겠지만, 관리 업무는 거대한 다리를 건설하는 것만큼이나 중대한 과제다. 죽은 사람들은 당신의 감독하에서 당신을 위해 일한 사람들이다. 이들의 안전과 보안이야말로 당신에게 가장 중요한 문제가 되어야 하며, 다리를 건설하는 것은 두 번째 문제다. 외부 기관과도 접촉해 사자 문제를 해결하는 데 지원을 받을 수 있는지 알아봐야 한다.

❷ **통신계획은 무엇인가?** 노동자들은 당신이 사자 문제를 어떻게 할 계획인지 그리고 자신들을 어떻게 보호해줄 것인지 알고 싶어 한다. 책임자로서 당신은 여태까지 일어난 모든 일에 대해 알아야 하며, 그뿐만 아니라 그 문제를 해결하기 위해 어떤 조치를 취하고 있는지를 노동자들에게도 알려야 한다. 지금 그러한 조치를 취하지 않으면, 노동자들은 자신들의 생명이 다리를 건설하는 일보다 덜 중요하다고 생각할 것이고, 그렇게 되면 당신의 관리 능력을 의심하게 될 것이다.

❸ **어떤 자원을 동원해야 하는가?** 다시 한 번 말하지만, 당신은 책임자로서 노동자들의 숙소를 한 곳에 모으고 사자가 공격할 가능성이 높은 밤에 무장 경비를 세우는 등 노동자들을 보호하기 위한 조치를 취해야 한다. 숙소 주변을 따라 임시 안전 울타리도 설치해야 한다. 그뿐만 아니라 사자를 잡을 전문적인 사냥꾼도 고용해야 한다.

3) 재난의 3단계

당신은 사자 문제를 직접 해결하기로 결심한다. 그래서 마지막 희생자가 사라졌지만 노동자들이 아직 사용하고 있는 천막 숙소를 감시할 수 있는 곳에 사냥본부를 마련한다(Patterson, 1919). 사실 당신은 사자가 다시 나타나기를 바라며 노동자들을 미끼로 사용한 것이다. 하지만 0.8㎞ 떨어진 곳에 있는 다른 천막에 사자가 나타나 또 다른 노동자를 물어 죽이면서 이런 희망은 물거품이 되고 만다(Patterson, 1919). 아직 숙소를 한 곳에 모으지 않았으므로 사자는 여러 목표물 중 하나를 선택할 수 있게 되었고, 당신은 사자가 다음엔 어디를 공격할지 추측해야 하는 처지가 되었다. 이 전략은 여러 가지 위험을 내포하고 있다. 그렇다면, 다음 실행계획은 무엇인가?

❶ **실행계획은 무엇인가?** 현장소장은 다리 건설을 관리해야 하므로 전문 사냥꾼을 고용해야 한다. 다리를 성공적으로 건설하려면, 그 일을 해낼 노동자들이 필요하다. 현재의 상황대로라면, 좋은 노동자들을 금방 잃고 말 것이다. 다시 말하지만, 노동자들의 안전을 지키는 것은 무엇보다 중요한 일이며, 이 문제를 반드시 해결해야 한다.

❷ **통신계획은 무엇인가?** 사자 문제를 해결하고 마지막 희생자를 찾기 위해 어떤 조치를 취하고 있는지를 노동자들에게 알려야 한다. 노동자들을 미끼로 사용하고 있다는 말을 해서는 안 된다. 노동자들은 그런 전략을 절대 반기지 않을 것이며, 지도자의 역량에 대한 이들의 신뢰에 금이 갈 것이다.

❸ **어떤 자원을 동원해야 하는가?** 사자 문제를 해결할 때까지 차보 강에 다리를 건설하는 일은 진전이 더딜 것이다. 당신은 사자를 죽이거나 생포할 전문 사냥꾼과 추적자를 고용해야 한다. 또한 노동자들을 보호할 무장 경비를 고용하고, 노동자들을 위해 천막보다 더 안전한 숙소를 지어야 한다.

4) 재난의 4단계

이제 노동자 5명이 목숨을 잃었고, 사자를 죽이려는 전략은 아무런 효과를 보지 못했다. 이 두 포식동물을 사냥하는 방법을 실험하는 동안 당신은 많은 노동자를 잃었다. 염소 여러 마리를 나무에 묶어 미끼로 사용하기 시작했지만, 사자는 여전히 허술한 천막에서 자는 노동자들을 죽이기에 바쁘다. 당신은 새로운 울타리를 세우고 새 병원을 지음으로써 노동자들을 보호하기 위한 조치를 취하고 있다. 하지만 당신은 새로운 사냥 장소를 물색하는 등 이 포식동물들을 직접 사냥해 죽이려는 시도를 아직도 계속하고 있다(Patterson, 1919). 이 전략으로 더 나은 효과를 거둘 것이라고 생각하는가?

❶ **실행계획은 무엇인가?** 울타리와 새 병원을 짓는 일은 올바른 방향으로 조치를 취하는 것이긴 하다. 하지만 현장소장은 노동자들을 보호하기 위해 이보다 더 나아가야 한다. 전문 사냥꾼과 추적

꾼을 고용해 사자를 잡게 하면, 당신은 철로를 위한 다리를 건설하는 본연의 임무에 집중할 수 있다.

❷ **통신계획은 무엇인가?** 이제까지 당신이 한 시도는 모두 실패했다. 당신이 문제를 해결하려고 노력했지만, 아직 성공하지 못했다는 사실을 노동자들에게 이해시키는 게 중요하다. 당신이 노동자들의 안전을 위해 여러 가지 조치를 취했으며, 이들의 생명을 보호하기 위해 새 병원과 울타리를 건설 중이라는 사실을 강조해야 한다.

❸ **어떤 자원을 동원해야 하는가?** 당신의 생각과는 달리, 현장소장 자신은 최고의 사냥꾼이 아니다. 사자들이 마음대로 노동자들의 숙소에 침입해 별다른 저항에 부딪치지 않고 피해자들을 물어가고 있으므로 전문 사냥꾼과 무장 경비를 고용해야 한다.

5) 재난의 5단계

사자를 사냥하는 데 필요한 사냥꾼과 수송인력을 지원받았다(Patterson, 1919). 사자가 노동자들을 죽인 지 몇 달이 지난 뒤에야 가까스로 사자 한 마리를 죽이는 데 성공한다(Patterson, 1919). 본사는 다리가 완공되지 않았기 때문에 처음 계획한 전체 철로의 완공 날짜에 차질을 빚게 될까 걱정이다. 본사에서 다리공사를 감사할 사람을 보냈는데, 그 감사관은 다리 건설이 잘 진행되고 있는 것에 흡족해하고, 사자로 인해 곤경을 겪는 것에 공감해주었다(Patterson, 1919). 하지만 아직 마음대로 돌아다니는 사자 한 마리가 남아 있고, 노동자들은 여전히 위험한 상황이다.

❶ **실행계획은 무엇인가?** 남은 한 마리 사자를 잡아야 하지만, 문제는 그 사자를 어떻게 죽일 것인가다. 전문가를 고용할 것인가, 아

니면 당신이 직접 그 사자를 죽일 것인가? 어떤 방법을 쓰든 마지막 사자를 죽일 때까지 노동자들은 계속 위험한 상황에 처하게 된다. 노동자들의 안전과 보안에 여전히 신경을 써야 하며, 문제는 사실 아직도 완전히 해결되지 않았다.

❷ **통신계획은 무엇인가?** 현장소장은 노동자들의 사기를 높이기 위해 사자 중 한 마리를 분명히 죽였다는 사실을 강조해야 한다. 또한 현재 남은 사자를 죽이기 위해 노력하고 있다는 사실도 알려야 한다.

❸ **어떤 자원을 동원해야 하는가?** 사자 한 마리가 남아 있으므로 그 사자를 죽이기 위해 자원을 적절히 활용해야 한다. 경비를 세워 밤에 노동자들의 숙소를 지키고, 사자가 숙소에 가까이 오지 못하도록 모든 예방조치를 취해야 한다.

6) 재난의 6단계

이제 두 번째 사자도 죽였고, 다리를 완공하기 위해 열심히 일하고 있다(Patterson, 1919). 일찌감치 그곳을 떠났던 노동자들도 돌아왔다(Patterson, 1919). 9개월 동안 그 두 사자로 인해 목숨을 잃은 철도 노동자는 135명에 이르는 것으로 추정된다(Field Museum, 2007). 하지만 (악어 같은) 다른 야생 동물에 의해 사람들이 목숨을 잃는 문제는 여전히 계속되고 있다(Patterson, 1919).

❶ **실행계획은 무엇인가?** 이제 당신의 주요 관심사는 다리를 완공하는 것이다. 하지만 그 지역에 사자 말고 다른 위험요인도 있다는 사실을 노동자들에게 알려야 한다.

❷ **통신계획은 무엇인가?** 이제 사자 문제가 해결되었고, 따라서 노

동자들의 작업환경이 안전해졌다는 사실을 외부 기관에 알려야 한다.

7) 주요 문제점

이 연구사례는 현장에 들여온 외국 인력이 본토 노동자와 똑같은 가치를 갖지 않던 제국주의 시대에 벌어진 일이다. 따라서 패터슨의 (노동자를 미끼로 사용하는 등의) 의사결정 과정은 노동자들을 어느 정도 소모품으로 여기던 관례에 의한 것이다. 주목해야 할 것은 패터슨이 이미 수많은 피를 흘린 뒤에야 노동자들의 안전을 확보하는 데 성공했다는 사실이다.

야생 동물이 있는 위험한 환경에서 일할 때는 재난관리자들이 예방조치를 취하고 자원을 적절히 활용해야 재난을 피할 수 있다. 애초에 다리 건설을 관리하러 온 사람이 건축, 시공, 그리고 건설 감독 업무에 더해 사자를 사냥하는 일에까지 관여해서는 안 되었다. 물론, 이 책의 저자들은 어떻게 했어야 하는지를 뒤늦게 권고하는 입장이지만, 패터슨은 위험한 야생 동물들이 살고 있는 지역에서 노동자들의 안전을 보장하기 위해 타당한 예방조치를 취했어야 한다. 이 연구사례는 문제를 해결하기 위해 때로는 전문가가 필요하다는 사실을 잘 보여준다. 문제가 발생하자마자 전문적인 사냥꾼이나 추적꾼을 고용했어야 하며, 그랬다면 그토록 많은 인명피해 없이 재난을 예방할 수 있었을 것이다.

8) 기억해야 할 사항

차보의 사자 두 마리는 (2012년) 현재 시카고의 필드 자연사박물관에 전시되어 있다. 이 사건을 소재로 만든 「유령과 어둠The Ghost and the Darkness」이라는 할리우드 영화와 달리, 차보의 사자는 두 마리 다 갈기 없는 수

사자다(Field Museum, 2007).

3. 1916년 뉴저지 주에서 발생한 거대한 백상어의 공격

1) 재난의 1단계

당신은 주州의 해안선을 경비하는 미국 해안경비대의 지휘관이다. 지금 미국이 전쟁 중인 것은 아니지만 언제라도 전쟁이 발발할 수 있으므로 당신은 안전요원 임무뿐 아니라 대 잠수함 임무까지 지시받은 상황이다. 즉, 한정된 자원으로 두 가지 중대한 임무를 수행하는 셈이다. 재난 발생 시 당신의 관할구역은 뉴저지 주 내부와 주변의 모든 수로다. 예외적으로 더운 여름이다. 여름에도 별로 덥지 않은 북쪽인데다 당시엔 가정에서 사용하기에 에어컨이 매우 비쌌으므로* 대부분의 집에 에어컨이 없는 상태다. 시민은 더위를 피하기 위해 해변이나 강가, 개울로 나가 더위를 식히며 시간을 보낸다. 당신은 시민 수천 명의 안전을 책임지고 있으며, 이 문제에 있어서는 주정부 및 시정부와 함께 일해야 한다.

❶ **실행계획은 무엇인가?** 지휘관은 반드시 모든 인력과 자원의 목록을 만들어 이러한 자원을 최선으로 배치함으로써 두 가지 임무를 수행할 방법을 찾아야 한다. 해안경비대는 해안경비 업무에 사용하는 작은 배들을 해변뿐 아니라 주변의 큰 강을 순찰하는

* 당시에도 중앙냉방장치가 있긴 했지만, 구입해 설치하는 데 매우 비쌌으므로 실제로 냉방장치를 갖춘 가구는 극히 드물었다.

데도 활용할 수 있다. 전쟁이 발발할 경우, 해안의 잠수함을 경비하는 대對 잠수함 임무에는 대형 배들을 이용하게 될 것이다.

❷ **통신계획은 무엇인가?** 해안경비대의 지휘관은 추가적인 지원을 제공해줄 지역사회의 대표뿐 아니라 주정부의 여러 기관들과도 긴밀하게 협력해야 한다. 이들 기관과 당신의 임무를 명확히 규정할 필요가 있으며, 전쟁이 발발할 경우 당신의 주요 임무는 대잠수함 전투 임무가 될 것이다. 그뿐만 아니라 강력한 통신망을 구축하기 위해 해안지역과 수로에 대해 잘 아는 지역 공무원들과도 접촉해 정보를 수집하고 전파해야 한다.

2) 재난의 2단계

7월 2일, 어제 오후 6시 45분(Fernicola, 2001)에 어떤 사람이 휴양지의 얕은 물에서 수영하다가 '거대한 동물'의 공격을 받아 목숨을 잃었다는 제보가 들어온다. 목격자의 진술과 사망한 사람의 상처로 볼 때, 거대한 상어의 공격이 틀림없다는 생각이 든다.

❶ **실행계획은 무엇인가?** 지역의 대표들과 만나 사건이 발생한 인근 해변을 폐쇄하라고 설득해야 한다. 먹을 것이 없으면 상어는 다시 그곳으로 나올 것이므로 잠시 동안 해변을 폐쇄하면 어쩌다 한 번 벌어진 사건으로 끝날 수도 있다. 그뿐만 아니라 일부 해안에 상어잡이 그물을 설치하고 사람이 많은 해안 주변을 순찰하는 등 보호조치를 강화할 것인지를 결정해야 한다. 또한 상어 행동 전문가를 고용해 상어를 잡는 데 또는 상어의 행동을 억제해 해수욕객을 보호하는 데 필요한 도움을 받아야 한다.

❷ **통신계획은 무엇인가?** 당신이 뉴저지 주의 안전을 책임지고 있으

므로 언론 보도를 통해 해수욕객과 지역주민에게 위험 가능성에 유의하고, 거대하고 위험한 상어에 대한 경계를 게을리하지 말 것을 알리는 게 좋을 것이다.

❸ **타 부서 공무원들과는 어떻게 협력할 것인가?** 지역 공무원들의 협조를 얻어 해안을 폐쇄하는 것이 유일한 방법이다. 그뿐만 아니라 지역 공무원들은 위험한 상어를 찾는 데 필요한 자원을 추가로 배치해줄 수도 있다. 많은 해안 마을과 도시에서 그러한 위험한 동물을 잡을 수 있는 대형 낚싯배를 보유하고 있으므로 빠듯한 자원에 대한 부담을 줄일 수 있을 것이다.

❹ **자원을 어떻게 배치할 것인가?** 이제 공공 해안과 수영 지역을 상어로부터 지키기 위해 일부 선원과 소형 선박을 배치할 것을 적극 고려해야 한다. 전통적인 경비 임무와 수색 및 구조 임무 대신 상어 사냥에 자원을 배치해야 할 것이다.

3) 재난의 3단계

상어 공격이 있은 후에도 해변은 여전히 개방되어 있고 상어는 아직 잡히지 않았다. 대규모 항구도시에 정박한 배의 선장들로부터 그 지역에서 거대한 상어들이 다니는 것을 보았다는 제보가 여러 번 들어온다. 7월 6일, 휴양지의 해변으로부터 120m가량 떨어진 곳에서 수영을 하던 다른 희생자가 공격을 받아 목숨을 잃었다(Fernicola, 2001). 이제 해안지역에 공포감이 엄습한다. 지역과 주정부의 공무원들은 그러한 사건으로 주정부의 관광 수익에 타격을 입지는 않을까 걱정하고 있다.

❶ **실행계획은 무엇인가?** 휴양지의 해변에서 상어로 인해 두 번째 희생자가 사망한 지금, 이제 지역 공무원들에게 해변을 임시로 폐

쇄하자고 설득할 더 강력한 근거가 생긴 셈이다. 상어의 공격이 큰 문제로 부각되었으므로 상어를 찾는 데 더 많은 배와 자원을 지원받아야 한다. 따라서 지역의 대표들을 계속 설득해 작전구역 내에서 상어를 사냥하는 데 필요한 더 많은 자원을 배치해달라고 요청해야 한다.

❷ **통신계획은 무엇인가?** 시민에게 두 번째 상어의 공격이 있었음을 경고하고, 지역의 대표들은 위험한 상어가 나타나면 알려달라고 어부들에게 요청해야 한다. 그러면 위험한 상어를 감시하는 눈길이 더 많아지고, 따라서 상어를 잡는 데 필요한 자원을 효과적으로 늘릴 수 있을 것이다.

4) 재난의 4단계

이제 일부 해안지역의 휴양지에 상어잡이용 그물이 설치되었고, 무장한 사람들이 탄 배가 해안지역을 순찰하며 상어를 찾고 있다. 몇몇 해변은 완전히 폐쇄되었다. 더 많은 사람들이 수로로 들어와 상어를 사냥하도록 시장과 주지사가 거액의 포상금을 제시했고, 그래서 사태는 더 복잡해지고 있다(Fernicola, 2001).

❶ **실행계획은 무엇인가?** 이제 수로로 밀려드는 상어 사냥꾼을 보호하는 데도 자원을 일부 배치해야 한다. 하지만 자원의 일부는 상어잡이용 그물을 설치하지 않았거나 무장한 사람들이 해변을 순찰하지 않는 지역에도 재배치해야 한다.

❷ **통신계획은 무엇인가?** 이제 더 많은 사람들이 배를 타고 다니는 상황이므로 사고가 더 많이 발생하는 것을 막기 위해 새로 배에 탄 모든 사람들에게 안전지침을 제공해야 한다. 그뿐만 아니라

위험한 상어가 아직 잡히지 않았으니 수영을 하기에는 여전히 위험한 상황이라는 것을 시민에게 알려야 한다.

5) 재난의 5단계

내륙의 수로에 있는 마타완 강Matawan Creek에서 이 지역의 선장이 길이 2.5m에 달하는 상어를 보았다는 새로운 제보가 들어온다(7월 12일) [Fernicola, 2001]. 지역주민은 현재 이 강에서 수영을 하고 있으며, 전에 이 지역에서 상어가 목격된 적은 한 번도 없었다.

❶ **실행계획은 무엇인가?** 그 지역으로 소형 배 여러 척과 선원들을 즉시 재배치해 시민의 안전을 확보하고 상어를 잡아야 한다.

❷ **통신계획은 무엇인가?** 지역의 대표들과 접촉해 상어가 목격되었다는 사실을 알리고 강에서 수영객들을 대피시켜야 한다. 또한 상어가 바다로 돌아가기 전에 상어를 잡는 데 필요한 자원을 보내주도록 지역의 대표들을 설득해야 한다.

6) 재난의 6단계

7월 12일 오후 2시, 강에서 어린이들이 상어의 등지느러미를 목격했고, 12세 소년이 상어의 공격을 받아 목숨을 잃었다. 소년을 구하려던 사람도 상어의 공격을 받아 사망했다(Fernicola, 2001).

❶ **실행계획은 무엇인가?** 이제 행동에 나서야 할 때다. 모든 수영객을 강물에서 나오도록 해야 한다. 그뿐만 아니라 강을 봉쇄하고 상어가 잘 나타나는 지역에 상어잡이용 그물을 설치해야 한다. 가능하다면, 두 희생자의 시신을 수습해야 한다.

❷ **통신계획은 무엇인가?** 지역주민과 접촉해 상어가 공격할 때 강의 어느 지점에 있었는지를 최대한 사실에 가깝게 추정해야 한다. 그뿐만 아니라 자원을 효율적이고 효과적으로 사용할 수 있도록 상어가 어느 방향으로 사라졌는지도 알아내야 한다. 또한 강가에 사는 모든 주민에게 상어가 나타났다는 사실을 알려야 한다.

7) 재난의 7단계

7월 12일 오후 2시 30분, 세 번째 시민이 같은 강에서 상어의 공격을 받았지만, 주민에 의해 구조되었다(Fernicola, 2001). 한 마리 또는 그 이상의 상어에 의해 이제 네 사람이 목숨을 잃고 한 사람이 부상을 당했다. 사람을 공격한 상어는 아직 한 마리도 잡지 못했다. 시민은 공포에 질려 대책을 요구하고 있다. 그뿐만 아니라 그 휴양지는 관광업에 손실을 입었으며, 여러 해안지역에서 사람들이 떠나고 있다(*New York Times*, 1916). 상어의 공격이 언론에 알려지면서 미국 대통령은 이 문제를 내각과 의논하기에 이르렀다(Fernicola, 2001). 여러 주의 해안을 따라 대규모 상어 사냥이 시작된다.

❶ **실행계획은 무엇인가?** 상어가 아직 사람들을 공격하고 있으므로 피해지역에 가능한 한 많은 자원을 배치해야 한다. 부상자가 발생했으므로 의료품과 의료인력도 확보해야 한다.

❷ **통신계획은 무엇인가?** 상어 사냥에 적극적으로 참여하는 지역 어부들과 힘을 합쳐야 한다. 힘을 합치지 않으면, 상어는 그 지역에서 빠져나가 감시가 이뤄지지 않는 지역에 나타날 수도 있다.

8) 재난의 8단계

마침내 좋은 소식이 들어온다. 7월 14일, 지역주민 두 명이 상어의 공격이 발생했던 강어귀에서 길이 2.3m에 이르는 거대한 백상어를 잡았다(Fernicola, 2001). 검사 결과, 상어 배 속에서 인체의 일부가 발견되었다. 그 거대한 백상어가 잡힌 이후로 그해에 더 이상의 공격은 발생하지 않았다.

9) 주요 문제점

자연재난은 반드시 일어나며, 이러한 재난을 막기 위해 인간이 할 수 있는 일은 별로 없다. 이 연구사례의 중대한 문제점은 적절한 통신을 해서 만일 첫 번째 공격이 발생한 후에 주민을 강에서 내보냈다면, 일부 희생자의 목숨을 구할 수도 있었을 것이라는 사실이다. 이 연구사례의 가장 큰 실패는 상어가 사람들에게 얼마나 위험한 존재인지에 대한 오해에서 비롯되었다. 강에서 상어의 공격이 발생한 이 경우, 최초의 공격이 발생한 후 그 지역에 위험한 상어가 나타났다는 사실을 강가의 주민에게 알리기 위한 통신이 제대로 이뤄지지 않았다. 주민은 상어를 잡기 위해 강력한 대응에 나섰지만, 결국 상어의 공격을 더 이상 막기에도, 상어가 그 강 지역을 떠나기 전에 잡기에도 너무 늦고 만 셈이다.

10) 기억해야 할 사항

상어의 공격으로 모두 네 사람이 목숨을 잃었고, 한 사람이 부상을 입었다. 그뿐만 아니라 관광 성수기에 엄청난 수입 손실을 초래했다. 이 사건으로 피터 벤츨리Peter Benchley의 책 『죠스Jaws』가 발간되었으며, 1975년에 영화로도 만들어졌다(Fernicola, 2001).

4. 1995년 시카고 폭염

1) 재난의 1단계

당신은 미국 중서부에 위치한 어느 주정부기관의 책임자다. 7월 1일인데도 벌써 이 지역에서는 매우 드문 폭염이 계속되고 있다. 이 지역은 여름에도 거의 덥지 않기 때문에 중앙냉방시설을 갖춘 집이 많지 않다. 7월 12일, 기온이 37℃를 넘었다(Klinenberg, 2004). 경험으로 볼 때, 노인과 아이들은 탈진heat exhaustion과 열사병heat stroke에 더 취약하다.

❶ **현재의 실행계획은 무엇인가?** 창문에 설치하는 에어컨과 선풍기를 구입하거나 구입비용을 보조해주는 데 필요한 자금을 모아야 한다. 이러한 자금은 더위를 식히는 데 돈을 쓸 여력이 없는 가난한 사람들이나 노인들에게 필요할 것이다.

❷ **어떤 자원이 필요한가?** 이러한 프로그램을 관리하고 수행하는 데 드는 자금을 모을 인력이 필요하다. 수입이 일정 수준 이하인 사람들을 위해 전기료 보조금을 지급할 자금도 필요할 것이다.

❸ **통신계획은 무엇인가?** 필요한 자금을 모으기 위해 이러한 프로그램을 수행할 자금을 지원할 수 있고, 지원이 필요한 사람들에 대한 정보를 갖고 있는 비영리단체와 접촉해야 한다. 그뿐만 아니라 이러한 프로그램이 존재한다는 사실을 시민에게 알릴 방안도 마련해야 한다.

2) 재난의 2단계

7월 13일과 14일, 기온은 여전히 37℃를 넘은 상태이고, 사망하거나 입원하는 주민의 수가 놀라울 만큼 빠른 속도로 늘고 있다(Klinenberg, 2004).

❶ **사망과 질병이 발생하는 것을 막기 위해 어떤 계획을 세워야 하는가?** 탈수, 탈진 그리고 열사병을 예방하는 데는 냉방시설뿐 아니라 물도 필요하다. 따라서 수돗물이 나오지 않는 가구를 위해 급수소watering station를 설치해야 한다. 그러한 자금이 여의치 않다면, 냉방시설을 갖춘 임시 쉼터를 마련해야 한다. 폭염이 지나갈 때까지 집에 냉방시설이 없는 주민을 이곳에 머물도록 해야 한다.

❷ **주민을 위해 어떤 통신계획을 세워야 하는가?** 에어컨이 있는 주민에게 에어컨을 사용하도록 촉구해 주민이 탈진이나 열사병 또는 탈수의 위험에 처하지 않도록 해야 한다. 주민에게 에어컨과 물을 제공할 자금을 확보했다면, 이러한 프로그램이 있다는 사실을 널리 알려야 한다. 그뿐만 아니라 혼자 사는 이웃이 탈수, 탈진 그리고 열사병에 걸릴 위험이 있는지 잘 살펴보고, 그러한 위험에 처한 사람이 있으면 관계 기관에 제보하라는 사실도 알려야 한다.

❸ **폭염에 시달리는 주민의 고통을 덜어주기 위해 현재의 재난 상황에서 어떤 기관의 협조를 받을 것인가?** 빈민이나 노인들을 돕는 비영리단체에 연락해야 한다. 이러한 단체와 협력하면 기관의 역량을 효율적으로 끌어올릴 수 있다.

3) 주요 문제점

재난관리자는 폭염의 위험에 처한 주민에게 효율적인 도움을 제공할 비영리단체와 협력해야 한다. (애리조나, 뉴멕시코, 텍사스 주와 같이) 오래전부터 집에 중앙냉방시설을 갖춘 지역과 달리, 북쪽에 위치한 주들은 보통 여름에 그다지 덥지 않기 때문에 중앙냉방시설을 갖춘 집이 거의 없는 편이다.

극심한 더위에 특히 취약한 주민에게 효과적인 지원을 하지 못한 것이 이 연구사례의 주요한 문제다. (어린이나 노인 같은) 가장 취약한 시민뿐 아니라, 사회경제적인 요인 때문에 위험한 시민도 있다. 전기세를 낼 돈이 없거나 냉방시설이 안 되어 있는 낡은 집에 사는 일부 주민의 경우 상황이 더욱 악화될 수 있다.

4) 기억해야 할 사항

시카고의 폭염은 직접적으로 시카고에서 485명의 사망자를 낳았으며, 수많은 사람들이 병원에 입원했다(Klinenberg, 2004). 폭염은 도로와 임시 폐쇄된 도개교 같은 일부 기반시설에도 피해를 주었다(Schreuder, 1995). 시카고 보건국Chicago Board of Health은 폭염으로 인해 직간접적으로 733명이 목숨을 잃은 것으로 추정했다(Schreuder, 1995).

5. 1999~2004년 북아메리카 웨스트나일 바이러스

1) 재난의 1단계

당신은 미국 질병통제센터Center for Disease Control의 책임자다. 당신은 웨스트나일 바이러스로 보고된 환자가 많은 것에 놀란다. 1999년과 2001년 사이에 149명이 이 병으로 진단받았으며, 이 중 18명이 목숨을 잃었다(Lane County of Oregon, 2008).

❶ **실행계획은 무엇인가?** 이 질병이 발생하는 장소와 관련해 일정한 패턴이 있는지 검토해야 한다. 일정한 패턴이 나타나면, 특정한 한 지역에 조치를 취하고, 그러한 조치를 실시한 이후에 웨스트

나일 바이러스의 발생이 감소하는지 확인해야 한다. 조치가 성공적이라면, 바이러스의 피해를 입고 있는 다른 지역에도 이를 시행해야 한다.

❷ **통신계획은 무엇인가?** 웨스트나일 바이러스가 보고된 지역이나 주정부와 연락하는 것이 중요하다. 웨스트나일 바이러스는 모기가 옮기기 때문에 이 질병이 흔히 발생하는 지역의 주민에게 모기에 물리지 않도록 조심하라고 알릴 통신계획을 세워야 한다.

2) 재난의 2단계

2003년에는 9,862명이 웨스트나일 바이러스에 감염되고 이 중 264명이 사망한 것으로 보고되어 전년도보다 상황이 훨씬 악화된 것으로 밝혀졌다(Lane County of Oregon, 2008).

❶ **웨스트나일 바이러스의 확산을 막기 위해 어떻게 할 것인가?** 웨스트나일 바이러스를 막기 위해 이 바이러스가 발견된 지역에 모기를 죽이는 살충제를 살포할 계획을 세워야 한다. 웨스트나일 바이러스를 옮기는 모기가 죽지 않는 한 이 질병의 확산도 계속될 것이다.

❷ **이러한 재난에 대해 주정부와 지역 공무원들과 어떻게 상호 협력할 계획인가?** 이미 작업이 진행 중일 수도 있는 주정부 및 지역정부와 힘을 합쳐 모기를 죽이는 살충제를 뿌리기 위한 모든 형태의 노력을 잘 조율해야 한다. 모기를 죽이는 방법과 이를 위해 사용하는 화학약품을 표준화할 수도 있는데, 이는 비용 절감뿐 아니라 효율성도 가져다줄 것이다.

❸ **희생자에 대한 의학적 치료뿐 아니라 바이러스 억제를 위해 어떤 자**

원이 필요한가? 이 바이러스에 감염된 사람을 치료할 약뿐 아니라 살충제를 살포할 스프레이 기구도 필요하다. 웨스트나일 바이러스가 더 널리 확산될 것에 대비해 장기적으로는 이를 위한 백신도 개발해야 한다.

3) 재난의 3단계

2004년에는 웨스트나일 바이러스의 확산이 주춤해져 감염자가 2,470명에 불과하고 사망자 수도 88명으로 줄어든 것으로 보고되었다(Lane County of Oregon, 2008).

❶ **이 시점에서 웨스트나일 바이러스의 감염자 수가 줄어든 원인이 무엇이라고 보는가?** 감염자 수가 줄어든 것은 여러 가지 원인 때문일 수 있다. 더 많은 시민이 모기용 방충제를 사용했고, 모기를 죽이는 살충제를 뿌린 것이 효과를 나타냈을 수도 있다. 그뿐만 아니라 기후가 달라져 모기가 줄어들면서 웨스트나일 바이러스에 감염되는 사례가 줄어든 덕분이기도 하다.

❷ **2003년만큼 확산되지 않는다는 자료가 있다면, 어떤 프로그램을 지속적으로 시행할 것인가?** 웨스트나일 바이러스 감염을 낮은 상태로 유지하기 위해 모기용 살충제는 계속 뿌려야 한다.

4) 주요 문제점

바이러스는 수많은 방법으로 확산될 수 있지만, 이 감염성 질병의 주된 원인은 (말라리아, 황열병 등과 같이) 애초부터 모기였다(CDC, 2007). 모기의 개체수를 통제하고, 인구밀집지역에서 대규모 감염이 발생하는 것을 막기 위해 효과적인 계획을 세워 실행하는 것이 매우 중요하다. 이 연구사례에서는 보건국 공무원들이 웨스트나일 바이러스의 확산에 당황한 것처럼 보인다. 이들은 대규모 감염이 발생하는 것을 막기 위해 계획을 세울 준비가 되어 있지 못했다.

5) 기억해야 할 사항

북아메리카에 발생한 웨스트나일 바이러스는 1937년 우간다에서 처음 진단되었다(Lane County of Oregon, 2008).

6. 2008년 미국 살인 벌의 공격

1) 재난의 1단계

당신은 미국 남서부 지역에 있는 주정부의 농업 관련 기관의 책임자다. 3월 25일, 샌안토니오San Antonio에서 한 가족이 집안으로 들어온 벌의 공격을 받았다는 제보가 들어온다(Sting Shield Insect Veil, 2008). 이 벌들은 후에 멕시코에서 미국으로 유입되기 시작한 '살인 벌killer bees' 또는 '아프리카 벌Africanized bees'로 확인되었다. 그뿐만 아니라 이 벌들은 상업용 꿀을 생산하고 작물을 수분시키는 데 반드시 필요한 지역의 꿀벌에게 피해를 입힐 수도 있다.

❶ **당신이 속한 기관에서 가장 우선순위를 둬야 할 일은 무엇인가?** 살인 벌의 현재 위치를 확인하고, 주에서 이 벌을 멸종시킬 계획을 세울 때까지 이들의 확산을 막아야 한다. 두 번째, 살인 벌이 주민의 거주지에 집을 지어 이 벌의 공격을 받을 위험에 처한 주민을 도울 계획을 세워야 한다. 다른 무엇보다 이들의 벌집을 우선적

으로 처리해야 한다.

❷ **정부와 주민을 위한 통신계획은 무엇인가?** 카운티와 시의 담당 공무원 그리고 동물 관리부서animal control division와 지속적으로 접촉해서 살인 벌이 자신들이 사는 지역에 나타나면 재난관리자에게 알리도록 해야 한다. 그뿐만 아니라 재난관리자는 주립대학에서 운영하는 농업연구소와도 연락해 살인 벌의 유입에 대해 경고해야 한다.

❸ **이 시점에서 어떤 자원이 필요한가?** 살인 벌이 목격된 곳에서 격리시킬 계획을 세워야 하며, 살인 벌이 인간과 농업에 피해를 입히기 전에 독살할 자원을 구해야 한다.

❹ **살인 벌에 대처하는 데 있어 어떤 기관과 접촉하고 협력해야 하는가?** 연방정부는 급속히 퍼지고 있는 위험한 곤충과 싸울 자원을 제공해야 한다. 연방정부는 살인 벌이 미국 내로 더 확산되어 다른 지역의 농업에까지 피해를 입히지 않도록 해야 한다. 또한 카운티와 시정부는 물론, 양봉 및 농업과 관련된 다른 기관들과도 협력해야 한다. 그뿐만 아니라 대학의 농업연구소도 살인 벌의 위협에 맞서 싸우는 재난관리자를 도와야 한다.

2) 재난의 2단계

4월 20일, 샌안토니오에서 살인 벌의 두 번째 공격이 있었는데, 한 남자가 벌을 쫓으려다가 실수로 집에 불을 내는 사건이 벌어졌다(Sting Shield Insect Veil, 2008).

❶ **실행계획은 무엇인가?** 발견된 살인 벌의 벌집에 조치를 취해야 한다. 또한 이 벌이 샌안토니오 지역으로 들어오거나 나가는 것을

막아야 한다.

❷ **피해지역에 어떤 자원을 동원해야 하는가?** 발견된 살인 벌의 집을 파괴하는 데 사용할 모든 자원을 피해지역으로 보내야 한다. 그뿐만 아니라 연구원들을 그 지역에 파견해 살인 벌을 제거하는 데 가장 좋은 방법이 무엇인지 분석할 자료를 수집하도록 해야 한다.

❸ **통신계획은 무엇인가?** 살인 벌이 나타나면 어떻게 해야 하며, 살인 벌의 벌집을 발견하면 누구에게 신고해야 하는지 시민에게 널리 알려야 한다. 시민에게 살인 벌 대처법을 알리면, 인명피해를 막을 수 있을 것이다.

3) 재난의 3단계

살인 벌은 이제 당신이 사는 주의 151개 카운티에서 발견되었으며, 줄어들 징후는 보이지 않는다. 살인 벌은 이제 애빌린Abilene에 사는 한 가족을 공격했고, 이들이 기르던 개 두 마리를 죽였다. 4월 29일에는 코퍼스크리스티 양로원Corpus Christi Retirement Home에 말 그대로 수천 마리의 벌이 침입한 사건이 벌어졌다(Sting Shield Insect Veil, 2008).

❶ **실행계획은 무엇인가?** 만일 주 전체에 걸친 살인 벌의 확산을 막을 수 없다면, 연방정부와 접촉해 지원을 요청해야 한다. 살인 벌이 실제로 인구밀집지역에 있는지 확인되었다면 벌집을 제거하기 위한 조치를 취해야 한다.

❷ **통신계획은 무엇인가?** 연방정부, 카운티 그리고 시의 공무원들과 효과적으로 연락해야 한다. 또한 양봉업에 종사하는 사람들뿐 아니라 일반시민에게도 이러한 상황에 대해 지속적으로 알려야

한다.

4) 재난의 4단계

양로원을 공격한 벌은 일반 꿀벌이었던 것으로 밝혀진다. 하지만 5월 26일, 텍사스 주 팰러스틴Palestine에서 41세의 피해자가 수백 마리 살인 벌의 공격을 받았다는 제보가 들어온다(Sting Shield Insect Veil, 2008).

❶ **실행계획은 무엇인가?** 살인 벌이 인구밀집지역에 침입하는 것을 막기 위해 벌집을 더욱 적극적으로 찾아나서야 한다. 재난관리자는 카운티 및 지역의 공무원 그리고 여러 기관과 협조해야 한다. 그뿐만 아니라 살인 벌이 있는 것으로 알려진 지역에 살인 벌에게 공격당한 사람들을 위한 의료품도 배치해야 한다.

❷ **피해지역에 어떤 자원을 동원해야 하는가?** 살인 벌에 대한 더 많은 연구가 이뤄져야 이들의 약점을 파악해 농업에 도움을 주는 벌꿀에 피해를 입히지 않고 제거할 수 있을 것이다.

❸ **통신계획은 무엇인가?** 시민에게 살인 벌의 위험을 지속적으로 알리고, 이 특정한 유형의 벌을 알아보는 방법을 교육시키기 위한 노력을 기울여야 한다.

5) 주요 문제점

이제 살인 벌 집단이 미국에 유입되었지만, 이들이 다른 주, 도시 또는 카운티로 유입되는 것을 막을 효과적인 방법은 없는 상태다. 따라서 자신들의 관할구역에 살인 벌이 있을 가능성이 있는 재난관리자는 살인 벌에게 공격당한 사람을 돕고, 살인 벌로 인해 어떤 산업도 피해를 입지 않도록 보호하기 위한 계획을 세워야 한다. 살인 벌 집단을 억제하지 못하면, 사람들이 공격당하고 농업용 꿀을 생산하는 양봉인구가 피해를 입게 된다.

6) 기억해야 할 사항

살인 벌의 공격으로 여러 해에 걸쳐 많은 사람과 동물이 죽거나 부상을 입었다. 살인 벌의 공격이 발생한 카운티에서는 수많은 벌꿀 재배집단이 격리되면서 양봉산업에 피해를 주었다(Sting Shield Insect Veil, 2008).

제2부

인간이 일으킨 재난

제8장

사례연구: 인간이 일으킨 재난 — 산업재해와 구조물 붕괴

1. 1907년 웨스트버지니아 주 머농거광산 사고

1) 재난의 1단계

당신은 어느 시市의 소방서장이다. 12월 6일 오전 10시 15분, 도시 인근에 있는 광산에서 폭발사고가 발생했다는 긴급 공문이 도착한다(Boise State University, 2008).

❶ **실행계획은 무엇인가?** 광산에서 사고가 발생했다는 사실을 모든 긴급구조대원에게 알리고, (중장비 등) 발굴 장비, 산소 주입기, 유해물질 전문가, 의료인력과 의료품 그리고 긴급구조대원이 안전하고 시의적절하게 광산에 갇힌 광부들을 구조할 수 있게 도와줄 기술자 등 다양한 자원을 배치해야 한다.

❷ **통신계획은 무엇인가?** 광산 소유주, 지역 공무원, 그리고 구조 및 수색작업에 자원을 제공할 수 있는 모든 단체들과 접촉해야 한다.

2) 재난의 2단계

6번과 8번 갱도가 무너졌으며, 유독가스가 찬 갱도에 300명 이상의 광부가 갇혀 있다. 유독가스에 대처할 적절한 호흡기구조차 없는 상황이므로 긴급구조대원들이 교대로 작업할 수밖에 없다. 그뿐만 아니라 갱도로 가는 주요 입구가 철광석 운반차량 2대, 바위 그리고 갱도를 무너지게 한 폭발로 생긴 뒤틀린 쇠 파편 등으로 완전히 막혀 있는 상황이다(Boise State University, 2008).

❶ **이 시점에서 어떤 자원이 필요한가?** 현재 보유하고 있지 못한 호흡기구를 다른 기관으로부터 구해야 한다. 또한 광부들을 구조하기 위해 광산으로 내려가는 터널을 팔 중장비도 필요하다. 이러한 활동은 기술자의 감독하에 이뤄져야 하는데, 이는 긴급구조대원의 안전을 확보하기 위해, 그리고 희생자를 잔해에서 발굴할 최선의 방법에 대한 조언을 듣기 위해서다. 긴급구조대원과 자원봉사자 등의 추가인력은 인근 지역사회에서 구해야 한다. 긴급구조대원을 보호하기 위해 각각의 긴급구조대원이 광산에서 얼마나 오래 일하며 몇 번 교대할 것인지를 정해두어야 한다. 그뿐만 아니라 현장에 많은 양의 물을 준비하여 긴급구조대원들이 물을 충분히 마실 수 있게 해야 한다.

❷ **통신계획은 무엇인가?** 광산회사와 지속적으로 접촉하고 현장의 긴급구조대원들과도 긴밀한 접촉을 유지해야 한다. 그뿐만 아니라 갱도에 갇힌 광부의 가족들이 소식을 알 수 있도록 구조가 이뤄지고 있는 현황에 대한 정보를 공개하기 시작해야 한다.

3) 재난의 3단계

이제 이틀이 지나 12월 8일이 되었고, 구조작업에 방해가 되는 화재가 두 건 발생해 화재를 진압하고 있는 상황이다(Boise State University, 2008). 그뿐만 아니라 광산에 갇힌 사랑하는 사람의 소식을 듣기 위해 광산 입구에 수많은 가족과 친구들이 모여 있다(Boise State University, 2008). 구조대원들이 갱도에서 시신을 가지고 나오기 시작했지만, 시신을 둘 장소가 없는 상황이다.

❶ **실행계획은 무엇인가?** 영안실로 사용할 곳을 지정하고, 가족들과 접촉해 시신의 신원과 유품을 확인해달라고 요청해야 한다. 그뿐만 아니라 화재로 인해 아직 생존해 있을지 모를 광부뿐 아니라 긴급구조대원과 지원인력까지 위험해질 수 있으므로 화재 진압을 수색 및 구조 작업보다 우선적으로 처리해야 한다.

❷ **통신계획은 무엇인가?** 경찰을 동원해 인파를 통제하고 수색 및 구조 작업에 대한 대민 브리핑을 매일 계속해야 한다. 시의 공무원들은 진행 중인 작업에 대해 알리고, 소방서장은 외부 단체와 접촉해 광부들을 구하기 위한 작업을 도와달라고 호소해야 한다.

4) 재난의 4단계

이제 갱도에서 나오는 시신을 처리하기 위해 임시 영안실을 마련했다(Boise State University, 2008).

❶ **실행계획은 무엇인가?** 긴급구조대원들이 안전한 작업환경에서 일할 수 있게 해주어야 하며, 처음에 광산에서 어떻게 폭발이 일어났는지에 대한 조사도 가능한 한 빨리 실시해야 한다.

❷ **통신계획은 무엇인가?** 가족들을 임시 영안실로 불러 광산에 있던 광부들에 대한 정보를 얻어야 한다. 이제 생존자가 발견될 희망은 거의 없는 상황이며, 시신 수습 작업으로 옮겨가야 한다.

5) 주요 문제점

어떤 특수한 산업이 지역사회로 들어오면, 그 지역사회는 전문인력과 장비를 마련해 재난 구조작업을 벌이게 될 가능성에 대비해야 한다. 보유해둔 자원을 활용한다면, (선원을 한 사람도 구하지 못한 쿠르스크Kursk 잠수함 폭발사고와 오클라호마시티 폭발사고에서처럼) 삶과 죽음을 가르는 구조작업에서 차이를 만들 수 있다. 만일 전문적인 장비나 인력이 갖춰져 있지 않다면, 재난관리자는 이러한 자원을 신속히 구할 방법에 대한 전략을 세워야 한다. 그래야 좀 더 효율적인 구조작업이 가능하다.

이 지역의 긴급구조대원들은 독가스를 막고 잔해를 치우는 데 필요한 필수적인 재난 구조 장비조차 없는 상황이었다. 이러한 상황은 무너진 갱도에서 광부들을 구조할 시간을 지체시킬 뿐이며, 이것은 이들의 생존 가능성을 감소시킨다. 머농거광산의 재난으로 성인 남성과 소년 362명이 목숨을 잃었으며, 이로 인해 1908년 광산의 안전을 규제하기 위한 미국 광산부U. S. Department of Mines가 설립되었다(Boise State University, 2008).

6) 기억해야 할 사항

머농거광산 사고는 현재까지 가장 규모가 큰 광산 재난이었다(Mine Safety and Health Administration, 2008).

2. 1911년 뉴욕 주 트라이앵글 셔츠웨이스트 공장 화재

1) 재난의 1단계

당신은 대도시의 시장이다. 어떤 의류공장이 여러 건의 화재 및 안전규정 위반으로 소환되었다는 규제 담당 직원의 보고가 들어왔다.

❶ **실행계획은 무엇인가?** 시의 법규에 즉시 따르지 않으면, 공장을 폐쇄하거나 아니면 법규에 따를 때까지 주週 단위로 벌금을 부과하겠다는 사실을 공장에 통보해야 한다. 시의 조사관은 법규에 따를 때까지 자주 그리고 정기적으로 공장을 점검하겠다는 사실을 알려야 한다.

❷ **계획을 실행하기 위해 필요한 자원은 무엇인가?** 시장에게는 규제 담당 직원, 자문 변호사 그리고 형사고발이 이뤄질 경우 회사 소유주에게 이를 집행할 경찰이 있다.

❸ **어떤 외부 기관과 접촉할 것인가?** 회사가 규정에 따르도록 필요한 압력을 행사할 규제기관과 접촉해야 하며, 이에 따르지 않으면 강제로 회사를 폐쇄시켜야 한다.

2) 재난의 2단계

그 의류공장에 불이 났으며, 건물 안에는 500명도 넘는 노동자가 갇혀 있다(Zasky, 2008). 노동자들을 어떻게 안전하게 대피시킬 것인가?

❶ **실행계획은 무엇인가?** 긴급구조대원을 현장으로 보내 공장 노동자들을 안전하게 대피시켜야 하며, 불이 공장 주변의 다른 건물로 번지지 않도록 막아야 한다. 공장 건물도 무사할 수 있다면 더

욱 좋다.

❷ **어떤 자원이 필요한가?** 대규모 공장이므로 화재를 진압하고, 화염을 피해 사람들을 대피시킬 화재 대응 인력 및 재난 의료 인력이 많이 필요하다.

3) 재난의 3단계

노동자들이 불이 난 건물을 빠져나오려다가 화재 대피용 비상계단이 무너졌다(Zasky, 2008). 노동자들을 대피시킬 이차적인 계획이나 예비계획이 있는가? 다른 대피계획을 실행하려면 어떤 자원이 필요한가?

❶ **실행계획은 무엇인가?** 소방서 측으로 하여금 노동자들을 대피시킬 다른 방법을 찾도록 해야 한다. 헬리콥터가 없으므로 높은 층까지 닿을 수 있는 충분히 긴 사다리 등의 화재 장비가 필요할 수도 있다.*

❷ **어떤 자원이 필요한가?** 연기로 가득한 건물에 수많은 사람이 갇혀 있으므로 더 많은 의료자원과 화재를 진압할 더 많은 소방대원이 필요하다.

❸ **통신계획은 무엇인가?** 화재로 사망했거나 부상당한 노동자의 가족에게 연락해야 한다. 그뿐만 아니라 일단 화재를 진압하고 난 후에 화재 조사관과 경찰도 동원해야 한다.

---

* 1938년까지 헬리콥터의 대량 생산은 이뤄지지 않았다. 이때가 되어서야 독일이 Fw61을 생산하기 시작했고, 미국은 1942년에 R-4를 처음 생산했다.

4) 주요 문제점

이 연구사례는 건축법규를 만들고 이를 시행하는 것이 너무도 중요한 이유를 잘 보여주는 좋은 예다. 만일 건축법규가 제대로 시행되었다면, 화재 및 안전규정을 위반한 회사가 법규에 따를 수밖에 없었을 것이며, 그렇지 않을 경우, 시는 법에 따르지 않는 공장을 폐쇄할 영향력을 행사할 수 있었을 것이다. 적절한 건축법규를 제정하고 시행하면, 정부는 법적 책임을 적게 질 수 있을 뿐 아니라 비극적인 사건이 발생하는 것을 애초에 막을 수 있다.

이 연구사례의 가장 큰 실패는 공장에 건축법규를 강제로 시행하지 않은 것이다. 화재가 발생했을 때 노동자들이 대피할 수 있는 방법이 없었고, 이로써 효과적인 대피가 이뤄지지 못했다. 화재는 30분간 계속되었고, 결과적으로 146명의 노동자가 목숨을 잃었다(Zasky, 2008).

5) 기억해야 할 사항

트라이앵글 셔츠웨이스트 공장 화재로 노동자의 안전을 위해 법을 개정해야 한다는 인식이 확산되었고, 산업 안전에 대한 정부의 감독이 강화되었다(Zasky, 2008).

3. 1984년 인도 보팔 산업용 화학물질 사고

1) 재난의 1단계

당신은 인도 보팔Bhopal의 공공안전을 담당하는 책임자다. 보팔에는 유니온 카바이드사Union Carbide Corporation가 소유한 공장이 있어 살충제를 만드는 데 사용되는 수많은 화학물질을 생산한다. 이 공장은 지역 주주들의 돈으로 지어졌으며, 정부에서도 (유니온 카바이드사의 자회사인) 유니온 카바이드 인도 유한책임회사Union Carbide India Ltd.의 지분 22%를 소유하고 있다. 이 공장은 (위험한 산업지대가 아니라) 편리한 교통 인프라의 네트워크에 쉽게 접근할 수 있는 경공업지대에 세워졌다. 화공산업의 경쟁이 치열해져 이 공장에서는 정제되거나 완성된 살충제뿐 아니라, 가공되지 않은 화학물질도 생산하게 되었다. 정부에서는 이 공장의 안전에 결함이 있다는 사실을 알고 있었지만, 회사 측에서는 그러한 문제를 개선하려 하지 않았다. 그 이유는 아마도 그러한 결함 때문에 공장을 폐쇄하게 될 가능성이 있으며, 이는 이 지역에 심각한 경제적 피해를 몰고 올 수 있기 때문이었던 듯하다(Broughton, 2005).

❶ **실행계획은 무엇인가?** 첫 번째 실행계획은 공장에 어떤 안전 문제가 있는지를 정확히 파악해 만일 그러한 문제 때문에 인구밀집지역에서 재난 사고가 벌어질 경우 어떤 결과가 생길 것인지를 추정하는 일이 될 것이다. 문제점을 보고해도 정부가 조치를 취하지 않는다면, 이 공장에 대한 대피계획과 사고 억제계획을 세워야 한다. 모든 유형의 화학물질 유출을 막아야 하는 당신의 직원들을 도울 수 있는 여러 기관과 관계를 맺어나가야 한다. 산업용 화학물질을 생산하는 대규모 공장이므로 직원들은 발생할 수 있는 모든 유출을 막는 데 추가적인 지원을 받아야 할 것이며, 시민을 대피시키는 데도 도움이 필요할 것이다. 그뿐만 아니라 공장 주변 지역의 대피로를 계획하고, 직원들은 휘발성 물질, 부식성 물질, 또는 공기로 전달되는 화학물질의 노출에 대처할 방호복을 갖춰야 한다.

❷ **통신계획은 무엇인가?** 화학물질 공장에 문제가 생길 수 있다는 사

실을 직원들에게 알리고, 위험한 화학물질에 대처하는 훈련을 실시해야 한다. 또한 그 공장의 상태에 대해 정부와 정기적으로 접촉하며 안전 결함과 관련된 상태 변화가 감지되면 이를 즉시 알려야 한다.

❸ **안전규정에 따르도록 하기 위해 어떤 자원을 활용할 것인가?** 시민에게 대피로를 제시하고, 특정 화학물질의 유출이 있을 경우 노출 반경에 대해 알리며, 재난이 발생할 경우 폐쇄해야 할 사회기반시설의 위치 등을 알리기 위해 GIS에 기반을 둔 지도를 만들어야 한다. 그뿐만 아니라 재난이 발생할 경우에 대비해 방독면, 대피용 차량, 의료자원 그리고 긴급구조대원의 목록도 마련해두어야 한다.

2) 재난의 2단계

12월 3일 오전 1시 5분, 지역주민 대부분이 깊이 잠들어 있는 시각에 공장의 안전밸브에서 다량의 가스가 대기로 유출되는 재난 사고가 발생했다는 보고가 들어온다(Broughton, 2005). 어떤 가스가 유출됐는지는 알 수 없지만, 보팔 거리에 동물과 사람들의 시체가 여기저기 쓰러져 있다. 이때, 정체를 알 수 없는 가스구름으로 인해 순식간에 거의 3,800명에 달하는 시민이 목숨을 잃었다는 보고가 들어온다(Broughton, 2005).

❶ **실행계획은 무엇인가?** 가장 먼저 직원들은 인공호흡기를 갖추고 가스구름이 유출된 지역에서 주민을 안전하게 대피시켜야 한다. 두 번째로는 공장에서 어떤 가스가 유출됐는지 확인해야 한다. 이것을 알지 못하면, 의료진이 환자를 어떻게 치료해야 할지 알 수 없을뿐더러 공장에서 새어나오는 가스구름을 막기도 어렵다.

❷ **통신계획은 무엇인가?** 가스구름이 퍼지기 전에 그 지역에서 대피하라고 즉시 사람들에게 알려야 한다. 그뿐만 아니라 어떤 화학물질이 유출되었는지를 공장 측에 확인해 가스 누출을 막을 방법을 결정해야 한다. 의료지원을 받고, 시민을 주변 지역으로 대피시키는 데 필요한 지원을 받기 위해 외부 단체와 접촉해야 한다.

❸ **이 시점에서 어떤 자원을 동원해야 하는가?** 가능한 모든 의료자원을 동원하고, 긴급구조대원에게 인공호흡 장비와 시민을 대피시킬 차량을 제공해야 한다.

3) 재난의 3단계

재난은 이제 엿새째로 접어들었고, 화학물질에 노출되어 1만 명의 시민이 목숨을 잃고 수천 명이 병에 걸렸다. 병원은 환자로 넘쳐나고, 아이소사이안화 메틸Methyl Isocyanate에 노출된 사람이 장기적으로 어떤 화학적인 피해를 입을지 아무도 정확히 알지 못하는 상황이다(Broughton, 2005).

❶ **실행계획은 무엇인가?** 화학물질의 피해와 싸우는 데 필요한 모든 의료자원을 동원해야 한다. 그뿐만 아니라 현장에 더 많은 긴급구조대원을 배치해 화학물질로 장애를 입을 수 있는 사람들을 도와야 한다.

❷ **통신계획은 무엇인가?** 재난관리자는 담당자들과 접촉해 이 시점에서 필요한 의료자원이 무엇인지 알려야 한다. 외부 단체 및 기관과도 접촉해 의료자원을 추가로 지원해달라고 요청해야 한다.

❸ **이 시점에서 어떤 자원을 동원해야 하는가?** 이 시점에서는 의료자원의 수요가 가장 많으므로 가능한 시설을 병원으로 개조해 현

재의 시설 부족을 해소해야 한다. 그뿐만 아니라 임시 영안실로 사용할 시설도 필요하다. 시신의 옷과 몸에 화학물질이 묻어 있을 수 있으므로 시신을 다른 곳으로 운반해 격리해야 한다. 환자(또는 이 문제에 있어서는 시신도)와 접촉하거나 환자를 이송하는 사람은 이러한 대상과의 신체적 접촉에 대비해 보호 장비와 인공호흡기를 착용해야 한다.

4) 주요 문제점

정부는 공장의 안전 결함을 무시했고, 이는 보팔 비극의 원인이 되었다. 이 연구사례는 재난관리자와 공무원에게 안전기준 및 안전조치를 소홀히 했을 때 어떤 끔찍한 일이 벌어질 수 있는지를 잘 보여주고 있다. 보팔 시민의 안전 및 건강과 관련한 피해가 어느 정도인지는 결코 알 수 없을 것이다. 치명적인 제품을 생산하는 공장에 대해 재난관리자는 최악의 시나리오에 대비한 계획을 세우고, 산업단지 인근에 사는 주민이 방독면 같은 필수 물품에 쉽게 접근할 수 있게 해주어야 한다. 그뿐만 아니라 이 연구사례는 경제 발전 때문에 시민에게 위험할 수 있는 상황을 묵인하는 것은 결코 정당화될 수 없다는 사실도 잘 보여주고 있다.

5) 기억해야 할 사항

유니온 카바이드사는 결국 보팔 시의 희생자들에게 보상하기 위해 인도 정부에 4억 7,000만 달러를 지급했다(Broughton, 2005). 이 보상액은 화학물질 유출로 3,000명의 시민이 목숨을 잃고 이와 별개로 10만 2,000명의 시민이 영구적인 장애를 지니게 되었다는 정보에 근거한 것이다. 유니온 카바이드사는 보팔 공장을 폐쇄했지만, 공장의 오염물질을 깨끗이 제거하지는 않았다. 결국, 이 지역의 식수는 오염되고 말았다

(Broughton, 2005).

4. 1947년 텍사스시티 재난

1) 재난의 1단계

당신은 미국 남서부에 위치한 (1만 6,000여 명의 주민이 사는) 중간 규모 도시의 행정관리관이다. 이 도시에는 1911년에 가설된 철로를 통해 농산품 및 공산품을 운반하는 선적항이 있다. 또한 대규모 화학 및 석유 산업이 발달해 있어 도시 여러 곳에 이와 관련된 시설이 있다(Moore Memorial Public Library, 2007).

❶ **재난관리 실행계획을 위해 어떤 문제를 해결해야 하는가?** 도시에 어떤 화학물질이 있는지 파악해 그로 인한 위험에 대처할 팀을 훈련시켜야 한다. 시市에서는 저장 탱크가 있는 곳과 화학물질에 대처할 여러 기반시설이 있는 장소를 표시한 지도를 만드는 일부터 시작해야 한다. 또한 경찰서와 소방서에서는 그와 같은 재난에 대처하는 방법을 훈련해야 한다. 그뿐만 아니라 병원에 화학물질로 피해를 입은 환자를 치료할 자원을 비치해두어야 한다. 가능하다면, 소방서에서 화학물질 제조를 다루는 대규모 공장에 대한 안전 및 법규 준수 검사를 정기적으로 시행해야 한다.

❷ **재난관리 계획 중 통신계획은 어떻게 세워야 하는가?** 시에서는 산업재해에 대비한 대응계획과 대규모 제조공장 인근에 있는 사업체와 주민을 위한 효율적인 대피계획을 세워야 한다.

❸ **재난 발생 가능성에 대비해 어떤 자원을 준비해야 하는가?** 소방서

내에 유해물질 팀을 둬야 하며, 화재 현장에 다량의 화학물질을 투하할 소방용 비행기와 소방선fireboat도 필요할 것이다.

❹ **다른 단체와 어떤 협약을 맺어야 하는가?** 시장은 재난이 발생할 경우 다른 도시들과 서로 돕는 협약을 맺어야 한다.

2) 재난의 2단계

그랜드캠프S. S. Grandcamp호는 현재 이 항구도시에 정박해 있는데, 소형 무기용 탄약과 2,300톤이 넘는 질산염 비료를 싣고 있다(Moore Memorial Public Library, 2007).

❶ **이 배가 당신의 도시에 위협이 되는가?** 만일 그렇다면 도시와 산업 시설의 안전을 위해 어떤 조치를 취할 것인가? 시장은 화약 원료인 화학물질과 폭발성 물질을 싣고 있는 배에 관심을 기울여야 한다. 또한 배가 항구에 정박해 있는 동안 선장과 선원이 모든 안전 절차에 잘 따르도록 해야 한다.

❷ **이러한 화물을 싣고 있는 배에 어떤 정책과 절차를 시행할 것인가?** 이러한 화물을 싣고 있는 배는 화물의 양과 종류에 대해 소방서에 목록을 제출해야 한다. 게다가 이러한 화물을 싣고 있는 배는 항구의 외딴 곳에 정박해야 문제가 발생했을 때 다른 배나 기반 시설에 피해를 주지 않을 수 있다.

3) 재난의 3단계

4월 16일, 부두 노동자들이 배에 짐을 싣는 동안 그랜드캠프호의 갑판에 화재가 발생했다(Moore Memorial Public Library, 2007).

❶ **이러한 재난에 대해 어떤 자원을 동원해야 하는가?** 소방서는 즉시 모든 자원을 동원해 화재를 진압해야 한다. 또한 배에 있는 사람들을 모두 안전한 곳으로 대피시켜야 한다.

❷ **통신계획은 무엇인가?** 시장은 소방서와 긴밀히 접촉하고, 현재 재난이 발생했음을 병원에 알려야 한다. 그뿐만 아니라 인근에 있는 시市와 주州 정부에 지원을 요청해야 한다.

❸ **재난의 피해 가능성을 줄이기 위해 어떤 조치를 취해야 하는가?** 가능하다면 화재가 난 배를 다른 배들과 항구의 기반시설로부터 멀리 이동시켜야 한다. 배를 옮길 수 없다면, 인근에 있는 다른 배들이 그 지역을 피해 이동해야 한다.

4) 재난의 4단계

부두 노동자와 선원들이 불길을 잡지 못하면서 이제 불은 거침없이 타오르고 있다. 설상가상으로 전화교환원들이 파업 중인데다 이들의 역할을 대신할 사람도 없어 전화 연결도 되지 않는다. 당신은 소방차 두 대를 파견했고, 소방대원으로 일하는 자원봉사자들이 현장으로 두 대의 소방차를 더 갖고 왔다. 그러나 물만 뿌려서는 불길이 잡히지 않는 상황이다(Moore Memorial Public Library, 2007).

❶ **실행계획은 무엇인가?** 피해를 입지 않도록 그 지역에서 노동자와 시민을 대피시켜야 한다. 가능하다면 화재 진압용 화학물질을 실은 비행기를 동원해 화재를 진압해야 한다.

❷ **통신계획은 무엇인가?** 전화를 이용한 전자통신이 불가능하므로 말을 탄 인편이나 단파 송수신기를 가진 자원봉사자를 활용해 통신해야 한다. 유해물질 전담팀이 없으므로 지역정부 및 주정부

와 접촉해 화학물질로 인한 화재를 진압하는 데 필요한 자원을 획득해야 한다. 또한 전화교환원들에게 파업을 중지하고 일터로 돌아와달라는 공공 탄원을 해서 통신 시스템이 운영되도록 해야 한다.

5) 재난의 5단계

배의 선원들이 소형 무기용 탄약 16상자 중 3상자만 겨우 옮겼고, 선장은 불을 끄려다가 화물 적재실로 증기를 유입시키고 말았다. 불행히도 이 증기는 질산암모늄을 독성이 있는 아산화질소 가스 증기로 변화시켰고, 이 증기가 배를 가득 채웠다. 선원들은 즉시 대피했다(Moore Memorial Public Library, 2007).

❶ **실행계획은 무엇인가?** 불길이 걷잡을 수 없이 치솟아 오르고 이 시점에서 불을 끌 가능한 방법도 없으므로 이 지역에서 사람들을 완전히 대피시켜야 한다. 모든 배를 항구에서 이동시키고, 가능하다면 부두에 있는 화학물질도 다른 곳으로 옮겨야 한다.

❷ **이 시점에서 필요한 다른 자원은 무엇인가?** 그 지역을 봉쇄하고 모두를 대피시킬 긴급구조대원이 더 필요하다. 의료인력도 완전한 경계 태세에 들어가야 한다.

6) 재난의 6단계

증기가 질산암모늄을 과열시키고 이로 인해 배의 연료 및 기름 탱크가 새면서 화재에 연료를 더 공급한 셈이 되었다. 많은 구경꾼이 몰려 불타는 그랜드캠프호를 지켜보고 있다(Moore Memorial Public Library, 2007).

❶ 점점 늘어나는 구경꾼을 어떻게 할 것인가? 시장은 경찰을 동원하여 항구로 연결되는 도로를 봉쇄함으로써 구경꾼들이 재난현장에서 멀어지도록 해야 한다.

❷ 그랜드캠프호의 화재에 대해 무엇을 어떻게 할 것인가? 불길이 걷잡을 수 없이 타오르고 불행하게도 이 도시에 이러한 상황을 해결할 적절한 소방 장비가 없으므로 이 시점에서 할 수 있는 일은 많지 않다. 긴급구조대원들이 다치거나 목숨을 잃지 않도록 이 지역에서 긴급구조대원들을 모두 대피시켜야 한다.

7) 재난의 7단계

오전 9시 12분, 그랜드캠프호가 폭발하면서 배가 산산조각 났다. 배의 조각들이 파편처럼 공중으로 흩어졌다. 이 충격으로 400km 떨어진 곳에서도 진동이 감지될 정도였다. 이 폭발로 가까운 지역에서 홍수가 발생했고, 인근 지역의 공장과 건물 여러 채가 붕괴했다. 소방서장과 소방대원 27명이 목숨을 잃었으며, 이로 인해 숙련된 긴급구조대원들이 크게 부족해졌다. 그뿐만 아니라 이 도시에는 운영 중인 병원도 없다 (Moore Memorial Public Library, 2007).

❶ 실행계획은 무엇인가? 병원이 있는 인근 도시와 연락해 화재와 폭발로 인한 부상자를 치료해야 한다. 수색 및 구조 팀을 구성해 무너진 건물 안에 있는 생존자도 찾아야 한다.

❷ 의료시설이 없는 상황에 어떻게 대처할 것인가? 임시 병원을 세우고, 가능한 한 많은 의료 자원봉사자를 모집해 환자들을 적절한 의료시설로 이송할 때까지 부상자를 돕도록 해야 한다.

8) 재난의 8단계

폭발사고로 구경꾼, 행인, 노동자 수백 명이 목숨을 잃었고, 건물 여러 채가 흔적도 없이 사라졌다. 불이 나서 걷잡을 수 없이 타오르는 건물도 있다. 하지만 마침내 좋은 소식도 들린다. 이 시점에서 전화교환원들이 일터로 돌아왔고, 그래서 인근 기관과 시 당국에 지원을 요청하는 전화를 걸 수 있게 되었다. 군부대, 인근의 시 당국과 의료기관에서 모두 당신의 도시를 돕기 위해 인력과 자원을 보낼 것이라는 소식이 들어온다(Moore Memorial Public Library, 2007).

❶ **새로운 자원이 생긴 이러한 상황에서 가장 먼저 해야 할 일은 무엇인가?** 가장 먼저 해야 할 일은 현재 도시 여러 곳에서 일어난 화재를 진압하는 일이다. 두 번째로는 부상당한 사람을 수색해 구조해야 한다.

❷ **통신계획은 무엇인가?** 구조 및 수색 작업을 잘 조율해 모든 생존자를 구하고 치료해야 한다. 이 도시와 다른 도시의 긴급구조대원과 군대 사이에 잘 조율된 통신도 필수적이다.

❸ **다른 어떤 문제가 발생할 수 있는가?** 시장은 모든 노력이 효율적으로 조율되고 있는지 감독해야 한다. 의료시설은 쉽게 수용인원이 초과되고 의료품은 금방 바닥을 드러내기 쉽다.

9) 재난의 9단계

현재 시청과 상공회의소가 임시 의료센터로 사용되고 있다. 군대는 임시 거처를 짓고 있으며, 불도저를 동원해 가능한 한 많은 잔해를 치우고 있다. 그뿐만 아니라 인근에 있는 가능한 모든 도시로 부상당한 사람들을 이송해야 한다. 불행히도 (그랜드캠프호 옆에 정박해 있던) 하이플라이어호S. S. High Flyer에 불이 옮겨 붙었는데, 이 배에는 다량의 질산암모늄과 유황이 적재되어 있다(Moore Memorial Public Library, 2007). 선원들은 현재 배를 버리고 대피했다.

❶ **하이플라이어호에 대해 무엇을 할 것인가?** 가능하다면 빨리 이 배를 옮겨야 하며, 긴급구조대원들이 화재를 억제하는 화학물질을 뿌려야 한다.

❷ **즉시 대처해야 하는 항구 내의 다른 위험요인은 무엇인가?** 만일 하이플라이어호 인근에 다른 배들이 있다면, 이 배들을 즉시 다른 곳으로 옮겨야 한다.

10) 재난의 10단계

4월 17일 오전 1시 10분, 하이플라이어호가 폭발했고, 폭발로 두 사람이 목숨을 잃고 윌슨키니호S. S. Wilson B. Keene가 침몰했다. 폭발과 이로 인한 화재로 500~600명이 목숨을 잃었고 수천 명의 부상자가 더 발생했다(Moore Memorial Public Library, 2007).

❶ **실행계획은 무엇인가?** 실행계획은 아직 그 항구에 남아 있는 사람들과 배를 대피시키는 것이다. 시장은 이제 시신을 수습하는 데 역점을 두기 시작해야 하며, 긴급구조대원들은 화재 진압에 도움이 될 기반시설을 복구하고, 구조적 피해를 입은 건물을 강화해야 한다.

❷ **이 시점에서 필요한 자원은 무엇인가?** 시장은 폭발로 타격을 입은 건물의 안전을 진단할 기술자를 동원할 것을 고려해야 한다. 그뿐만 아니라 시신의 신원을 확인할 병리학자도 필요할 것이며,

가족들에게도 이를 통지해야 한다.

❸ **어떤 기관에 도움을 요청해야 하는가?** 적십자 그리고 정부기관들과 접촉해 재난지역을 깨끗이 치우는 데 필요한 지원을 요청해야 한다.

11) 주요 문제점

이 연구사례에서 주목해야 할 점은 재난이 발생하는 것을 막기 위해서는 적절한 법과 규정이 필요하다는 것이다. 어느 배에서 화재가 발생하는 것을 막을 수 없을지는 모르지만, 피해를 줄이는 것은 가능하다. 텍사스시티의 사고에서는 첫 번째 폭발로 기반시설이 파괴되거나 피해를 입었고, 사람들이 죽거나 다쳤으며, 화학물질을 실은 다른 배에 불이 옮겨 붙으면서 재난 피해가 가중되었다. 재난관리자는 어떤 특정한 산업을 유치할 때 효과적인 법과 규정을 마련하고 이를 정기적으로 검토해야 한다.

위험한 화학물질을 실은 배는 서로 가까이 정박해서는 안 되며, 화물을 싣거나 내릴 준비가 완전히 될 때까지 항구의 다른 시설들과도 멀리 떨어져 있어야 한다. 이런 배들이 서로 가까운 거리에 있으면, 그랜드캠프호에 불이 나 폭발한 것처럼 화학물질을 실은 다른 배로 불길이 옮겨 붙을 수 있다. 짐을 싣고 내리는 시설도 화재나 폭발로 피해를 입을 수 있으므로 이러한 시설도 항구의 다른 시설로부터 멀리 떨어져 있어야 한다.

이차적인 화재와 폭발로 세 척의 배가 가라앉았고 많은 사람이 다치거나 목숨을 잃었다. 이 재난의 발생으로 시 당국은 고도로 훈련된 소방 부대 하나를 통째로 잃었으며, 이를 대체할 인력을 구하는 데 몇 년이 걸릴 것이다. 이러한 인력이 보완될 때까지 시 당국은 관할 구역 내에서 발생하는 화재를 진압하는 데 외부의 도움에 의존해야 한다. 피해를 입은 기반시설을 복구하는 데 추가비용이 들었을 뿐 아니라, 다른 배들이 그 부두를 다시 이용할 수 있도록 항구를 정비하고 배를 인양하는 데도 많은 비용이 들었다.

12) 기억해야 할 사항

텍사스시티의 재난으로 시신을 복원하는 장의사가 150명 이상 동원되었으며, 치대 학생들도 동원되어 시신 확인을 도왔다(Moore Memorial Public Library, 2007).

5. 1989년 알래스카 주 엑슨발데즈호 기름 유출 사고

1) 재난의 1단계

당신은 미국 서부 해안지역에 있는 주州 정부기관의 책임자다. 3월 24일, 엑슨발데즈Exxon Valdez호라는 대형 유조선이 프린스 윌리엄 사운드Prince William Sound에서 좌초되었다. 이 사고로 대형 유조선에서 프린스 윌리엄 사운드 지역으로 4,200만 ℓ의 기름이 유출되었는데, 이 지역에는 여러 종의 동물과 수중 생물이 살고 있다(Andres, 1997).

❶ **실행계획은 무엇인가?** 우선 해안경비대에 통보해 이 사태에 개입해 기름 유출을 막을 수 있는지 알아봐야 한다. 두 번째로는 즉시 배를 조사해 아직 유출되지 않은 기름을 막도록 엑슨사에 지시해야 한다. 주州정부의 야생 동물 담당 직원들을 즉시 재난지역에 배치해 가능한 한 많은 야생 동물들을 보호해야 한다. 야생 동

물 담당 직원들은 이미 기름에 뒤덮인 동물과 새들을 가능한 한 잘 닦아주어야 한다.

❷ **통신계획은 무엇인가?** 수의사들에게 연락해 기름 유출로 피해를 입은 야생 동물들을 돕는 자원봉사를 해달라고 요청해야 한다. 다른 주정부 및 연방정부와도 접촉해 기름 유출을 가능한 한 억제할 자원을 요청해야 한다.

2) 재난의 2단계

기름은 대형 유조선 주변 13㎞ 지역에 걸쳐 퍼졌고, 이제 2,000㎞에 이르는 해안이 오염되었으며, 수많은 야생 동물이 기름에 뒤덮였다. 엄청난 규모의 환경 재난이 벌어진 것이다. 해안경비대, 환경운동가, 기타 재난 담당 직원들이 기름 유출을 막을 수도, 기름을 태워 없앨 수도 없는 상황이다.

❶ **실행계획은 무엇인가?** 취할 수 있는 유일한 조치는 배의 파열된 부분을 수리해 기름이 더 이상 유출되는 것을 막고 피해지역에서 야생 동물들을 대피시키는 것이다.

❷ **통신계획은 무엇인가?** 자원봉사자들과 비영리단체에 도움을 청하면, 오염지역을 청소하고 기름에 덮인 야생 동물을 닦는 데 도움을 받을 수 있을 것이다. 바다 위에 뜬 기름이 해안선을 따라 어디까지 번지는지도 면밀히 감시해야 한다. 연방정부와 주정부 그리고 지역정부의 공무원들은 재난의 규모, 현재 필요한 자원 그리고 기름 유출을 막기 위한 여러 가지 작업의 진행 상황 등을 지속적으로 점검해야 한다.

3) 주요 문제점

불행히도 산업안전기준이 제대로 마련되어 있지 않은 상황에서 지역 재난관리자들이 할 수 있는 일은 거의 없다. 하지만 재난관리자는 그 배에 대한 사법권을 갖고 있는 정부기관과 긴밀히 협조해 위험한 화물을 운반하는 배에 탄 선원들을 무작위로 추출해 그들의 정신 상태를 조사함으로써 생태계에 영향을 미치는 재난을 완화할 수 있다. 재난관리자는 위험한 물질을 실은 배가 야생 동물 은신처나 서식지 가까이 운항하지 않도록 제한할 수도 있다.

재난에 대처하는 데 필요한 자원은 어떤 재난에서든 결코 충분할 수 없을 것이다. 엑슨발데즈호 사고로 조류 25만 마리, 해달 3,000마리, 흰머리독수리 250마리, 육식 고래 22마리가 죽었다(BBC, 1989). 그뿐만 아니라 기름 유출은 환경에 막대한 피해를 입혔고, 이는 상업적 어업 활동, 여가 활동 그리고 관광업에 부정적인 영향을 미쳤다(Schure, 2010).

4) 기억해야 할 사항

엑슨사는 환경에 피해를 입힌 대가로 4조 5,000억 달러를 지급할 것을 명령받았다(BBC, 1989).

6. 1981년 캔자스시티 하얏트 리젠시 호텔 붕괴 사고

1) 재난의 1단계

당신은 대도시의 법률 집행을 담당하는 부서의 책임자다. 당신은 최근에 켐퍼 아레나Kemper Arena라는 건물의 지붕이 붕괴해 스트레스를 받고 있다. 다행히 그 구조물이 붕괴할 때 현장에는 아무도 없었다.

❶ **실행계획은 무엇인가?** 첫 번째 실행계획은 제대로 설계되지 않은 건물을 승인해준 행정 과정이 어떠했는지를 조사하는 일이다. 다른 중대한 문제는 켐퍼 아레나의 지붕을 승인하는 데 중요한 역할을 한 사람을 조사하고, 이 사업과 관련된 감독관의 교육 과정과 자격증 소지 여부를 조사하는 일이다. 마지막으로, 모든 직원이 제대로 된 자격증을 갖고 교육받았는지를 확인하기 위해 부서 전체에 대한 감사를 실시해야 한다.

❷ **안전법규에 따랐는지를 확인하기 위해 어떤 자원을 활용해야 하는가?** 모든 행정 정책과 인력에 대해 이 부서가 시에서 부여한 권한을 제대로 행사했는지에 대한 외부의 회계감사가 실시되어야 한다. 또한 이 부서에 할당된 업무량에 적합한 자원을 제공했는지에 대한 조사도 이뤄져야 한다. 만일 할 일은 너무 많은데 인력이 충분하지 않았다면, 원칙적으로 승인해서는 안 될 사업을 승인할 위험이 있다.

❸ **통신계획은 무엇인가?** 건축사업을 심사할 때 엄격히 처리하는지 담당 부서와 협의하고, 이 도시에서 건축업을 하는 계약자 및 건축가들과 협의하여 건축 규제를 강화하고, 규정을 엄격하게 적용하지 않은 사업은 진행을 허락하지 말아야 한다.

2) 재난의 2단계

당신의 부서에서는 최근 메인 로비에서 공중에 뜬 형태로 일련의 통로가 이어지는 구조로 된, 40층 높이의 신축 호텔 검사를 감독했다. 7월 17일 밤 9시, 이러한 통로 중 한 곳 이상이 댄스파티와 티파티가 열리고 있는 로비로 무너져내리면서 여러 명이 죽거나 다쳤다는 전화가 걸려온다(Martin, 1999).

❶ 실행계획은 무엇인가? 즉시 외부의 감사를 받고 그 사업을 맡았던 담당자를 조사해야 한다. 설계의 결함이라기보다는 시공 상의 문제일 수 있으므로 다른 조치를 취하기 전에 가능한 한 많은 정보를 모아야 한다.

❷ 안전법규를 지켰는지 확인하려면 어떤 자원을 활용해야 하는가? 조사로 밝혀진 사실에 따라 당신의 부서가 더 조사를 받을 수도 있고, 규제 담당 부서에서 일하는 좀 더 전문적인 조사관의 조사를 받을 수도 있다. 그뿐만 아니라 추후 이러한 유형의 사고가 재발하는 것을 막기 위해 정책이나 절차를 확립해야 할 수도 있다.

❸ 통신계획은 무엇인가? 시장에게 이 사고에 관해 밝혀진 모든 정보를 공개하고, 당신의 부서와 호텔을 건설한 회사와의 관계에 대해서도 알려야 한다.

3) 재난의 3단계

구조적 결함으로 발생한 이 사고로 114명이 목숨을 잃고 200명이 부상을 당했다. 사고가 일어난 지 나흘 뒤 지역 언론은 호텔이 건설되는 중에 통로의 설계 변경이 있었다는 사실을 밝혀냈다. 원래의 설계조차 시의 건축법규에 따르지 않아 최소 적재 요건의 60%만을 만족시키는 구조였으며, 바뀐 설계는 법에 규정된 중량의 30%만을 감당할 수 있었을 뿐이다(Martin, 1999).

❶ 실행계획은 무엇인가? 이 시점에서 사고는 설계의 결함 때문이었다는 사실이 밝혀진다. 이제 직원들이 설계의 결함을 밝혀내지 못한 연유를 조사해야 한다. 그러한 설계를 승인한 당신의 부서에 책임이 있으므로 당신이 자리에서 물러나야 할 가능성도 있다.

❷ **안전법규에 따르도록 하려면 어떤 자원을 활용해야 하는가?** 아직 조사를 시작하지 않았다면, 최근에 건설된 모든 건물과 현재의 정책, 행정 절차 그리고 담당 인력에 대해서도 조사해야 한다.

❸ **통신계획은 무엇인가?** 시의 담당자들에게 모든 조사의 진행 상황을 잘 알려야 하며, 앞으로 이뤄지는 건축에는 안전법규를 엄격하게 시행하겠다고 시민을 안심시켜야 한다.

4) 주요 문제점

정책과 행정 절차도 중요하지만, 재난관리자가 건축사업을 계획하고 시행할 때 관련된 규정을 잘 지키는지 확인하기 위한 종합적인 시스템이 확립되어야 한다는 사실을 잊어서는 안 된다. 건물의 설계와 건축이 이뤄지는 동안 건축법규가 잘 지켜지는지 확인하기 위한 명백한 시스템이 없었다. 따라서 설계회사나 건축회사가 기존의 건축법규를 실제로 지키는지 확인하는 어떤 점검이나 검토 과정도 없었던 셈이다.

이 사업을 맡았던 기술자들은 미주리 건축사·기술사·측량사위원회Missouri Board of Architects, Professional Engineers and Land Surveyors에 의해 유죄 판결을 받았다. 수차례의 판결과 민사 소송으로 피해자 가족에게 1억 4,000만 달러의 보상금이 지급되었다(Dubill, 2011).

5) 기억해야 할 사항

텍사스 A&M 대학교Texas A&M University는 철학과와 기계공학과의 공학기술 윤리학 강좌에서 캔자스시티 하얏트 리젠시 호텔의 통로 붕괴사건 사례를 수업에 활용한다(Texas A&M University, 2009).

7. 2007년 미네소타 주 교량 붕괴 사고

1) 재난의 1단계

당신은 미국 북부에 있는 도시의 소방서장이다. 8월 1일, 큰 강을 가로질러 차량이 오가는 대규모 다리가 무너진다(Wald, 2008).

❶ **실행계획은 무엇인가?** 가장 먼저 해야 할 일은 현재 도로에 있는 모든 차량의 운행을 중단시키고, 사고지역에서 우회시켜 재난 차량이 더욱 쉽게 현장에 접근할 수 있도록 하는 것이다. 두 번째로 수색 및 구조 팀을 가능한 한 신속하게 투입하여 생존자가 있는 차량을 수색해야 한다. 마지막으로, 부상자를 의료조치가 즉시 필요한 환자와 현장에서 치료할 수 있는 환자로 분류해 의료진을 도와야 한다. 환자가 한꺼번에 응급실로 몰리면 의료시설에도 과부하가 걸릴 수 있다.

❷ **어떤 자원을 동원해야 하는가?** 무거운 것을 들어 올리는 데 사용하는 모든 장비를 동원하고, 부상자를 치료하는 데 필요한 의료인력도 동원해야 한다. 소방서장은 수색 및 구조 작업을 수행할 숙련된 스쿠버다이버를 최대한 빨리 현장으로 보내야 한다.

❸ **지원을 받기 위해 다른 어떤 단체와 접촉해야 하는가?** (경찰, 보안관 같은) 모든 긴급구조대원에게 지원을 요청해야 한다. 그뿐만 아니라 토목기술자에게 지원을 요청하는 것도 고려해야 하는데, 이는 피해자를 구하기 위해서는 다리의 일부를 제거하거나 잘라내야 하므로 구조자의 안전을 확보하려면 토목기술자의 도움이 필요하기 때문이다.

2) 재난의 2단계

여러 명이 목숨을 잃거나 부상당한 교량구조물 주변과 물속을 수색하고 구조하기 위해 구조대원들이 바쁘게 움직이고 있다(Keen, 2007).

❶ **구조자의 안전을 확보하기 위해 무엇을 할 것인가?** 소방서장은 교량의 남은 구조물이 붕괴해 긴급구조대원에게 해를 입히거나, 아직 차량이나 자갈 더미에 갇혀 있는 희생자들을 더욱 위험한 상황에 빠뜨릴 수 있다는 사실에 유의해야 한다. 분초를 다투는 상황이긴 하지만, 토목기술자의 감독하에 남은 구조물에 대처할 적절한 중장비를 갖추는 편이 현명할 것이다. 그뿐만 아니라 부상당한 긴급구조대원을 치료하기 위해 현장에 의료인력도 배치해야 한다. 또한 긴급구조대원은 (헬멧, 발가락 부분이 강철로 보강된 안전화 등) 적절한 안전 장비를 갖추고, 물을 충분히 마실 수 있게 해주어야 한다.

❷ **구조현장에 어떤 자원이 추가로 필요한가?** 재난현장에서 잔해를 치우는 데 도움이 되는 바지선을 동원해 긴급구조대원이 수색 및 구조 작업을 더욱 신속하고 효율적으로 수행할 수 있게 해줘야 한다.

❸ **의료 수요 증가에 대처할 계획은 무엇인가?** 비행기가 지상 운송수단보다 거리와 속도 면에서 더 유리하므로 그 지역의 다른 병원과 접촉해 가능한 한 많은 (부상자 수송 헬기 같은) 케어플라이트CareFlight를 동원해야 한다. 헬리콥터를 활용하면, 부상당한 피해자를 부상자 유입에 대처할 역량을 갖춘 병원으로 신속하게 옮길 수 있다.

3) 재난의 3단계

다리가 붕괴되면서 여러 대의 차량과 희생자들이 콘크리트 더미나 물 속에 갇혀 있지만, 이 시점에서 살아있는 희생자를 발견할 희망은 없다.

❶ **이 시점에서 구조대원이 무엇에 역점을 두고 일하도록 해야 하는가?** 이제 수색 및 구조 작업보다는 복구작업에 역점을 둬야 한다. 소방서장은 긴급구조대원이 적절한 시간을 갖고 최대한 모든 안전 예방조치를 취하도록 해야 한다. 그래야 긴급구조대원들이 가능한 한 안전한 환경에서 일할 수 있다.

❷ **이제 여러 가지 다양한 형태의 자원이 필요하다. 이러한 자원들로 무엇에 역점을 두고 일해야 하는가?** 이제 중량 화물용 장비가 더욱 중요해질 것이다. 그뿐만 아니라 철강과 콘크리트를 운반할 트럭과 바지선도 필요하다. 시체 운반용 포대도 있어야 하고, 영안실도 설치하여 유품으로 신원을 확인해 가족에게 통보해야 한다.

❸ **이 시점에서 구조대원들의 사기와 건강을 어떻게 지킬 것인가?** 소방서장은 구조대원들이 재난현장을 드나들면서 순환 근무를 하도록 해야 한다. 구조대원이 쉬지 못하면 실수를 할 수 있고, 상황이 더 심각해지면 이들이 부상을 입을 수도 있다.

4) 주요 문제점

재난관리자는 기존 구조물에 언제 구조 변경이 이뤄졌는지 등 주요 사회기반시설을 평가하는 시스템을 제대로 확립해야 한다. 이 다리는 1967년에 처음 건설되었으며, 붕괴하기 전 수차례의 변경이 이뤄졌다 (CNN U. S., 2008). 구조물 변경이 이뤄질 때, 처음 설계가 변경으로 인해 늘어나는 교통량과 이로 인해 늘어나는 다리의 하중을 지탱할 수 있을 것인지에 대한 전문가의 평가가 이뤄졌어야 한다. 다리가 붕괴한 것은 다리 건설에 사용된 연결판이 늘어난 하중을 지탱하는 데 필요한 두께의 절반이었기 때문이다(CNN U. S., 2008). 미네소타 주 다리 붕괴로 13명이 목숨을 잃고 145명이 부상을 당했다(Roy, 2008).

5) 기억해야 할 사항

2007년 다리가 붕괴되기 전에 다리를 검사할 책임을 맡았던 엔지니어링회사인 유에스알사USR Corporation는 2010년 미네소타 주 다리 붕괴의 피해자들에게 5,240만 달러의 합의금을 지급했다(CNN, 2010).

8. 2003년 미국 북동부 정전

1) 재난의 1단계

당신은 미국 국토안보부 장관이다. 8월 14일 오후 4시 20분, 미국 동부 해안지역에 전력을 공급하는 전력망에 이상이 생겨 5,000만 명이 정전 상황에 놓였다는 통지를 받는다(CBS News Online, 2003).

❶ **실행계획은 무엇인가?** 전력 공급이 의도적으로 차단된 것인지를 확인하기 위해 전력 공급이 중단된 이유를 밝혀야 한다. 만일 전력 공급이 의도적으로 차단된 것이라면, 전면적인 조사에 착수해 원인과 범죄 연루 여부를 확인해야 한다. 장관은 더 많은 정보를 모아 전력 공급망에 대한 공격이 다른 목표물에 대한 공격으로 이어질 것인지 여부를 확인해야 한다. 만일 전력 공급 중단이 사고에 의한 것이라면, (이동용 발전기와 물 등) 사태 해결을 위해 그 지

역으로 어떤 자원을 보낼 것인지 결정해야 한다. 그뿐만 아니라 범죄나 테러의 목표물로부터 사회기반시설을 지키기 위해 필요한 다른 자원도 배치해야 한다.

❷ **통신계획은 무엇인가?** 정전으로 인해 업무 수행에 차질을 빚을 주정부와 지역정부뿐 아니라 연방재난관리청장과도 긴밀히 접촉해야 한다. 또한 감시활동에 활용할 수 있는 특정한 군대 자산[예를 들어, 공중조기경보통제기Airborne Early Warning & Control (AWACS)]과 관련해 연방정부의 다른 부서와도 접촉해야 한다.

❸ **이 시점에서 가장 우려해야 할 점은 무엇인가?** 전력 공급망이 마비된 동안 범죄나 테러 공격을 우려해야 한다. 매우 한정된 자원으로 광대한 지역을 지켜야 하므로 취약지역이 많아질 것이다.

2) 재난의 2단계

동부 해안지역의 정전으로 퍼스트에너지FirstEnergy의 이스트레이크East Lake 공장이 예기치 않게 가동 중단되었다는 보고가 들어온다. 8월 15일이 되었고, 극히 일부 지역에 전기가 들어오는 상황이다(CBS News Online, 2003).

❶ **아직 전기가 들어오지 않는 지역을 위한 실행계획은 무엇인가?** 장관은 아직 정전 상태이므로 보안과 보호가 필요한 기관에 전력망이 회복되어 다시 전기가 들어올 때까지 보안 공백을 메우기 위해 국토안보부의 자산을 배치할 것을 심각하게 고려해야 한다. 범죄나 테러의 유혹적인 목표물이 될 수 있는 일부 기관에 이동용 발전기를 보내거나 빌려주는 것도 고려해야 한다.

❷ **어떤 분야가 전기가 들어와야만 가동할 수 있는지 관심을 기울여야**

하는가? 피해를 입을 수 있거나, 주요 자산을 도난당할 수 있는 특정 제조업체와 주요 교통 중심지 등에 관심을 기울여야 한다.

3) 재난의 3단계

8월 16일이 되었지만, 일부 지역에는 아직 전기가 들어오지 않는 상태다(CBS News Online, 2003).

❶ **중요한 기능을 하는 분야에 전력을 공급할 계획은 무엇인가?** 전기가 매우 필요한 지역으로 국내 다른 지역의 전기를 보낼 수 있는지 여부를 알아봐야 한다. 아직 전기가 들어오지 않는 지역에는 보안 및 경보 시스템에 전기를 공급할 이동용 발전기나 기타 특정 장비를 설치할 인력을 파견해야 한다.

❷ **재발할 수 있는 이러한 대규모 정전에 대비한 완화계획은 무엇인가?** 미국 내 다른 지역의 전기를 정전지역으로 보낼 계획을 세워야 한다. 그게 불가능하다면, 그 지역에 다시 전기가 들어올 때까지 임시로 사용할 수 있는 이동용 발전기를 미리 배치해두는 것도 고려해야 한다.

4) 주요 문제점

재난관리자는 주요 사회기반산업에 자체 규제 기준을 허용하는 것을 경계해야 한다. 이 연구사례에서 드러난 가장 큰 문제 중 하나는 전력공급회사의 운영 기준을 감독하지 않았다는 사실이다(Minkel, 2008). 재난관리자는 또한 기반시설이 마비될 경우 새로운 전력자원을 신속하게 공급할 수 있도록 만일의 사태에 대비한 실행계획을 세워두어야 한다. 이 사고를 모방한 대규모 사이버 공격이 발생할 수 있으며, 이렇게 되면 전력 격자망utility grid뿐 아니라 정보기술의 기반시설도 마비될 수 있다. 사이버 공격과 전력망 차단을 예방하기 위해서는 충분한 자원을 동원해 전력망 안전 역량과 정보기술의 수준을 끌어올리고, 응급 상황에 대비한 믿을 만한 2차 보완 시스템을 마련해두어야 한다.

2003년의 대규모 정전은 사람의 실수와 전력공급회사가 여러 해 동안 시설을 최신화하지 않아서 발생했다(Minkel, 2008). 재난관리자가 기준을 보강하고 장비의 최신화를 법으로 규정하지 않는다면, 서로 연결된 지역에 정전이 발생할 가능성은 커질 수밖에 없다. 이 정전 사태로 11명이 목숨을 잃었으며 피해액은 60억 달러에 달한다. 그리고 5,000만 명의 시민이 전기 없이 지내야 했다(Minkel, 2008).

5) 기억해야 할 사항

북동부 정전은 (2009년까지) 미국 역사상 가장 규모가 큰 정전이다(CBS News Online, 2003). 2005년 에너지정책법Energy Policy Act 2005에 의해 연방에너지규제위원회Federal Energy Regulatory Commission가 전력공급회사를 감독하고 신뢰할 만한 최소한의 기준에 맞추도록 하는 근거와 정책이 마련되었다.

제3부
테러와 범죄행위

제9장

사례연구: 테러와 범죄행위로 인한 재난 — 폭탄 테러

1. 1886년 시카고 헤이마켓 스퀘어 폭동

1) 재난의 1단계

당신은 미국 중서부 대도시의 경찰서장이다. 5월 1일, 노동자의 하루 최대 노동시간을 8시간으로 의무 규정하는 새로운 법 시행을 앞둔 걱정스러운 상황이다(CBS Chicago.com, 2011). 이 대도시에서 5월 1일 개최 예정인 친노동자집회에 반대하는 세력이 있다(CBS Chicago.com, 2011). 이 집회로 서로 다른 두 세력의 대립이 격화될 우려가 있다(H2g2, 2001).

❶ **실행계획은 무엇인가?** 무엇보다 먼저 친노동자집회에 누가 참석할 것인지에 대한 정보를 수집해 얼마나 많은 시위자가 모일 것인지 예측해야 한다. 불안감이 감도는 상황이므로 가능한 한 많은 정보를 모아 5월 1일 이전에 적절한 자원을 확보하는 것이 중요하다.

❷ **통신계획은 무엇인가?** 이 시점에서는 주정부와 연방정부 차원의 사법기관은 물론 시의 고위 책임자와 연락해 이들에게 5월 1일 위험한 상황이 발생할 수 있다는 사실을 알리는 것이 중요하다. 그뿐만 아니라 다른 기관 및 부서와 협약을 맺어 경찰부서의 역량을 강화할 방법을 찾아야 한다.

❸ **어떤 자원을 동원해야 하는가?** 수집된 정보에 따라 5월 1일 집회에 대비해 경찰과 소방 및 의료 인력을 소집해야 한다. 그뿐만 아니라 경찰은 진압 장비를 갖추고, 잠시 시간을 벌 수 있는 이동용 장벽도 갖춰야 한다. 소방서와도 접촉해 군중 해산용으로 소방 호스를 사용할 수 있게 해두어야 한다.

❹ **집회가 열리기 전에 어떤 정치단체나 시민단체와 협의할 것인가?** 폭력사태가 벌어질 가능성을 완화하기 위해 집회에 참여할 두 세력과의 접촉을 시도해야 한다. 집회에 참여할 두 세력의 지도부에게 폭력은 용인될 수 없으며, 만일 폭력이 발생할 경우 폭력을 조장하는 행동을 한 추종자는 물론, 지도부도 체포할 것이라는 점을 경고해야 한다.

2) 재난의 2단계

최근 소식에 의하면, 수천 명이 집회에 참여하며 무정부주의자들이 집회를 이끈다고 한다. 특히 현재 전국적으로 노동자들이 파업 중인 상황이므로 집회가 얼마나 격렬해질 것인지 불안한 마음이다.

❶ **실행계획은 무엇인가?** 진압 장비를 모두 갖춘 경찰과 소방관을 배치해야 한다. 그뿐만 아니라 경찰과 소방관을 도울 기관이 있다면, 이러한 인적자원도 즉시 배치해야 한다. 폭동이 발생하려 할

때 이를 막을 수 있도록 소방 호스도 준비해두어야 한다.

❷ **통신계획은 무엇인가?** 경찰은 경찰 및 소방부서를 지원하러 온 외부 기관의 인력과 협조해야 한다. 이들은 폭동이 일어날 경우 소방 호스를 담당할 경찰과 소방관을 도울 것이다. 또한 시정부의 책임자들에게 진행상황을 지속적으로 보고해야 한다.

3) 재난의 3단계

5월 3일, 경찰서장은 맥코믹 하비스팅 머신사McCormick Harvesting Machine Co.로 경찰인력을 배치한다. 이곳에서 팻말을 들고 시위를 벌이는 파업 노동자와 피켓 라인을 넘은 파업 반대자들 간에 충돌이 발생한다(H2g2, 2001). 경찰에 의해 노동자 4명이 사망하고, 다른 여러 명이 부상을 입은 뒤에야 난투극이 일단락된다(McCabe, 2009). 지역주민은 경찰의 행위에 극도로 분노한다. 경찰보다 노동자들이 훨씬 더 위태로운 상황이다(Arvich, 1984).

❶ **실행계획은 무엇인가?** 현 상황에서 경찰에게는 두 가지 선택권이 있다. 진압 장비를 갖춘 경찰인력을 보강해 소방 호스로 시위대를 해산하거나, 상황이 진정될 때까지 경찰이 잠시 그곳에서 철수하는 것이다. 경찰의 정당방어인지 알아보기 위해 시위대에 발생한 사망과 부상 사건에 대한 조사에도 즉시 착수해야 한다. 그뿐만 아니라 또 다른 시위나 폭동이 발생할 수 있는 다른 지역의 주요 자산이나 사회기반시설을 보호하기 위한 조치를 취해야 할 것이다.

❷ **통신계획은 무엇인가?** 경찰에 의해 노동자 네 명이 죽었으므로 이 사건을 시위에 참여한 양측과 의논해 상황을 진정시키는 것이

중요하며, 시민에게도 시위와 관련해 사망하거나 부상당한 사람들에 대한 조사에 착수했다는 사실을 알려야 한다. 지역 공무원과 재난관리자는 폭동 상태에 대해 지속적인 보고를 받으며, 시위자들이 다음에 어떻게 나올지 예측해야 한다.

❸ **지역의 정치인들을 어떻게 개입시킬 것인가?** 지역의 정치인들이 상황을 진정시키기 위해 지역주민과 대화할 수 있는지 알아봐야 한다.

4) 재난의 4단계

이 지역의 무정부주의자들이 가장 번잡한 산업 중심지인 헤이마켓 스퀘어Haymarket Square에서 집회를 열었고, 무고한 노동자를 죽인 경찰에 대해 매우 자극적인 발언을 하고 있다(Arvich, 1984). 경찰과 노동자의 상황은 더욱 악화되고 있다.

❶ **실행계획은 무엇인가?** 매우 긴장된 상황이므로 가능한 한 많은 인력과 자원을 집회 장소인 헤이마켓 스퀘어로 배치해야 한다. 진압 장비와 가능한 한 많은 군중 통제 장비를 갖춘 경찰을 현장에 배치해야 한다. 시위 지도부가 시위대를 선동하기 시작하면, 시위대의 상황이 진정될 때까지 이들을 체포하거나 억류해야 한다.

❷ **통신계획은 무엇인가?** 사전에 시위대의 지도부와 만나 폭력은 용인될 수 없다는 것을 알려야 한다. 지역사회의 대표들과도 접촉해 이들의 영향을 받는 시민에게 집회 장소로 가지 말고 집에 머물러 있으라고 권유하도록 부탁해야 한다. 재난관리자는 이들 지역사회의 대표들과 연락하며 현 상황에 대해 알려야 한다.

5) 재난의 5단계

집회를 하는 동안 경찰 여러 명을 배치해 시위를 지켜보도록 했다. 경찰은 이제 충분한 시간이 되었다고 판단하고 횡대 대형을 만들어 인파를 해산시키기 시작한다. 시위대 쪽에서 폭탄이 날아와 경찰 한 명이 사망한다. 경찰이 시위대를 향해 대응 발포한다(Arvich, 1984).

❶ **실행계획은 무엇인가?** 경찰의 개입으로 집단적인 폭력사태가 빚어졌다. 경찰이 단순히 지켜보기만 하고 사고가 발생할 때만 개입했다면, 폭동과 뒤이은 폭력사태를 피할 수 있었을 것이다. 하지만 경찰의 개입으로 상황이 심각하게 악화되었으며, 이는 경찰 책임자로 하여금 매우 극단적인 결정을 하게 만들 것이다. 소방호스를 사용할 수 있다면 이것으로 군중을 해산시켜야 한다. 기마경찰이 있다면, 이들을 파견해 경찰의 생명과 안전을 위협하기 시작하는 폭동으로부터 경찰을 보호해야 한다. 긴급 의료인력도 즉시 파견해 폭동으로 부상을 입은 사람을 도와야 한다.

❷ **통신계획은 무엇인가?** 경찰은 이전에 한 행동보다 상황을 더욱 악화시킬 수 있는 행동을 해서는 안 된다. 경찰 지휘관은 부하들과 통신해 규율에 따르게 해야 한다. 시위대와도 직접 대화를 시도해 평화적으로 집회 장소를 떠나 집으로 돌아가도록 설득해야 한다. 한편, 폭력이 계속되면 체포할 것이라는 메시지도 전달해야 한다.

6) 재난의 6단계

폭동이 발생해 현재 경찰 60명 이상이 부상을 입고 7명이 목숨을 잃었으며, 노동자 4명이 사망했다. 그리고 폭동의 와중에 많은 노동자가 부상을 입었다(Arvich, 1984).

❶ **실행계획은 무엇인가?** 의료팀을 현장에 파견해 부상자를 치료해야 한다. 경찰인력의 증강이 가능한 상황이라면, 진압 장비를 갖춘 이들을 즉시 파견해 시위대를 통제하도록 해서 부상자를 이송하는 의료팀이 위협당하지 않도록 보호해야 한다. 그뿐만 아니라 상황을 통제하기 위해 이 시점에서 체포를 시작해야 한다. 수사관을 파견해 시위대와 경찰 양쪽에서 발생한 사망과 관련한 증거 수집에 들어가야 한다.

❷ **지역사회의 공포를 어떻게 진정시킬 것인가?** 지역주민에게 정부가 상황을 잘 통제하고 있다는 사실을 확신시켜야 한다. 따라서 헤이마켓 스퀘어를 장악해 시위대를 완전히 해산시키는 것이 중요하다. 지역사회의 대표 및 시의 재난관리자는 시민과 접촉해 이들의 공포를 가라앉혀야 한다.

7) 주요 문제점

이 연구사례는 대규모 시위 인파에 무언가 문제가 생기면 이들이 순식간에 폭력적으로 돌변한다는 사실을 잘 보여주고 있다. 대규모 시위대가 폭력적으로 돌변할 가능성이 있다는 사실을 알고 있다면, 시위대에 공권력을 행사할 수 있을 만큼 충분한 인력과 자원을 배치해야 한다. 그뿐만 아니라 시위 지도부가 대중을 선동해 폭력적인 행위가 시작되자마자 선동자를 구금하는 것이 바람직할 것이다.

수천 명의 시위자들로 이뤄진 인파를 통제할 만큼 충분한 인력을 배치하지 못하면, 경찰 쪽에 문제가 생길 수밖에 없다. 경찰이 폭력적인 공권력을 행사하면 군중을 더욱 자극할 뿐이며 이 때문에 경찰 쪽으로 폭탄이 날아온 것이다. 현대에는 (소방 호스나 최루탄 같은) 다른 자원을 활용해 인파를 더욱 성공적으로 해산시킬 수 있다. 경찰은 헤이마켓 스퀘어에서 폭탄을 던지고 폭동을 일으킨 혐의로 8명을 체포했다. 이들 피고인 중 7명은 후에 범죄행위로 유죄 판결을 받았고, 이 중 다섯 명은 사형을 선고받았다(Naden, 1968).

8) 기억해야 할 사항

시카고 경찰서장은 후에 뇌물혐의로 유죄를 선고받았다(Arvich, 1984).

2. 1920년 월스트리트 폭발 사고

1) 재난의 1단계

당신은 미국 동부 해안에 위치한 대도시의 경찰서장이다. 9월 16일 정오, 경찰관이 금융가에서 가장 번잡한 곳 중 하나인 제이피 모건J. P. Morgan Inc. 본사 앞에 마차가 세워져 있는 것을 발견한다(Barron, 2003). 인근 우체통에서 모든 정치범을 석방하지 않으면 죽음을 맞이할 것이라는 경고가 담긴 메모가 발견된다. 이 메모에는 '미국 무정부주의 전사들American Anarchist Fighters'이라는 서명이 되어 있다(Manning, 2006).

❶ **경찰관에게 마차를 어떻게 하라고 지시할 것인가?** 마차 인근 지역을 봉쇄하고 사람들이 그 마차에 접근하지 못하게 하라고 지시해야 한다. 또한 마차가 폭발할 경우 피해를 입을 수 있는 지역의 모든 건물에서 사람들을 대피시켜야 한다.

❷ **금융가에 있는 시민을 어떻게 보호할 것인가?** 경찰이 그 지역을 봉

쇄한 후에 폭발물 처리반을 파견해 수상한 마차가 실제로 위험하며 폭발물이 실려 있는지 확인해야 한다. 폭탄을 해체하거나 마차를 폭발하지 않은 상태로 옮긴다면, 시민이 죽거나 다치는 것을 예방하고 도시 또한 폭발로 인한 피해를 입지 않을 것이다.

❸ **경찰과의 통신계획은 무엇인가?** 경찰은 모든 형태의 수상한 행동이나 수상한 표적에 대한 경계 태세에 들어가야 한다. 만일 이러한 사태가 범죄조직이나 테러 단체에 의한 것이라면, 시민을 위협하는 또 다른 범죄행위로 이어질 수도 있다.

❹ **시민에 대한 통신계획은 무엇인가?** 시민에게 수상한 행동에 주의하고, 수상한 행동을 목격하면 즉시 경찰에 신고하라고 알려야 한다. 그뿐만 아니라 당분간 금융가를 피하라고 경고해야 한다.

2) 재난의 2단계

잠시 후 마차가 폭발하면서 폭발물과 파편이 사방으로 흩어진다(Gross, 2001). 그 결과 38명이 목숨을 잃고 400명이 부상당했으며(Ivry, 2007), 200만 달러 이상의 재산피해가 났다(Barron, 2003).

❶ **실행계획은 무엇인가?** 의료인력을 현장으로 파견해 부상자를 도와야 한다. 그뿐만 아니라 그 지역을 봉쇄한 후에 수사관들이 범인을 잡는 데 필요한 범죄의 증거를 모으고, 나중에 범인을 잡을 경우 유죄 판결을 받을 수 있도록 증거를 수집해야 한다. 구조공학자도 불러 폭발로 피해를 입은 건물을 사용해도 안전한지 확인하고 피해 정도를 평가해야 한다. 만일 안전하지 않은 건물이 있다면, 안전조치를 할 때까지 임시로 사용 부적합 판정을 내려야 한다.

❷ **통신계획은 무엇인가?** 시민의 안전을 위해 가능한 한 모든 조치를 취하고 있다고 시민을 안심시켜야 한다. 시장에게 현재 발생한 사건에 대한 정보를 지속적으로 전달하고, 경찰에게는 발생할지도 모를 새로운 수상한 활동을 경계하라고 지시해야 한다.

3) 재난의 3단계

또 다른 폭탄이 인근에 설치되어 있다는 소문이 퍼지면서 시민이 공포에 질려 우왕좌왕하기 시작한다(Manning, 2006).

❶ **실행계획은 무엇인가?** 이 시점에서 해야 할 유일한 조치는 순찰을 더 많이 돌아서 시민에게 경찰이 상황을 장악하고 있다는 사실을 보여주는 것이다. 그뿐만 아니라 필요하다면 동원 가능한 예비인력에 연락해 상황에 대처하는 데 부족한 인력을 보충하는 조치를 취해야 한다.

❷ **통신계획은 무엇인가?** 추가 위협이 감지되지 않는 상황이므로 근거 없는 소문이 퍼졌으며, 테러나 범죄행위를 유발할 가능성이 있는 수상한 사람이나 행동에 대해 경찰이 경계를 서고 있다는 사실을 알려 시민을 안심시켜야 한다.

4) 주요 문제점

가능성이 희박하긴 해도 재난관리자는 또 다른 폭발성 물질에 유의해야 하며, 그 지역의 시민을 효율적으로 대피시킬 계획을 세워야 한다. 현대에는 폭탄처리반을 파견해 위협에 대처할 수 있다. 이 연구사례의 가장 큰 실패는 그 지역에서 신속하게 시민을 대피시키지 않은 것이다. 월스트리트 폭발 사건으로 수많은 사람들이 목숨을 잃거나 다쳤으며,

엄청난 재산피해를 냈다.

5) 기억해야 할 사항

1920년 월스트리트 폭발 사건으로 체포된 사람도, 형사 소추된 사람도 없다. 무정부주의자들이 폭탄을 설치한 것으로 추정되나, 경찰은 어떤 특정한 조직이 이 범죄를 저질렀다는 증거도, 뚜렷한 혐의자도 찾지 못했다(Barron, 2003).

3. 1933년 보잉 247기 폭발 사고

1) 재난의 1단계

당신은 상무부 항공부서Aeronautics Branch for the Department of Commerce의 공무원이다.* 당신의 직무는 연방정부 내에서도 상대적으로 새로운 분야에 속하며, 민간 항공기의 사고를 예방하고 재난에 대응하는 임무를 맡고 있다. 10월 10일 오후 9시 15분, 민간 항공기가 인디애나 주에서 추락했다는 소식이 들어온다.

❶ **실행계획은 무엇인가?** 먼저 생존자를 위해 수색 및 구조 작업을 지시해야 한다. 그러려면 수색 및 구조 작업을 할 장비와 인력을 모아야 한다. 그뿐만 아니라 생존자가 있을 가능성에 대비하기 위해 의료품과 의료진도 준비해야 한다.

❷ **어떤 기관들과 협조하고 통신할 것이며, 광범위하게는 시민과 어떻게**

---

* 상무부 항공부서는 1958년 연방항공국Federal Aviation Agency이 되었다.

통신할 것인가? 수색 및 구조 작업을 도울 주정부 및 지역정부와 협조해야 하며, 추후의 조사를 위해 충돌현장을 보존해야 한다.

2) 재난의 2단계

당신은 팀을 이끌고 비행기 잔해가 있는 현장에 도착해 그 항공기가 유나이티드 에어라인 소속이며, 승무원과 승객 7명이 타고 있었는지 확인한다. 승무원과 승객 전원이 충돌 사고로 목숨을 잃었다(Plane Crash Info, 2007).

❶ **실행계획은 무엇인가?** 이제 충돌 원인을 밝혀내기 위한 수색과 구조로 작업의 방향이 달라졌다. 조사팀은 충돌현장을 조사하고, 비행기 충돌의 원인을 찾는 데 도움이 될 만한 증거를 수집해야 한다. 시신의 신원 확인을 위해 가족에게도 연락해야 한다.

❷ **통신계획은 무엇인가?** 충돌 현장에 대한 보안을 도울 주정부 및 지역정부와 지속적으로 접촉해야 하며, 유나이티드 에어라인의 직원들과도 접촉해 여객기의 추락 원인이 무엇인지에 대한 조사를 시작해야 한다. 충돌의 원인에 따라 어느 시점부터는 범죄 수사가 될 수 있으므로 시민에게는 매우 기본적인 정보만 제공해야 한다.

3) 재난의 3단계

잔해조사를 하면서 깜짝 놀랄 만한 사실이 드러났다. 수하물 칸이 니트로글리세린으로 밝혀진 화학물질에 의해 통째로 날아간 것이다(Plane Crash Info, 2007).

❶ **실행계획은 무엇인가?** 이제 수사는 새로운 국면으로 접어들었다. 즉 항공기에 폭발물을 설치한 개인이나 단체를 밝혀내고, 또 다른 유사한 폭발 사건을 예방하기 위한 안전조치를 취해야 한다.

❷ **수사를 수행하고 완결하는 데 어떤 자원이 필요한가?** 7명의 죽음을 초래한 범인에 대한 효율적인 수사를 위해 연방정부와 주 그리고 지역의 사법 당국과 협조해야 한다.

❸ **유사한 사건이 재발하지 않게 하려면 어떤 다른 문제를 해결해야 하는가?** 미국 연방항공청Federal Aviation Administration (FAA)은 승객의 비행기 탑승, 항공기의 유지와 정비, 여객기에 싣는 짐과 수하물에 대한 적절한 검사와 관련된 항공기의 안전 절차를 강화해야 한다.

4) 주요 문제점

항공기의 승객과 승무원의 안전을 위해서는 안전 절차를 확립하는 것이 매우 중요하다. 재난관리자는 안전조치를 확고히 해 운송산업에 대한 최근의 위협에 대처하기 위해 취약한 목표물에 대한 위험 평가를 정기적으로 실시해야 한다. 이 연구사례는 수하물에 대한 폭발물 검사가 적절히 이뤄지지 않았기 때문에 위험 가능성과 이로 인해 끔찍한 결과를 낳을 수 있다는 사실을 잘 보여주고 있다. 로커비Lockerbie의 팬 암 103기Pan Am Flight 103 폭발 사건에서 보듯, 오늘날에도 똑같은 위험이 여전히 존재하고 있으며, 이 경우에도 폭발물이 비행기에 실려 사고가 발생했다(BBC News, 2001).

5) 기억해야 할 사항

1933년 보잉 247기 폭발 사고는 항공기 사보타주*의 첫 사례로 기록되

* 고의적인 사유재산 파괴나 태업 등을 통한 노동자의 쟁의행위 — 옮긴이

었다. 이 사건으로 항공기 승무원이 처음으로 사망했다(Deepthi, 2007).

4. 1993년 세계무역센터 폭탄 테러

1) 재난의 1단계

당신은 미국 대도시의 경찰서장이다. 2월 26일, 이 도시에 있는, 국내에서 가장 큰 상업용 건물이 폭발했다.

❶ **첫 번째 실행계획은 무엇인가?** 경찰서장은 어떤 자원을 해당 지역으로 보낼 것인지를 결정해야 한다. 인파를 통제하고 시민을 대피시키는 것이 무엇보다 우선되어야 한다. 폭발의 원인을 신속하게 밝혀 폭탄처리반을 파견해야 할지 여부를 판단해야 한다. 만일 폭발이 폭발성 물질로 인한 것이라면 제거해야 할 다른 폭발물이 있을 수도 있으므로 폭탄처리반을 파견해야 한다.

❷ **지원을 받기 위해 어떤 조직과 접촉할 것인가?** 무엇보다 중요하고 우선시되어야 할 일은 시장이나 행정관리관과 접촉해 현재의 상황에 대해 알리는 것이다. 경찰서장은 소방서장, (가스, 전기, 수도관에도 경비가 필요한 만일의 경우에 대비해) 공공시설 책임자 그리고 병원 책임자 같은 시의 다른 조직과도 협조해야 한다. 그뿐만 아니라 폭발이 테러 공격이나 범죄행위로 인한 것일 경우, 연방정부와 주정부의 사법기관과도 접촉해 힘을 합쳐야 한다.

2) 재난의 2단계

폭발로 인해 여러 곳에서 화재가 발생했고, 복도와 계단이 연기로 가득

차기 시작한다(FBI, 2008). 하루 10만 명이 이 상업용 건물에서 일하거나 이곳을 방문하기 때문에 이 건물과 바로 옆의 다른 건물을 이용하는 교통량은 실로 어마어마하다(BBC, 1993).

❶ **실행계획은 무엇인가?** 이 시점에서는 폭발의 원인에 대한 아무 정보도 없으므로 그 건물과 주변 지역에서 시민을 즉시 대피시켜야 한다. 경찰서장은 자원을 효율적이고 효과적으로 사용할 수 있도록 소방서와 협조해야 한다.

❷ **통신계획은 무엇인가?** 경찰서장은 그 건물에서 시민을 대피시키고 있는 현 상황을 시의 담당자에게 지속적으로 알려야 한다.

3) 재난의 3단계

이번 폭발 사건은 차량 폭발로 인한 것이며, 이로 인해 깊이 30m에 이르는 구덩이가 파이고 6명이 목숨을 잃었으며 1,000명 이상이 부상을 당했다(FBI, 2008).

❶ **이 시점에서 당신의 부서는 무엇에 역점을 두어야 하는가?** 일단 그 건물과 주변 지역에서 시민을 대피시키고 난 후 모든 폭발물을 제거하는 것에 역점을 둬서 주변 지역 어느 곳에도 폭발물이 존재하지 않게 해야 한다. 그다음으로 경찰서는 현장을 보존하고 정보를 수집하며 차량 폭파에 책임이 있는 사람들을 체포해야 한다.

❷ **어떤 지원이 필요할 것이라고 생각하는가?** 경찰서장은 폭파를 저지른 범인을 체포하기 위해 주정부와 연방정부의 사법기관과 협조해야 한다.

❸ **다른 기관들과의 통신 및 협조 계획은 무엇인가?** 경찰서장은 테러범을 체포할지 모르는 다른 사법기관에 단서를 제공해야 한다.

❹ **시민과의 통신계획은 무엇인가?** 경찰서장은 폭발 사건에 대한 기본적인 정보를 시민에게 제공해야 하며, 현재 수사가 진행 중이라는 사실을 알려 시민을 안심시켜야 한다. 그뿐만 아니라 추후 비슷한 유형의 공격을 예방하기 위해 사건을 수사하고 있으며, 필요한 조치를 취할 것이라는 사실도 시민에게 알려야 한다.

4) 주요 문제점

세계무역센터는 테러범들이 좋아하는 목표물이 되었다. 이 폭발 사건은 2001년 9월 11일에 발생한, 세계무역센터에 대한 훨씬 더 치명적인 공격으로 이어졌다. 첫 번째 공격은 초대형 규모의 건물에 차량 폭파가 초래하는 위험과 대규모 건물에는 더 나은 대피계획과 절차가 필요하다는 사실을 재난관리자들에게 일깨워주는 역할을 했다. 주차장과 건물 주변에 엄청난 차량이 몰리는 거대한 건물을 보호하는 것은 쉬운 일이 아니다. 세계무역센터의 주차장에 폭발물을 가득 실은 차량이 들어올 수 있다는 사실은 건물 보안에 커다란 결함이 있음을 환기시켜주었다. (1995년 오클라호마시티 알프레드 머레이 연방청사 폭파 사건에서와 같이) 임대 트럭 같은 정체불명의 차량은 중간 규모의 건물을 완전히 파괴할 수 있을 만큼의 폭발물을 실을 수 있다.

5) 기억해야 할 사항

세계무역센터 폭파 사건으로 두 테러 조직이 체포되어 유죄 판결을 받았다(FBI, 2008).

5. 1995년 오클라호마시티 폭탄 테러

1) 재난의 1단계

당신은 재난관리 업무를 담당하는 연방기관의 책임자다. 4월 19일, 당신의 기관이 알프레드 머레이 연방정부청사Alfred P. Murrah Federal Building 현장으로 파견된다. 폭탄을 실은 트럭이 청사 앞에서 폭발해 엄청난 사상자와 피해를 낳았다(Michel and Herbeck, 2001). 당신의 기관에서 수색 및 구조 업무를 맡았다.

❶ **실행계획은 무엇인가?** 현재 동원 가능한 인력이 피해자가 잔해 밑에 깔려 있는 건물에서 수색 및 구조 작업을 수행하는 데 필요한 역량을 갖추고 있는지 판단해야 한다. 일단 판단을 내리면, 적절한 운송수단을 마련해 장비가 구비된 인력을 신속하게 사건현장으로 파견해야 한다.

❷ **이 시점에서 필요한 자원은 무엇인가?** 매우 무거운 건물 잔해가 많으므로 굴착 및 발굴 장비가 필요하며, 피해자의 위치를 알아내기 위해 훈련된 개와 조련사도 있어야 한다. 지표 투과 전파탐지기나 음파 탐지 장비와 같이, 엄청난 잔해 밑에 깔려 있는 사람들을 찾아내는 데 필요한 장비도 현장으로 배치해야 한다. 긴급구조대원은 평소에 사용하던 장비에 더해 헬멧, 발가락 부분이 강철로 보강된 안전화 및 장갑을 갖춰야 한다. 그뿐만 아니라 다량의 식수를 준비해 구조대원들이 탈수되지 않게 해야 한다.

❸ **수색 및 구조 작업을 위해 어떤 부서 및 기관과 협조해야 하는가?** 지역의 소방서 및 경찰서와 협조해야 한다. 그뿐만 아니라 긴급구조대원에게 필요한 장비 및 물품을 지원할 수 있는 단체가 있는

지도 알아봐야 한다.

2) 재난의 2단계

현장에 도착하니 눈길 닿는 거의 모든 곳에 시신과 부상자가 널려 있으며, 잔해와 파편이 사방에 가득하다. 잔해 밑에 더 많은 사람들이 있을 것이며, 이 중 일부는 아직 살아있을 것이다. 건물 잔해를 조심스럽게 제거하고 음파탐지기를 이용해 생존자를 찾아내면서 사망자와 부상자 수가 늘어나기 시작한다.

❶ **의료인력과 자원을 돕기 위해 무엇을 할 것인가?** 응급 차량이 신속하게 오갈 수 있도록 길을 깨끗이 치워놓아야 한다. 그뿐만 아니라 피해자를 구조하는 대로 부상자를 분류해서 의료진이 병원으로 먼저 이송해야 할 사람에게 우선권을 부여할 수 있게 해야 한다.

❷ **재난 발생으로 어떤 자원을 요청해야 하는가?** 작업이 계속되면서 필요하게 될 긴급구조대원을 위한 식량, 물 그리고 얼음을 요청해야 한다. 그뿐만 아니라 처음 작업에 투입된 긴급구조대원이 지치고 힘들어지기 시작하므로 더 많은 긴급구조대원이 필요할 것이다. 만일 긴급구조대원의 수가 한정되어 있으면, 이들을 교대로 일하게 해야 한다. 밤에도 작업이 계속될 수 있으므로 조명기기와 발전기도 요청해야 한다.

3) 재난의 3단계

당신의 기관에서 사지가 절단된 사람, 출혈이 많은 사람, 심각한 화상을 입은 사람, 그리고 신체가 뒤틀린 사람 등 많은 생존자들을 발굴하고 있다(Michel and Herbeck, 2001). 건물 내부에서뿐 아니라 건물 주변에서도 피해자들이 속출하고 있다. 머레이 청사 주변에 있는 16채의 건물도 폭발로 피해를 입었다(Michel and Herbeck, 2001).

❶ **실행계획은 무엇인가?** 첫 번째 건물에 대한 철저한 수색이 끝났다면, 주변 건물에도 부상자가 있는지 확인해야 한다. 이 작업도 완료하면 시신 수습을 시작해야 하며, 더 많은 중장비를 들여와 수십 톤의 잔해 밑에 깔린 사람의 유해를 찾을 수 있도록 건물 주변 길을 깨끗이 치워야 한다.

❷ **효율적이고 안전하게 일했는지 어떻게 확인할 것인가?** 재난관리자는 수색 및 구조 팀이 수색 및 구조 작업을 일정한 시간 동안만 하도록 매우 단호하게 처신해야 한다. 그뿐만 아니라 의사를 현장으로 배치해 직원들이 입은 부상을 치료해주어야 한다.

4) 주요 문제점

세계무역센터 사건에서처럼 이 사건에서도 폭발물을 실은 트럭을 이용해 건물을 공격했다. 이러한 경우에는 실질적으로 그 건물만 파괴되는 게 아니라 주변 건물들도 함께 피해를 입는다. 이러한 공격은 예방하기 어려운데, 이는 트럭이 사실상 통제 가능한 주차장이 아니라 건물 밖의 거리에 있었기 때문이다. 테러집단이나 과격분자들이 공격 목표로 선호할 만한 정부청사는 인구밀집지역에서 멀리 떨어진 곳에 지어야 하며, 청사에 드나드는 사람을 통제해야 한다.

5) 기억해야 할 사항

오클라호마시티의 알프레드 머레이 연방청사 폭발로 168명이 목숨을 잃고 509명이 부상을 당했다(Michel and Herbeck, 2001). 이 사건이 발생한 후에 오클라호마 국립추모박물관Oklahoma National Memorial and Museum이 건립되었다. 이 박물관에는 폭발로 목숨을 잃은 모든 희생자를 위한 빈 의자가 놓여 있다(Oklahoma National Memorial and Museum, 2011).

6. 1996년 애틀랜타 올림픽 100주년 기념공원 폭탄 테러

1) 재난의 1단계

당신은 대도시에서 개최되는 국제 스포츠 행사의 보안과 안전을 책임지고 있다. 공원과 경기장 등 여러 곳에서 행사가 진행된다. 테러의 위협이 존재하는 상황에서 기념 공연과 스포츠 행사에 참여하는 수천 명의 안전과 보안을 지키는 것은 매우 어려운 일이다.

❶ **스포츠 행사의 안전과 보안을 확보하기 위한 계획은 무엇인가?** 일부 장소와 시설 그리고 건물에는 분명히 다른 곳보다 더 많은 안전 조치가 필요할 것이다. 1972년 뮌헨 올림픽 당시 이스라엘 선수들이 숙소에서 테러범들에게 인질로 잡힌 일이 있으므로 선수촌에는 올림픽에 참가하는 모든 선수에게 적절한 보호조치를 제공하는 좀 더 특별하고도 추가적인 보안시설이 필요할 것이다. 경기장 같은 다른 장소에서는 무기를 반입할 수 없도록 입구에서 관객에 대한 검사를 실시해야 할 것이다. 야외 경기장은 보안조치를 하기가 훨씬 더 어려우므로 특정 장소의 경비에 도움이 되는 기술을 동원해야 할 것이다.

❷ **행사를 안전하게 치르기 위해 어떤 자원이 필요한가?** 경기장과 야외

시설에 가능한 한 많은 경찰과 안전요원을 배치해 치밀하고 충분한 보안조치를 해야 한다. 야외 경기장에 감시카메라를 설치하면 보안조치를 강화할 수 있다. 폭발물 탐지를 위한 탐지견과 조련사도 필요할 것이다. 지역 경찰서의 유해물질 대응팀과 폭탄처리반뿐 아니라, 그 지역의 경찰특공대SWAT도 대기해야 한다. 입장 제한 시설에는 전자카드 판독기와 감시카메라를 설치해 침입자가 접근할 가능성을 줄여야 한다. 막대한 사상자와 재산피해를 낼 수 있는 차량 폭탄에 취약한 장소에는 앞쪽에 장벽도 설치해야 한다.

❸ **다른 기관과의 협조계획은 무엇인가?** 지역정부와 주정부 및 연방정부의 사법기관과 재난대응 팀을 활용하는 내용도 계획에 포함되어야 한다. 서로 다른 여러 기관을 조율할 연락 담당자도 지정해야 한다. 그뿐만 아니라 부서 간 협력해야 하는 상황에 대비해 똑같은 통신 장비와 절차를 사용하려는 노력도 필요하다.

2) 재난의 2단계

7월 26일, 100주년 올림픽 공원The Centennial Olympic Park에서 공연이 열리며, 밤 시간에 이뤄지는 이 공연에 수천 명의 관객이 모일 예정이다. 오전 12시 30분, 한 안전요원이 주인 없는 녹색 배낭을 발견해 행사장에 있던 경찰관에게 알린다(Noe, 2008).

❶ **실행계획은 무엇인가?** 공원 측은 관객을 질서정연하게 대피시켜야 한다. 일단 관객이 모두 대피하고 나면, 지역 경찰서의 폭탄처리반을 즉시 파견해 공원의 안전을 확보해야 한다.

❷ **통신계획은 무엇인가?** 폭탄처리반에 연락해 수상해 보이는 배낭

에 대응하도록 하고, 지역 보안부서에도 지역 경찰서와 협력해 시설의 안전을 확보하고 수상한 사람을 찾으라는 지시를 내려야 한다.

❸ **이 시점에서 어떤 자원을 동원해야 하는가?** 수상한 물체가 또 있을 수 있으므로 폭발물 탐지견 팀을 동원할 수 있다면 이들을 배치해 다른 곳에서도 폭발물 탐지작업을 벌여야 한다. 보안부서는 공원 장면이 촬영된 보안 카메라를 검토해 배낭을 놓고 간 사람이 누구인지 밝혀야 한다.

3) 재난의 3단계

경찰이 그 지역에서 즉시 시민을 대피시켰고, 수상해 보이는 배낭을 처리할 폭탄처리반이 배치되었다. 30분 후에 공원에서 폭탄이 터질 것이라는, 신원을 알 수 없는 사람의 외침이 들린다. 그뿐만 아니라 술에 취해 대피시키기 어려운 사람들도 있다(Noe, 2008).

❶ **실행계획은 무엇인가?** 술에 취한 사람들이 꽤 있으므로 모든 사람들을 신속하게 대피시키기 위해서는 더 많은 인력을 투입해야 한다. 누군가 폭탄이 어느 시각에 터질 것이라고 외쳤다고 해서 그보다 더 일찍 터지지 않는다는 보장도 없다. 예방조치의 일환으로 의료팀도 배치해야 한다.

❷ **통신계획은 무엇인가?** 인근의 사법기관과 지속적으로 접촉하며 상황이 전개되는 바를 알려야 한다. 지역의 공무원들에게도 발생 가능한 문제를 통지해야 한다.

4) 재난의 4단계

오전 1시 20분, 폭탄이 터지면서 금속 파편이 사방으로 튄다. 이 폭발로 111명 이상이 부상을 입고, 2명이 사망했다(사망자 중 한 사람은 폭발을 피해 달아나다가 심장마비로 죽었다)[Noe, 2008].

❶ **의료 수요에 어떻게 대처할 것인가?** 많은 부상이 파편으로 인해 베이거나 구멍 난 상처이므로 보안 및 경찰 인력이 가능한 한 많은 사람들에게 응급처치를 해주어야 한다. 부상자도 분류해서 의료진이 의료조치가 절실히 필요한 환자에 집중할 수 있게 해주어야 한다.

❷ **나머지 관객을 어떻게 안전하게 대피시킬 것인가?** 보안 및 경찰 인력이 공원을 살펴보며 부상당한 사람을 모두 찾아내 치료하고, 부상자가 아닌 사람은 공원 밖으로 인솔해나가야 한다.

❸ **다른 폭발물이 없는지 어떻게 확신할 것인가?** 폭탄처리반이 도착하면 다른 폭발물이 없는지 그 지역을 샅샅이 조사해야 한다. 만일 폭발물 탐지견을 동원할 수 있다면, 이들을 공원지역에 배치해 남아 있는 폭발물이 없는지 확인해야 한다.

5) 주요 문제점

수많은 사람들이 공원으로 다양한 파괴 도구를 갖고 들어올 수 있으므로 야외 공간을 통제하는 것은 쉽지 않다. 앞서 언급했듯이, 대규모 행사가 벌어지기 전에 그 지역을 통제하기 위한 추가적인 안전 및 보안 조치를 취해야 한다. 사람들이 입장할 때 많은 경기장에서 가방을 검사하고 금속탐지기를 사용한다. 특별한 경우에는 전 지역에 울타리를 두르고 보안검색대를 설치해 공원으로 드나드는 출입구를 통제해야 한다. (테러범이나 범죄행위의 매력적인 표적이 되기 쉬운) 세간의 이목이 집중되거나 많은 사람이 입장하는 행사에는 이동용 울타리나 임시 검색대를 설치해야 한다.

6) 기억해야 할 사항

애틀랜틱 올림픽 경기장Atlantic Olympic Games 폭발 사고는 이 행사의 전반적인 이미지를 실추시켰다. 범인은 이로부터 몇 년이 지난 뒤에도 체포되지 않았다. 올림픽 100주년 기념공원 폭파 사건은 에릭 루돌프Eric Rudolf가 저질렀으며, 그는 체포되어 유죄 판결을 받고 가석방 없는 종신형을 선고받았다(Noe, 2008).

제10장

사례연구: 테러와 범죄행위로 인한 재난 — 기타 테러 사건

1. 1984년 오리건 주 라즈니쉬 사이비 종교집단의 살모넬라 공격

1) 재난의 1단계

당신은 주州 사법기관의 책임자다. 9월, 북서부에서 살모넬라가 발생해 30명이 감염되었다는 보고가 들어온다(Ayers, 2006).

❶ **실행계획은 무엇인가?** 즉시 질병관리본부Centers for Disease Control (CDC)에 연락해 이 상황을 조사하도록 해야 한다. 지역의 보건 조사관과 접촉해 살모넬라 발병의 원인이 밝혀질 때까지 관련 업체를 조사해달라고 요청하고, 그때까지 그 업체를 임시로 폐쇄하는 것 외에 사법기관에서 할 수 있는 일은 거의 없다.

❷ **어떤 자원이 필요한가?** 살모넬라 발병과 관련된 식당을 철저히 조사할 식품 및 보건 조사관을 증원해야 한다. 살모넬라가 더 많은 사람들에게 전염될 경우에 대비해 의료자원도 확보해두어야 한다.

❸ **통신계획은 무엇인가?** 문제의 원인을 파악하고 이러한 문제가 다른 지역에서도 발생하고 있는지 확인하기 위해 연방정부와 주정부 그리고 지역의 다른 기관과 지속적으로 접촉하는 것이 중요하다. 어디서 이 같은 증상이 발병할지, 그리고 이 주에서 살모넬라의 또 다른 발병을 억제하려면 얼마나 많은 자원이 필요할지 아무도 예측할 수 없는 상황이므로 의료계와 지속적으로 접촉해야 한다.

2) 재난의 2단계

조사 결과, 누군가 식당 일곱 곳에 의도적으로 살모넬라를 감염시킨 정황이 드러났다. 9월 말, 또 다른 곳에서 살모넬라가 발생했고, 이번에는 서로 다른 10여 곳의 식당에서 거의 1,000명에 이르는 사람들이 감염되었다. 그뿐만 아니라 지역의 의료 담당자는 새롭게 발생한 엄청난 수의 환자가 의료시설로 밀려들어 의료자원이 바닥날 것을 우려하고 있다(Ayers, 2006).

❶ **실행계획은 무엇인가?** 지역의 사법기관과 협력해 범인이 식당에 살모넬라를 퍼뜨린 방법을 조사해서 이러한 테러행위의 배후가 누구인지 밝혀내야 한다. 또한 감염의 배후에 어떤 동기가 있는지 알아내는 것도 중요한데, 이는 사법기관에서 감염을 일으킨 범인들을 잡는 데 도움이 될 것이다. 그뿐만 아니라 이 생물 독소에 감염된 사람들을 위해 더 많은 의료자원을 확보하고 의사를 동원해야 한다.

❷ **의료 담당 공무원, 정치인, 그리고 다른 사법기관과는 어떻게 협조할 것인가?** 더 많은 자원이 필요하다는 것을 입증할 증거를 확보하

기 위해 그동안 발생한 일에 대한 당신의 의견을 뒷받침해줄 자료와 당신이 취한 조치를 기록한 문서를 수집해야 한다. 적절한 문서를 구비하면 자원을 얻을 가능성이 훨씬 커지며, 이는 정치인과 다른 재난관리자로 하여금 살모넬라 발병을 억제하기 위한 당신의 노력에 필요한 자원을 제공하는 것을 정당화시켜줄 것이다.

3) 재난의 3단계

질병관리본부와 지역의 보건 담당 공무원이 현재 살모넬라 발병의 원인을 찾기 위해 당신의 기관과 함께 일하고 있다. 조사관은 여러 식당의 샐러드 바가 살모넬라에 오염되었음을 밝혀낸다. 또한 지역의 어느 사이비 종교단체가 이러한 오염의 배후라는 의심이 든다는 카운티 공무원의 보고도 들어온다. 카운티 공무원 두 명이 전에 그 종교집단 건물을 방문한 뒤에 병이 났는데, 살모넬라 감염 피해자들과 비슷한 증상을 보였다는 것이다(Ayers, 2006).

❶ **실행계획은 무엇인가?** 영장을 발부받아 생물 독소나 생물 독소를 제조하는 데 사용되는 실험 기구가 있는지 그 종교집단의 건물을 수색해야 한다. 이러한 것이 발견되면, 생물 독소를 사용해 시민을 감염시킨 사건과 관련 가능성이 조금이라도 있는 사람을 모두 체포해야 한다. 체포가 이뤄진 뒤에는 수사팀을 파견해 검찰에 제출할 증거를 수집해야 한다.

❷ **또 다른 발병으로부터 시민을 보호하려면 어떻게 해야 하는가?** 생물학 테러를 저지를 가능성이 있는 종교집단의 구성원을 체포하는 것이 이 시점에서 효과적이고도 유일한 해결책이다. 만일 생물 독소가 발견되면, 사법기관이 이러한 물질을 압수하고 종교집단

의 구성원에게 생물 독소를 비축해둔 곳을 자백받아야 한다. 불행하게도 저차원적인 기술로 은밀하게 이뤄지는 생물 독소 공격으로부터 시민을 보호할 방법은 거의 없다. 사법기관에서 희망하는 최선의 방법은 주민이 수상한 행동을 신고해 이들을 체포하는 것이다. 그렇지 않으면, 사법기관은 실제로 공격이 발생할 때까지 보통은 아무런 조치도 취할 수 없는 경우가 많다.

4) 주요 문제점

생물 독소 공격은 많은 인구를 순식간에 무력화시킬 수 있으며, 이는 의료자원 및 긴급구조대원의 역량을 압도하는 결과로 나타날 수 있다. 살모넬라는 (천연두나 에볼라 바이러스 같은) 다른 생물 독소만큼 치명적이지는 않지만, 사람들을 매우 아프게 할 수 있다. 재난관리자는 이 분야에 전문 지식을 갖춘 다른 기관과 접촉해 감염을 막는 데 필요한 지원을 가능한 한 빨리 요청해야 한다.

라즈니쉬 사이비 종교집단의 살모넬라 공격은 선거 기간에 비라즈니쉬 종교집단을 무력화함으로써 지역 선거에 영향을 미칠 목적으로 이뤄졌다(Ayers, 2006). 이것은 최초의 생물학 공격으로, 그토록 짧은 기간에 그토록 많은 사람이 감염된 이유를 알게 되었다. 그러한 공격을 성공적으로 차단하려면, 사람들이 감염된 공통 경로(생물학 공격의 무기 전달 경로)를 밝혀내 생물 독소 확산을 차단할 방법을 찾아야 한다.

5) 기억해야 할 사항

사이비 종교집단에 수색 영장이 발부되었고, 그곳에서는 생물학 테러를 목적으로 살모넬라 종뿐 아니라 다른 치명적인 생물 독소들이 실제로 배양되고 있었다(Ayers, 2006).

2. 1995년 도쿄 옴 진리교의 지하철 공격

1) 재난의 1단계

당신은 일본 대도시의 대중교통 당국에서 공공안전을 담당하는 책임자다. 도쿄의 지하철 시스템은 매우 거대하며, 매일 500만 명의 시민이 이용한다(Bellamy, 2008). 규모가 이토록 크다 보니 안전과 보안 측면에서 관심을 기울여야 할 곳이 여러 군데 있다. 그뿐만 아니라 이 같은 대규모 지하철이 운영되는 이 도시는 지진이 발생할 가능성이 있는 것으로도 잘 알려져 있다.

❶ **재난이 발생할 경우 사상자를 줄이거나 예방하기 위한 계획은 무엇인가?** 자연재난이나 기타 재난이 발생할 경우에 대비해 효율적인 대피계획을 세워야 한다. 또한 긴급구조대원이 시민과 통신하며 대피를 통보하고 지시할 수 있도록 효율적인 통신 시스템도 갖춰야 한다. 그뿐만 아니라 지하철과 역에 응급처치용 의료품도 비치해야 한다.

❷ **지하철의 인프라를 보호하기 위한 계획은 어떻게 세워야 하는가?** 가능하다면 주요 지점에 감시카메라를 설치하고, 지하철 역 내부의 주요 지점에 안전요원을 배치하며, 이들이 지하철 내부를 순찰하도록 해야 한다. 가능하다면, 지하철 이용 승객의 가방과 소지품을 조사하는 검색대도 설치해야 한다.

❸ **서로 다른 세 가지 유형의 재난에 대비하기 위해 어떤 기관과 협약을 맺어야 하는가?** 공공안전부서의 책임자는 지하철역이 위치한 지역의 공무원들과 협약을 맺어야 한다. 이러한 협약을 맺으면, 재난관리자가 파견한 긴급구조대원이 대중교통 안전 담당자와 더

협조적으로 일할 수 있으며, 해당 지역의 의료시설과 인력도 활용할 수 있다. 그뿐만 아니라 공공안전부서의 책임자는 이들이 적절한 자원을 활용해 유해물질로 인한 사고나 폭발에 잘 대처하도록 할 수 있다.

2) 재난의 2단계

3월 20일 오전 7~8시, (매우 불안해 보이는) 수상한 사람 여러 명이 배낭을 메고 지하철의 여러 경로를 거쳐 가스미가세키 역으로 모여들고 있다는 안전요원의 제보가 들어온다. 가스미가세키 역은 대규모 교통 요충지일 뿐 아니라, 오전 8시는 역에 통근자들이 밀려드는 교통 혼잡 시간이다(Bellamy, 2008).

❶ **실행계획은 무엇인가?** 대중교통 안전요원으로 하여금 배낭을 멘 사람들을 막아서서 이들이 그토록 불안해하는 이유가 무엇인지, 최종 목적지가 어디인지, 그리고 무엇을 운반하고 있는지 조사하도록 해야 한다. 감시카메라의 녹화분이 있으면, 안전요원이 화면을 다시 살펴보며 그 지역에서 추가적인 위협이 벌어지고 있는지 판단해야 한다.

❷ **통신계획은 무엇인가?** 안전요원은 이 문제에 대해 서로 의견을 주고받으며, 문제를 일으킬 가능성이 있는 사람이 한 명뿐인지, 한 목표물(또는 여러 개의 목표물)을 위해 여러 명이 모이는 것인지, 아니면 수상하게 행동하는 개인들이 우연히 여러 명 발견된 것인지를 판단해야 한다. 만일 무언가 잠재적인 위협이 발견되면, 위험지역에 있는 모든 승객에게 알려 대피계획을 실행해야 한다.

❸ **이 시점에서 어떤 자원을 신속하게 동원해야 하는가?** 문제가 발견되

면, 유해물질 전담인력, 폭탄처리반, 그리고 의료인력 모두가 재난에 대응하기 위한 경계 태세에 들어가야 한다. 다른 지역의 지하철역 내부와 인근에서 보안 및 안전에 위협을 가할 가능성이 있는 사람들을 수색할 추가 보안인력도 필요할 것이다.

3) 재난의 3단계

수상한 사람들이 배낭을 내려놓고, 우산의 날카로운 끝 부분으로 배낭을 찌른 후 성급히 지하철을 떠나는 광경이 목격된다(Bellamy, 2008).

❶ **실행계획은 무엇인가?** 대피계획이 마련되어 있다면, 즉시 실행해야 한다. 또한 의료진과 유해물질 대응 팀을 즉시 소집해야 한다. 가장 우선적으로 해야 할 일은 그 지역에서 시민을 대피시키는 것이다.

❷ **통신계획은 무엇인가?** 역에 있는 승객들에게 가장 가까운 출구로 나가 침착하게 있으라고 알려야 한다. 공공안전부서의 책임자는 안전요원은 물론, 재난에 대응하는 다른 팀들과 긴밀한 연락을 유지해야 한다. 그뿐만 아니라 지역의 대표와 지역정부의 담당자에게 진행 상황을 지속적으로 알려야 한다.

4) 재난의 4단계

지하철 차량과 역이 사람들로 꽉 찬 상태에서 여러 개의 배낭에서 독가스가 퍼져 나오기 시작하고, 승객이 기침과 구토를 하는 광경이 목격된다. 공포에 사로잡힌 출근 승객이 쓰러지거나 출구를 향해 달린다. 의료인력, 경찰 및 군 인력이 현장에 도착하지만, 이 시점에서 현장에 도착한 인력이 어떻게 대처해야 하는지에 대한 정확한 지시는 내려지지 않는다(Bellamy, 2008).

❶ **이 시점에서 지하철 승객의 안전을 위해 무엇을 할 것인가?** 공공안전 부서의 책임자는 방금 지하철 차량 내부에 화학 무기가 발포되었다는 판단을 내린다. 승객과 다른 시민을 보호하기 위해 지하철역과 차량으로부터 개방된 야외로 신속한 대피가 이뤄져야 한다. 유해물질 대응 팀을 지하철역과 차량으로 파견해 화학 무기에 대응하도록 해야 한다. 가능하다면 독성 물질의 표본을 채취해 실험실로 보내 분석을 의뢰해야 한다. 어떤 독성 물질이 사용됐는지 알아야 환자를 성공적으로 그리고 효과적으로 치료할 수 있다. 적어도 승객에게 사용된 화학물질이 공기로 전파되며 구토와 기침을 유발한다는 사실을 의료팀에게 알려야 한다.

❷ **현장에서 달아난 사람들을 어떻게 할 것인가?** 안전요원이 지하철 차량과 역 주변에 화학 무기를 남기고 달아난 것으로 목격된 사람들을 추적해 체포해야 한다.

❸ **이 시점에서 어떤 기관과 접촉해 지원을 요청할 것인가?** 지역 병원과 연락해 즉각적인 의료조치가 필요한 환자들을 그곳으로 보내야 한다. 또한 경찰 및 정부기관들과도 접촉하고 연락해야 한다.

5) 재난의 5단계

이제 12명이 목숨을 잃고 5,500명 이상이 가스 공격으로 부상을 입었다. 배낭을 찌른 것으로 목격된 다섯 명은 흔적도 없이 사라졌다. 군부대 측에서 화학 공격에 사용된 물질은 사린가스라고 알려온다(Bellamy, 2008).

❶ **이 시점에서 필요한 자원은 무엇인가?** 사린가스로 피해를 입은 환자들을 치료할 의료인력과 의료자원이 필수적이다. 유해물질 전담팀이 화학물질이 남아 있는 지하철과 지하철역을 소독해야 하며, 독성 물질을 퍼뜨리는 데 실패한 다른 배낭이 있는지도 조사해야 한다. 수사관을 소집해 공격을 저지른 혐의자들을 추적하게 하고, 무엇보다 이들이 화학물질을 입수한 경로를 알아내야 한다.

❷ **통신계획은 무엇인가?** 이 공격으로 목숨을 잃은 피해자의 친척과 사린가스에 노출돼 치료를 받았거나 받고 있는 피해자의 가족에게 사실을 알려야 한다. 또한 유해물질 전담팀과도 접촉해 문제의 지하철을 시민에게 다시 개방하기 전에 지하철과 역에서 모든 화학물질을 제거하도록 해야 한다.

❸ **현장을 떠난 것으로 목격된 다섯 사람을 찾기 위한 계획은 무엇인가?** 이제 감시카메라에 녹화된 화면을 비롯한 모든 증거를 사법기관에 넘겨야 한다. 수사관은 이 사건에 대한 목격자 진술도 수집해야 한다.

❹ **대중교통수단이 테러 공격으로부터 안전하다는 사실을 어떻게 시민에게 확신시킬 것인가?** 공공안전부서의 책임자는 이 사건에 대한 공식 발표를 해서 공격을 저지른 테러범을 체포하기 위해 최선을 다하고 있다는 사실을 긍정적으로 인식시켜야 한다. 그뿐만 아니라 지하철에서 시민의 안전을 강화하기 위한 조치를 취할 것이라는 사실도 알려야 한다.

6) 주요 문제점

대형 교통 요충지에서 발생하는 대규모 화학 공격을 예방하기란 쉽지 않다. 주요 대중교통 시설에 화학물 탐지기를 배치해 공기로 전파되는 화학물질의 확산이 위험하다는 사실을 승객에게 경고하는 것은 가능하다. 그뿐만 아니라 재난관리자와 공무원들은 그러한 재난에 대비한 훈련을 실시해 실제로 사건이 발생했을 때 적절한 자원을 신속히 배치할 수 있어야 한다. 사린가스가 살포되어 수많은 사람이 부상을 입고 12명이 목숨을 잃었다. 이 공격은 대규모 교통 요충지가 저차원적인 기술로 개발한 변칙적인 무기를 동원한 공격에 얼마나 취약한지를 잘 보여준다.

7) 기억해야 할 사항

옴 진리교에 의한 도쿄 지하철 사린가스 공격으로 아사하라 쇼코麻原彰晃가 체포되었으며, 결국 사형을 선고받았다(Bellamy, 2008).

3. 2001년 미국 탄저균 공격

1) 재난의 1단계

당신은 미국 질병관리본부의 책임자다. 9월 19일, 하얀 가루가 든 우편물이 미국 우체국U. S. Postal Service을 통해 주요 언론사 다섯 곳에 배달되었다는 제보가 들어온다. 이 물질은 후에 무기화한 탄저균임이 밝혀진다(Raimondo, 2005).

❶ **탄저균의 출처를 밝히고 이 물질이 우편으로 배달되는 것을 막기 위해 어떤 기관과 협력할 것인가?** 미국 우체국과 긴밀히 협조해 이 우편물의 출처와 발신자를 확인해야 한다. 이 사건은 범죄행위가 분명하므로 FBI가 개입해 이 물질의 출처를 찾아내야 한다. 이

물질이 무기화된 탄저균으로 밝혀졌으므로 국방부도 개입해야 한다.

❷ **탄저균의 위협을 막기 위해 어떤 자원을 동원해야 하는가?** 탄저균의 가능한 출처를 조사하기 위한 단서가 많이 나올 것이므로 많은 수사관을 동원해야 한다. 그뿐만 아니라 검사를 위해 채취한 표본을 다룰 연구인력도 필요하다.

2) 재난의 2단계

다음 몇 주에 걸쳐 탄저균이 든 우편물이 계속 사람들에게 배달되고, 이로 인해 22명이 감염되고 5명이 목숨을 잃는다(Raimondo, 2005). 탄저균을 발견했다고 보고한 많은 사례가 거짓으로 밝혀진다. 현재 당신 부서의 자원은 완전히 바닥난 상태다.

❶ **실행계획은 무엇인가?** 입수된 여러 사례의 우선순위를 매겨 탄저균을 퍼뜨리고 있는 사람을 찾을 최선의 단서를 찾아내야 한다. 또한 탄저균에 감염된 사람들을 위해 병원과 의료센터에 탄저균 치료약을 공급하는 일도 반드시 필요하다.

❷ **통신계획은 무엇인가?** 연방정부의 다른 기관 그리고 주정부 및 지역정부와 지속적으로 접촉해야 한다. 재난관리자가 이 문제를 조사하고 있으며 탄저균과 싸우기 위한 의약품을 의료센터에 공급하고 있다는 사실을 알려 시민을 안심시키는 것도 중요하다.

3) 재난의 3단계

상원으로 더욱 정제된 형태의 탄저균이 든 우편물 두 개가 배달되고, 이로 인해 의사당 건물에서 사람들이 대피하고 건물을 소독하는 일이 벌어진다(Raimondo, 2005).

❶ **실행계획은 무엇인가?** 상원으로 배달된 탄저균 표본이 이전의 표본과 똑같은 특성을 지닌 것인지 확인해야 한다. 그뿐만 아니라 우체국과 협조해 우편물 안에 든 생물 독소를 감지할 수 있는 방법이나 장비가 있는지 알아봐야 한다.

❷ **통신계획은 무엇인가?** FBI, 국방부, 우체국 그리고 주정부 및 지역정부와 지속적으로 접촉해야 한다. 재난관리자는 수사의 최근 소식을 시민에게 지속적으로 알리고, 정부가 이 문제에 대해 전면적인 조사를 실시하고 있음을 알려 시민을 안심시켜야 한다.

4) 주요 문제점

이 연구사례에서 드러난 몇 가지 결함이 있다. 공무원들의 가장 큰 문제는 무기로 사용될 수 있는 탄저균을 취급하는 실험실에 대한 관리를 하지 않은 것이다. 어떻게 아무도 모르게 누군가 실험실에서 생물 독소를 빼낼 수 있으며, 이러한 행위의 재발을 막기 위해 어떤 통제가 이뤄져야 할 것인가? 적절한 통제가 이뤄지면 사람들이 그러한 통제에 충실히 따를 것인가? 이 연구사례는 필수적인 사회기반시설이 생물 독소를 이용한 공격에 얼마나 취약한지를 잘 보여준다. 범인은 우체국이라는 대중적인 우편배달 시스템을 이용해 미국 내의 광범위한 지역에 걸쳐 이례적인 무기를 사용한 공격을 시도한 것이다.

재난관리자는 적절한 통제를 해야 할 뿐 아니라, 사람들이 통제에 잘 따르도록 해야 한다. 무기화할 수 있는 위험한 품목에 대해서는 연구시설과 인력뿐 아니라 더 광범위하게는 시민을 보호하기 위한 통제가 필수다. (방사선이나 특정 유형의 화학물질과 달리) 생물 독소 같은 공격으로부터 우체국을 보호하기는 어려운데, 이는 감지하기 어렵기 때문이다. 따라서 생물 독소가 존재하는 한 시민이 감염될 가능성이 있으므로 그와 같은 사건에 대처할 의료자원을 확보해두는 것이 좋다.

탄저균 감염으로 여러 명이 목숨을 잃고 20명 이상이 감염되었다. 그뿐만 아니라 탄저균이 여러 차례 감지됨으로써 (우체국과 의사당 건물 등) 정부의 여러 건물이 폐쇄되었다. 탄저균 감염의 위협으로 해당 지역이 완전히 소독될 때까지 이들 정부시설에서 모든 업무가 중단되었다.

5) 기억해야 할 사항

탄저균 공격은 아메리스랙스Amerithrax로도 알려져 있으며, 이러한 범죄행위로 인해 기소된 사람은 아무도 없다(FBI, 2009). 용의자인 의사 브루스 아이빈스Bruce Ivins는 정식으로 기소되기 전에 자살했다(FBI, 2009).

4. 2001년 9.11사건

1) 재난의 1단계

당신은 테러 공격에 대한 대응을 책임지는 연방정부기관의 책임자다. 9월 11일 오전 8시 20분, 아메리칸 에어라인 11편American Airlines (AA) 11에서 적어도 두 명의 승무원이 칼에 찔리고, 화학물질로 인해 일등석 승객이 사망했다는 제보가 들어온다. 오전 8시 34분, 매사추세츠에 본부를 둔 오티스 공군은 AA 11편이 공중 납치되었을 가능성에 대비해 경계 태세에 들어간다. 북미우주방위사령부North American Aerospace Defense Command (NORAD)는 오전 8시 37분까지 공중 납치 가능성에 대비한 경계 태세에 들어가지 않는다(Ahlers, 2004). 오전 8시 46분, AA 11편이 승객과 연료를 실은 채 세계무역센터의 북쪽 타워에 충돌해 승객 전원이 목숨을 잃는다(BBC News, 2007b).

❶ **통신계획은 무엇인가?** 현재 이륙해 있는 모든 항공기의 소재를 확인해야 한다. 만일 응답이 없는 항공기가 있다면, 이 정보를 전투기가 대기해 있는 군 기지로 보내고 연방정부의 고위 관리에게도 즉시 통보해 테러범들이 한 대 이상의 항공기를 공중 납치할 가능성에 대비해야 한다.

❷ **이 시점에서 어떤 자원이 필요한가?** 현재 비행 중인 항공기에 통신 연결을 시도해야 한다. 그뿐만 아니라 테러범이 여객기를 탈취할 만약의 경우에 조치를 취할 권한이 자신에게 있는지 분명히 확인해야 한다.

❸ **어떤 기관과 통신하며 정보를 공유해야 하는가?** 국방부 및 연방항공청FAA은 물론, 백악관과도 접촉해 현재의 상황을 알려야 한다.

❹ **실행계획은 무엇인가?** 모든 항공기의 상태를 확인해야 한다. 현재 상황을 확인할 수 없다면, 그와 같은 상황에 대처할 권한이 자신에게 있는지 확인해야 한다. 만일 그러한 상황에 대처할 권한이 있다면, 연락이 두절된 항공기를 가로막을 전투기를 배치해야 한다. 상황이 해결되고 다음 통보가 있을 때까지 모든 항공기를 지상에 머물도록 해야 한다.

2) 재난의 2단계

F-15기 두 대가 AA 11편을 가로막기 위해 신속한 조치에 들어갔지만, 이 항공기는 이미 세계무역센터에 충돌한 뒤였다. F-15기는 AA 11편의 소재를 확인할 수 없어 뉴욕 상공을 선회 비행하고 있었다. 오전 8

시 50분 무렵, 유나이티드 에어라인 175United Airlines (UA) 175편이 항공 관제관과 통신이 두절됐고, 무선 응답기 코드가 변경되었다. 오전 8시 52분, 어느 승무원이 전화를 걸어 조종사 두 명이 살해되었으며, 승무원 한 명이 칼에 찔렸다고 보고한다. 그 승무원은 공중 납치범들이 항공기를 장악했다고 믿고 있다. 오전 8시 56분, AA 77편이 통신에 응답하지 않고, 비행기의 무선 응답기가 꺼져 있다(National Institute of Standards and Technology, 2005).

❶ **통신계획은 무엇인가?** 국방부는 물론 연방정부의 여러 기관과 연락해 현재 뉴욕 상공을 선회 비행하고 있는 전투기에 UA 175편과 AA 77편을 막아달라고 요청해야 한다.

❷ **실행계획은 무엇인가?** 재난관리자는 공중 납치된 것으로 의심되는 여객기에 조치를 취할 적절한 권한을 가져야 한다. 적어도 두 대의 항공기에서 승무원이 살해된 것으로 추정되는 상황이므로 전투기가 이 항공기들을 즉시 막아야 한다.

3) 재난의 3단계

오전 9시 2분, UA 175편이 세계무역센터 남쪽 타워에 충돌했고, 비행기에 타고 있던 전원이 목숨을 잃었다. 사람들은 세계무역센터 두 건물에서 비틀거리며 빠져나오고, 걷잡을 수 없이 타오르는 불길을 피해 창문 밖으로 뛰어내리는 사람들도 있다. 오전 9시 3분, FAA는 NORAD에 UA 175편이 공중 납치되었다는 사실을 알린다. 오전 9시 4분, 보스턴 항공교통관제센터Boston Air Route Traffic Control Center는 뉴잉글랜드와 뉴욕에서 모든 항공기의 이륙을 금지시킨다. 오전 9시 8분, FAA가 뉴욕 상공을 지나는 모든 항공기의 출발을 금지시키고, 뉴욕 상공으로 들어오는 비행기도 금지시킨다. 오전 9시 13분, F-15기는 맨해튼 상공에 머물라는 지시를 받는다. 오전 9시 24분, NORAD가 AA 77편과 UA 93편이 공중 납치되었다는 사실을 알린다(National Institute of Standards and Technology, 2005). 오전 9시 26분, FAA가 미국 내 모든 항공기의 비행을 금지시킨다. 오전 9시 28분, UA 93편이 공중 납치당한다. 오전 9시 34분, FAA가 첩보기관에 통지하고, AA 77편이 워싱턴 쪽으로 방향을 트는 순간 백악관이 대피에 들어간다. 오전 9시 37분, AA 77편이 펜타곤에 충돌해 건물의 한 구역 전체가 파괴되고, 펜타곤 안에 있던 군인 125명과 여객기의 승객 전원이 사망한다(National Commission on Terrorist Attacks upon United States, 2004).

❶ **통신계획은 무엇인가?** 아직 비행 중인 항공기와 연락해 공중 납치의 가능성이 있다는 사실을 승무원들에게 알려야 한다. 백악관에도 그동안 발생한 사건을 알리고, 테러범들이 UA 93편을 장악한 것으로 보인다는 사실을 통지해야 한다.

❷ **실행계획은 무엇인가?** 비행 중인 여객기를 가능한 한 많이 착륙시키기 위해 어떤 항공기가 인근 지역에 착륙할 수 있는지 알아내기 위한 모든 노력을 기울여야 한다. 이렇게 되면 재난관리자는 테러범의 위협을 받을 가능성이 있는 항공기에만 역점을 둘 수 있다. 아무런 반응도 없는 항공기에 대해서는 전투기를 출격시켜 이들을 가로막아 강제 착륙시키거나 아니면 격추시켜야 한다.

4) 재난의 4단계

오전 10시 무렵, UA 93편이 펜실베이니아에 추락하고, 같은 시각 세계무역센터의 남쪽 타워가 붕괴한다. 오전 10시 30분 무렵, 세계무역센터의 북쪽 타워가 붕괴한다. 사망자와 부상자 수는 파악되지 않았지만, 공격이 더 발생할 수도 있는 상황이다(BBC News, 2007b). 건물 잔해와 자갈 더미에 갇힌 사람도 많다(National Institute of Standards and Technology, 2005). 그뿐만 아니라 아직도 상당한 테러의 위협이 존재하는 상황이다.

❶ **실행계획은 무엇인가?** 이 시점에서 재난관리자는 얼마나 많은 항공기가 비행 중이며 잠재적인 위협의 가능성이 있는지 정확한 숫자를 파악해야 한다. 항공기가 승무원에 의해 정상적으로 운행되고 있는지 확인할 충분한 시간이 없고, 대부분의 외국 국적 항공기는 랜드 마크가 있는 대도시로 운항하므로 외국 국적의 항공기는 전투기의 호위를 받아야 한다.

❷ **통신계획은 무엇인가?** 항공기 운항을 관장하는 연방정부의 기관들에 이러한 상황을 알려야 한다. 재난관리자는 사건이 전개되는 상황을 국민에게 알리고, 추후 유사한 상황이 발생하지 않도록 예방하기 위한 조사가 진행 중이라는 사실을 알려 국민을 안심시켜야 한다.

5) 주요 문제점

부분적으로는 외국 국적의 학생들에게 발급하는 학생 비자 관리가 제대로 되지 않아 학생 테러범 여러 명이 비자 만기일을 넘겨 미국에 머물 수 있었다. 정부가 이들을 잘 관리했으면 이러한 사건을 방지할 수 있었을 것인지 아닌지의 문제는 논란의 여지가 있다. 논란의 여지가 없는 것은 적은 수의 사람이 (상자 커터 칼 같은) 다양한 무기를 활용해 여객기 4대를 납치할 수 있었다는 사실이다. 이러한 임시변통의 무기를 감지하는 데 실패한 것은 항공기 보안 검색의 분명한 결함이며, 이러한 무기들은 민간 여객기에 탑승한 사람들에게 항공기 4대를 장악할 수단이 되어주었다.

테러범이 비행기를 테러 무기로 사용한다는 것은 공무원들에게 새로운 개념이었다. 이전의 공중 납치에서처럼 테러범이 승객을 인질로 활용하는 게 아니라, 매우 적은 비용으로 막대한 수의 사상자와 피해를 초래할 새로운 방법을 찾아낸 것이다. 이 새로운 접근 방법은 취약한 대중교통 시설이 장악되면 매우 강력한 대규모 무기가 될 수 있다는 사실을 잘 보여주고 있다.

6) 기억해야 할 사항

9.11 테러범들의 공중 납치와 자살 공격으로 (19명의 공중 납치범을 제외하고) 2,974명이 목숨을 잃었고, 24명이 실종되었으나 사망한 것으로 추정되며, 6,000명 이상이 부상을 입었다(Spektor, 2007). 2011년, 9.11 공격의 배후 인물인 오사마 빈 라덴이 한밤중에 급습한 미국 네이비실Navy Seals*에 의해 파키스탄에서 사살되었다(Goldman, 2011).

5. 2007년 JFK 국제공항의 테러 음모

1) 재난의 1단계

당신은 대도시 인근 공항의 공공안전부서를 맡고 있는 책임자다. 수상한 사람 서너 명이 공항 사진을 찍는 광경을 목격했다는 보안요원의 제보가 들어온다.

* 미 해군의 엘리트 특수 부대 — 옮긴이

❶ **공공안전에 어떤 문제가 있을 수 있는가?** 이 상황에서 추측할 수 있는 문제는 테러범의 침투나 공항 및 항공기 또는 승객을 공격하기 위해 공항을 정찰하고 있을 가능성이다.

❷ **이 시점에서 어떤 자원을 동원해야 하는가?** 이 시점에서는 지역의 보안 자산을 동원해 미지의 인물이 침투하는 것을 막기 위해 공항 주변을 검색해야 한다. 그뿐만 아니라 수상한 사람들이 사진을 찍은 지점에 보안요원을 추가 배치해야 한다.

❸ **어떤 기관과 접촉해 지원을 얻어야 하는가?** 국토안보부, FBI 같은 연방정부기관 및 잠재적인 테러범 색출을 도와줄 지역의 사법기관과도 접촉해야 한다.

2) 재난의 2단계

수상한 사람 중 한 명은 이 공항에서 전에 일했던 화물 노동자로 밝혀졌으며, 공항의 항공유 송유관 공격을 계획하기 위해 정보원과 접촉한 뒤 FBI에 체포되었다(BBC News, 2007a).

❶ **실행계획은 무엇인가?** 체포된 사람에 대한 조사를 진행하는 한편, 이 사람이 정기적으로 접촉한, 공항에 대한 잠재적 위협이 될 수 있는 동료 노동자나 직원에 대해서도 매우 신중하게 수사를 시작해야 한다. 그뿐만 아니라 이 지역이 공격에 취약할 가능성이 있으므로 공항의 기반시설에 추가적인 예방조치를 취해야 한다.

❷ **어떤 자원이 필요한가?** 공항을 공격으로부터 더 철저히 보호하기 위해 카메라 같은 감시 장비와 보안요원을 증원해야 한다. 더 철저한 보호를 위해 송유관 같은 공항 기반시설에 추가적인 안전 및 보안 조치를 취할 수 있는지 알아보기 위한 연구도 수행해야

한다.

❸ **정부기관 및 시민에 대한 통신계획은 무엇인가?** 사법기관에 모든 정보를 넘겨 공항을 공격할 음모를 세운 테러범들이 체포될 수 있게 하는 것이 가장 중요하다. 또한 적절한 모든 조치를 취해 테러범을 체포할 것이며, 공항이 테러범으로 인해 위험한 상황에 처하는 일은 결코 없을 것이라고 시민을 안심시켜야 한다.

3) 주요 문제점

JFK 공항에 대한 공격 예방은 연방정부의 재난관리자들이 정보 습득을 원활히 해 적절한 조치를 취하면 테러 공격을 예방하고 혐의자를 효율적으로 체포할 수 있다는 사실을 잘 보여준다. 재난관리자는 테러범들이 어떤 계획을 세우고 있는지 예측해 추가적인 안전 및 보안 조치로 취약한 목표물을 보강하면 추후 테러범의 시도를 막을 수 있다.

4) 기억해야 할 사항

JFK 국제공항 테러 음모는 계획 수립 단계를 넘지 못했고, 공격을 계획하던 테러범 서너 명은 체포되었다(BBC News, 2007).

제11장

사례연구: 테러와 범죄행위로 인한 재난 — 총격 사건과 폭동

1. 1966년 텍사스 대학교 오스틴 캠퍼스 찰스 휘트먼 총격 사건

1) 재난의 1단계

당신은 중간 규모의 도시에 있는 명성 있는 대학교의 총장이다. 이 대학에는 매우 많은 학생들이 재학하고 있으며, 거대한 캠퍼스에는 수많은 건물이 있다. 방금 대학 경찰이 죽은 사슴을 기숙사로 끌고 들어가 기숙사 샤워실에서 가죽을 벗긴 학생이 있다는 사실을 보고했다. 그 학생은 사냥을 가서 총을 쏴 사슴을 죽인 것이다(Lavergne, 1997). 알고 보니 그 학생은 학업 성취도 별로 좋지 못하다.

❶ **실행계획은 무엇인가?** 총장은 학생처장에게 이 학생의 성적 향상을 위해 노력해달라고 요청해야 한다. 또한 학생처장은 이 학생을 면담해서 교내에서 비정상적인 행동을 할 만큼 학교 밖에서 어떤 문제를 겪고 있는 것은 아닌지 알아봐야 한다. 학생처장이

무언가 이상한 점을 발견하면, 이 학생을 학생들의 건강을 담당하는 상담사에게 넘겨야 한다.

❷ **어떤 자원을 획득해야 하는가?** 대학 직원들은 이 사건으로 안전조치에 대한 점검이 필요하다는 사실을 인식해야 한다. 그뿐만 아니라 이 대학이 자치 시정부만 한 규모이므로 다양한 문제에 대처하려면 경찰부서에도 적절한 장비와 인력이 필요하다.

2) 재난의 2단계

대학 소속 정신과 의사와 상담한 한 학생이 "사람들에게 총을 쏘고 싶다"는 의미의 발언을 했다는 사실을 보고받는다. 이 학생은 전에 대학 경찰이 기숙사에 사슴 사체를 끌고 들어갔다고 보고한 학생과 동일인이다. 문제의 그 학생은 기계공학 전공으로 미국 해병대 장학금을 받았으나, 작년에 장학금 수여가 취소되었다는 사실이 밝혀진다(Lavergne, 1997). 당신은 직원들에게 그 학생에 대해 더 알아보라고 지시한다.

❶ **실행계획은 무엇인가?** 그 학생의 정신적 안정 상태가 의심스러우며, 이를 매우 심각하게 다뤄야 한다. 총장은 그 학생을 담당한 학생처장이 상황을 잘 인식하고 빠짐없이 챙기게 해야 한다. 또한 그 학생이 본인과 다른 학생들에게 위협이 될 가능성이 보이면, 학생처장에게 그 학생을 정학시킬 권한을 부여해야 한다. 그뿐만 아니라 이 학생이 의료적인 도움을 더 받을 수 있게 해주어야 한다.

❷ **통신계획은 무엇인가?** 총장은 이 문제를 경찰서장은 물론 학생처장과도 의논해야 한다. 개인적인 의료 문제에 대해서는 비밀을 지켜야 하므로 이 시점에서 다른 사람과 의논할 수 있는 여지는

매우 적다.

3) 재난의 3단계

수상한 사람이 녹색 재킷에 카키색 작업복과 진을 입고(Lavergne, 1997) 나무 트렁크가 실린 수레를 밀고 캠퍼스를 지나가는 것을 봤다는 여러 사람의 제보가 들어온다(Macleod, 2007b). 보안 경비는 배달을 왔다는 학생의 말을 듣고 (학생증으로 연구 조교임을 확인하고) 주차권을 내주었다는 사실을 기억하고 있다. 불행히도 이 학생이 어느 방향으로 갔는지는 아무도 기억하지 못한다(Macleod, 2007b).

❶ **실행계획은 무엇인가?** 대학 경찰에 수상한 사람을 즉시 찾으라는 지시를 내려야 한다. 그뿐만 아니라 총장은 경찰에게 그 사람이 타고 온 차를 찾아내 그 사람이 누구이며, 캠퍼스 어디로 갔는지 알아내도록 지시해야 한다.

❷ **통신계획은 무엇인가?** 총장은 경찰서장과 긴밀히 접촉하며 상황을 점검해야 한다. 그뿐만 아니라 상황이 종결되지 않고 지연되면, 여러 부서의 책임자들과 접촉해 그 지역에서 수상한 사람이 목격되었는지 확인해야 한다.

4) 재난의 4단계

한 직원이 대학 타워에서 엘리베이터를 타고 꼭대기 층으로 올라가려는 그 학생과 방금 마주쳤다. 그 학생의 뒤에는 나무 트렁크를 실은 수레가 있었다(Lavergne, 1997).

❶ **그 학생의 행동과 관련해 우려되는 점은 무엇인가?** 대학 타워에는

연구시설이 없으므로 그 학생은 (연구 조교로서) 나무 트렁크를 갖고 그 건물로 갈 아무런 이유가 없다.

❷ **실행계획은 무엇인가?** 총장은 대학 경찰과 접촉해 대학 타워로 즉시 경찰을 파견해야 한다. 만일 직원들이 대학 타워에 있으면, 그 건물 안에 수상한 사람이 있으니 주변에 가지 말고 조심하라는 사실을 알려야 한다.

5) 재난의 5단계

대학 타워 안쪽에서 여러 발의 총성이 크게 울린다. 저격범이 대학 타워에서 총을 쏘기 시작했으며, 학생 여러 명이 총에 맞았다는 경찰의 보고가 들어온다(Macleod, 2007c). 이제 캠퍼스는 공포 상태에 빠지고 학생들은 사방으로 달아나고 있다(Lavergne, 1997).

❶ **실행계획은 무엇인가?** 총장은 대학 경찰에게 그 지역에서 사람들을 즉시 대피시키라고 지시해야 한다. 부상당한 학생이 있으면, 경찰은 이들이 더 이상 해를 입지 않도록 가능한 한 빨리 대피시켜야 한다. 총장은 지역 경찰과 협조해 저격범을 체포하라고 경찰서장에게 지시해야 한다.

❷ **통신계획은 무엇인가?** 학생들에게 밖으로 나오지 말고 창문에서 멀리 떨어진 곳에 안전하게 머물라고 지시해야 한다. 건물 밖에 있는 학생들은 가까운 건물로 들어가 은신처를 찾도록 해야 한다. 총장은 경찰서장 및 시의 경찰부서와 끊임없이 접촉하며 상황을 예의주시해야 한다.

6) 재난의 6단계

이제 주州와 시市 소속 경찰, 그리고 카운티 소속 보안관들이 대학 캠퍼스에서 타워 건물을 향해 총을 쏘고 있다. 지역주민도 가세해 차량에 보관하고 있던 고성능 사냥총을 들고 나와 그 학생에게 총격을 가하고 있다(Macleod, 2007c). 경찰이 타워 꼭대기에 한 명의 저격범이 있다고 알려온다. 이제 부상당하거나 죽은 사람들이 캠퍼스 여기저기에 쓰러져 있는 혼란 상태다(Macleod, 2007c).

❶ **대학 총장으로서 이 시점에서 가장 먼저 해야 할 일은 무엇인가?** 가장 먼저 해야 할 일은 다른 누군가가 죽거나 부상당하는 것을 막기 위해 가능한 한 모든 조치를 취하는 것이다. 부상당한 사람은 최대한 빨리 병원으로 이송해야 한다.

❷ **어떤 자원을 획득해야 하는가?** 부상자를 위해 긴급구조대원을 보호하기 위한 방탄차를 지원받는 것이 좋다. 이러한 교통수단이 있으면, 긴급구조대원들이 부상자를 안전하게 병원으로 이송할 수 있다.

7) 재난의 7단계

부상자를 가까운 병원으로 이송하기 위해 방탄차와 구급차가 오고 있다(Lavergne, 1997). 비행기가 타워 상공을 선회하며 저격범이 총을 쏘도록 유도하고, 캠퍼스에 총을 쏘는 저격범의 신경을 분산시키고 있다(Zeman, 1999). 경찰 세 명이 타워 건물에 진입했고, 저격범의 총에 맞을까 두려워 사람들이 건물 아래쪽에 숨어 있다는 보고가 들어온다(Macleod, 2007c).

❶ **실행계획은 무엇인가?** 타워 아래쪽에 숨어 있던 사람들과 접촉을

시도해 저격범이 전망대 쪽에서 총을 쏘고 있으므로 그곳에 계속 머물러야 하며, 도움의 손길이 오고 있다는 사실을 알려야 한다. 일단 부상자를 병원으로 이송하고 모든 사람이 총격으로부터 안전한 건물 안으로 대피하고 나면, 대학 경찰은 다른 사법 경찰관들을 도와 저격범을 잡아야 한다.

❷ **통신계획은 무엇인가?** 총장은 시의 담당자뿐 아니라 사법 경찰관들과도 접촉해야 한다. 그뿐만 아니라 지역 병원 측에 부상당한 사람들이 이송될 가능성이 있다는 것을 알려야 한다.

8) 재난의 8단계

경찰이 타워 전망대에서 녹색 수건을 흔들며 저격범이 무장 해제되었음을 알린다(Lavergne, 1997). 경찰이 타워 건물 안 전망대 인근에서 세 사람이 사망한 채로 발견되었다는 사실을 알린다(Lavergne, 1997). 저격범의 총격으로 순식간에 13명이 목숨을 잃고 33명이 부상을 입었으며 이 중 두 명은 위독한 상태다(Court TV Online, 1999).

❶ **실행계획은 무엇인가?** 보안요원이 캠퍼스에 들어오는 사람들을 한 명 한 명 살피고 수상한 사람에 대응하는 방법에 대한 재평가가 이뤄져야 한다. 대학 타워의 경우 전망대에 누가 접근하는지에 대한 면밀한 감시가 이뤄져야 하며, 이 건물에는 추가 보안요원이 배치되어야 한다. 수상하거나 부적절한 행동을 하는 학생에 대한 감시도 강화해야 하며, 만일의 사태에 대비한 재난계획도 세워야 한다.

❷ **어떤 자원을 획득해야 하는가?** 대학 측은 재난 실행계획을 세워야 하며, 돌발 상황이 발생할 경우 대학에 (경찰특공대 같은) 치안 유지

인력을 제공할 다른 기관들과도 협약을 맺어야 한다. 그뿐만 아니라 시의 사법 경찰관과 대학 경찰이 합동 훈련을 실시해야 한다.

❸ **추후 이 같은 사건의 재발을 막기 위해 어떤 조치를 취해야 하는가?**

대학 타워에서 전망대로 올라가는 엘리베이터 입구에 금속탐지기를 설치해야 한다. 현대(2011년)에는 감시카메라, 카드 판독기, 현대적인 경보 시스템 같은 여러 전자 기기를 활용해 이런 사건이 발생할 가능성을 낮출 수 있다.

9) 주요 문제점

폭력적이고 정신적으로 이상이 있는 학생 등의 문제에 대처하는 것은 힘든 경우가 많다. 정신 건강에 문제가 있는 학생에게 개입해 어떤 조치를 취하기 전에 탈선 행동의 한계에 도달하는 경우가 많기 때문이다. 어떤 학생이 "사람들을 쏘고 싶다"고 말했다면, 재난관리자는 반드시 조치를 취해야 한다. 이 연구사례가 발생한 이후에 (정신적 장애를 지닌 외톨이가 저지른 버지니아 텍Virginia Tech 사건에서처럼) 다른 고등교육기관에서 발생한 총격 사건도 비슷한 양상을 보인다. 재난관리자는 사법 경찰관을 배치해 총기 없는 학교를 만들고, 저격범으로부터 인명을 보호하기 위한 예방조치를 취하도록 해야 한다. 따라서 무기를 갖고 학교 건물에 들어가는 것을 막기 위한 (보안 경비와 금속탐지기 같은) 적절한 안전조치를 취해야 한다. 불행히도 침입자가 사람들이 많은 곳이나 붐비는 지역에서 총격을 가하기 시작했다면, 그와 같은 사건이 발생하는 것을 막기 위해 재난관리자가 실질적으로 할 수 있는 일은 거의 없다.

모두에게 개방되어 있는 대규모 대학 캠퍼스에서 누가 합법적으로 캠퍼스에 들어올 수 있고 들어와서는 안 되는지를 결정하기란 쉽지 않다. 이 사례에서 저격범은 그 대학에 재학 중인 학생이었고, 이런 경우 그 학생이 캠퍼스에 들어오는 것을 막는 것은 불가능하다. 하지만 타워에 경비가 없고, 캠퍼스 보안요원이 무엇을 어디로 배달하려 하는지 묻지 않은 것은 보안의 커다란 공백이었고, 따라서 저격범이 아무런 제재도 받지 않고 캠퍼스로 무기를 옮길 수 있었다.

10) 기억해야 할 사항

타워에서 총을 난사하기 전에 그 학생이 아내와 어머니를 칼로 찔러 죽인 사실이 밝혀졌다(Macleod, 2007a). 타워 건물의 전망대는 이 사건이 있은 뒤 2년 동안 폐쇄되었고, 결국 1974년에 영구 폐쇄되었다. 1999년, 관광 안내인이 감독하는 엄격한 통제 상태에서 전망대 타워가 다시 공개되었다(Heimlich and Edwards, 1998).

2. 1992년 로스앤젤레스 폭동

1) 재난의 1단계

당신은 미국 서부 해안에 위치한 대도시의 시장이다. 4월 29일, 시내 중심가에서 법원의 결정에 항의하는 폭동이 벌어지기 시작했다(Gray, 2008). 이곳저곳에서 불길이 타오르고, 걷잡을 수 없는 약탈이 벌어지며, 화재를 진압하는 소방대원들의 생명이 위험한 상황이다(Delk, 1992).

❶ **실행계획은 무엇인가?** 가능한 한 모든 인력을 동원해 소방대원을 보호하고 시내 중심가에서 벌어진 폭동을 진압하라고 경찰서에 지시해야 한다. 폭동을 진압하기 위해서뿐 아니라 사람들을 그 지역에서 안전하게 대피시키기 위해 폭동 진압 장비도 신속히 제

공해야 한다.

❷ **어떤 자원이 필요한가?** 화재 및 폭동을 진압하기 위해 출동 가능한 모든 긴급구조대원을 소집해야 한다. 폭동의 규모에 따라 인근 도시에 화재와 폭동 진압을 도와줄 긴급구조대원을 추가로 지원해달라고 요청해야 한다.

❸ **통신계획은 무엇인가?** 시민에게 침착함을 잃지 말고 시내 중심가에 접근하지 말라고 알려야 한다. 또한 주정부 및 다른 지역정부와 연락해 폭동을 제압하고, 화재를 진압하는 데 필요한 지원을 받아야 한다.

2) 재난의 2단계

폭동은 이제 70~80㎢ 지역으로 확산되었으며, 주지사가 주방위군을 소집했다. 현재까지 폭동으로 9명이 사망하고 150명 이상이 부상을 입었다. 이제 무기를 들고 거리로 쏟아져 나온 5만 명 이상의 폭도와 대적해야 한다(Suburban Emergency Management Project, 2004). 약탈이 심해지고 있으며, 도시의 질서는 아직 요원한 상황이다.

❶ **실행계획은 무엇인가?** 가장 먼저 해야 할 일은 위험한 상황에서 부상자를 데리고 나와 치료를 받을 수 있도록 병원으로 이송하는 일이다. 주방위군을 폭동이 가장 심한 지역에 배치해 일정 구역의 폭력을 무력화시켜야 한다. 그런 다음 경찰을 다른 지역으로 재배치해 도시의 두 구역에서 더욱 응집력 있게 폭도에 맞서 싸워야 한다. 이런 식으로 하면 폭도들은 잘 훈련되고 응집된 힘을 지닌 두 집단에 맞서 싸워야 하고, 그러면 상황에 대한 통제력을 되찾을 수 있을 것이다.

❷ **당신의 자원을 주방위군의 자원과 어떻게 통합할 것인가?** 지휘본부를 세워 경찰서, 소방서 그리고 주방위군 각각의 업무를 조율할 연락 담당자를 둬야 한다.

❸ **이 시점에서 어떤 자원이 필요한가?** 폭도가 5만 명에 이르므로 폭동을 진압할 장갑차와 더 많은 인력을 요청할 것을 심각하게 고려해야 한다. 또한 식량과 물을 준비해 폭도들과 맞서고 있는 인력에게 제공해야 한다.

3) 재난의 3단계

방금 고속도로 순찰대가 소방대원들을 보호하고 폭동이 발생한 외곽 지역을 통제할 300명의 인력을 보내왔다. 다른 무엇보다 큰 문제는 (이 지역 최고의 법률 집행관인) 보안관과 시장의 불화다. 또한 보안관과 경찰서장이 주방위군을 배치하는 방법에 의견 일치를 보지 못해 결과적으로 주방위군의 배치가 지연되고 있다(Suburban Emergency Management Project, 2004).

❶ **경찰서장, 보안관 그리고 시장 간의 정치적 상황에 어떻게 대처할 것인가?** 이들의 만남을 주선해 주방위군을 어떻게 배치할 것인지에 대한 신속한 합의를 도출해야 한다. 주방위군의 대기시간이 길어질수록 폭동을 진압할 경찰력 부족으로 폭동이 더 오래 계속될 것이다. 시장은 경찰서장에 대해 영향력을 갖고 있으므로 경찰서장이 효과적인 계획을 제시하지 못하면, 협조적인 자세로 일할 수 있는 다른 사람을 경찰서장으로 임시 대체하는 문제를 고려해야 한다.

❷ **주방위군을 어떻게 배치할 것인가?** 주방위군은 소형 무기를 지급

받았을 뿐 아니라, 폭동 진압 장비를 갖추고 있으므로 폭동이 가장 심한 지역에 배치되어야 한다.

4) 재난의 4단계

방금 폭동으로 1,000명 이상이 부상을 입고 31명이 목숨을 잃었다는 보고가 들어왔다. 의료시설이 부족해 환자들을 멀리 있는 병원으로 이송해야 하는 새로운 문제가 발생한다(Suburban Emergency Management Project, 2004).

❶ **의료자원 부족이라는 현 상황에 대처해 무엇을 할 것인가?** 주방위군이 부상자의 헬기 수송을 지원해줄 수 있는지 문의해야 한다. 만일 주방위군이 헬기 수송을 지원한다면, 폭동으로 입은 부상을 치료할 만한 병원으로 환자를 실어 나를 수 있도록 헬리콥터 착륙장을 마련해야 한다. 가능하다면 병원선hospital ship인 해군 함정 머시USNS Mercy호를 이 도시로 보내 추가적인 의료 지원을 제공해줄 수 있는지 해군에도 문의해야 한다.

❷ **현재 무엇이 부족한 상황인가?** 주방위군이 있다 해도 5만 명의 폭도를 통제하려면 현재보다 더 많은 인력이 필요하다. 그뿐만 아니라 체포된 폭도들을 가둘 유치장과 이들을 감시할 인력도 부족할 것이다.

5) 재난의 5단계

여러 가지 혼선 때문에 주지사는 폭동이 벌어진 지 이틀 뒤에야 포트오드Fort Ord에서 연방정부의 군인 3,500명을 보내달라고 요청한다. 결국 5월 2일에 이 부대가 파견된다(Suburban Emergency Management Project, 2004).

❶ 이 시점에서 실행계획은 무엇인가? 폭동이 가장 심한 지역으로 추가 병력을 파견해 이들이 주방위군과 힘을 합쳐 폭도들을 진압할 수 있는지 알아봐야 한다.

❷ 복구계획은 무엇인가? 그와 같은 광대한 지역을 재건하려면 시간과 자금이 필요하다. 잔해를 청소하고 기반시설을 복구하기 위한 자금을 모으고 예산을 조정해야 한다. 가장 먼저 해야 할 일은 집을 잃은 사람들에게 쉼터와 생필품을 제공하는 일이다. 두 번째로 해야 할 일은 폭동의 책임자를 가려내 이들을 체포하고, 법이 허용하는 최대치의 형량으로 기소하는 일이다.

6) 주요 문제점

주요 대도시는 이와 같은 사건에 대처하기 위한 효율적인 조직 구조가 마련되어 있어야 한다. 폭동을 일으킨 인파에 대처할 경우 의사결정 과정이 매끄러워야 하며, 더 많은 자원을 얻고 이러한 자원을 신속하게 최대한으로 활용할 계획이 세워져 있어야 한다. 이 연구사례에서처럼 지휘본부와 작전통제소가 통합되어 있지 않으면, 폭동에 대처하는 데 있어 더 심한 기능장애를 일으키게 된다. 주방위군을 제 때 투입하지 않음으로써 더 넓은 지역이 더욱 심하게 파괴되는 결과를 낳고 말았다.

7) 기억해야 할 사항

로스앤젤레스 폭동으로 결국 53명이 목숨을 잃었다(Gray, 2008). 또한 1,100채 이상의 건물이 파괴되고 2,300명이 부상을 당했다(CNN, 2002).

3. 1999년 콜로라도 주 컬럼바인 고등학교 대참사

1) 재난의 1단계

당신은 미국 어느 교외지역에 있는 교육구의 교육감이다. 4월 20일 오전 11시 45분, 두 사람이 권총을 들고 교육구에 있는 한 고등학교를 누비고 다닌다는 전화가 걸려온다(*Boulder News*, 1999).

❶ **실행계획은 무엇인가?** 교육감은 즉시 지역 경찰에 연락해 그 고등학교로 경찰을 파견하고, 학생과 직원 그리고 교사들을 학교에서 대피시켜야 한다. 또한 긴급구조대원들이 재난에 더욱 효율적으로 대처할 수 있도록 이 학교의 정확한 층별 설계도를 경찰서와 소방서에 제공해야 한다.

❷ **이러한 재난 상황에서 어떤 조직과 협조해야 하는가?** 교육감은 지역 경찰서, 소방서, 그리고 필요한 경우 의료 지원을 제공할 병원과 협력해야 한다.

❸ **어떤 자원을 동원해야 하는가?** 이 시점에서 지역 경찰을 그 고등학교로 배치해달라고 요청하는 것 말고는 실제로 할 수 있는 일이 많지 않다. 그뿐만 아니라 병원과도 접촉해 의료 지원을 받아야 하며, 총을 든 자들이 (폭발물 같은) 총기 이외의 무기를 소지하고 있을 경우에 대비해 소방서에도 연락해야 한다.

❹ **통신계획은 무엇인가?** 교육감이 다른 사람에게 전달할 정보가 거의 없으므로 통신계획에 제한이 따를 것이다. 이 시점에서 알고 있는 것은 총을 든 사람 두 명이 고등학교에 나타났다는 사실뿐이다.

2) 재난의 2단계

정오에 경찰특공대SWAT와 폭탄제거반이 도착해 고등학교 교정 주변에 설치된 서너 개의 폭탄을 제거하고, 구급차가 부상당한 학생들을 실어 나를 수 있도록 학교 주변을 정비한다(*Boulder News*, 1999). 오후 12시 30분, SWAT 팀이 총을 든 자들을 찾고 아직 학교 안에 있는 학생들을 구조하기 위해 고등학교로 진입한다(*Boulder News*, 1999). 학교 건물 2층 도서관 부근에서 밖으로 여전히 총성이 들리는 상황이다(Steel, 2008).

❶ **학교에 있는 학생들의 소재를 파악하기 위한 계획은 무엇인가?** 교육감은 가능한 한 많은 교사와 직원을 동원해 공격이 이뤄진 시간에 교실에 있던 학생들의 소재를 파악해야 한다. 교사와 직원들을 동원해 아직 학교 안에 있을 가능성이 있는 학생의 정확한 인원을 파악하는 것이 좋다.

❷ **이 시점에서 필요한 자원은 무엇인가?** 이 시점에서 절실히 필요한 것은 의료자원이다. 그뿐만 아니라 교육감은 총을 든 자들이 학생들을 해치거나 죽일 경우에 대비해 자녀와 직원들의 상태를 가족에게 알릴 방법을 찾아야 한다. 이 교육구의 공보 업무 담당자는 부모와 지역사회에 현재의 상황을 알리는 것을 도와야 한다.

3) 재난의 3단계

SWAT 팀이 학생과 직원 및 교사들을 학교에서 대피시키고 교실마다 다니며 총을 든 자들을 찾고 있다(Steel, 2008). SWAT 팀이 해결해야 할 다른 문제는 학교 건물을 샅샅이 뒤져 사제 폭탄의 뇌관을 제거하는 일이다(Steel, 2008). 이 시점에서 총을 든 자들에 의해 죽거나 부상당한 학생과 교사들이 있다는 사실이 알려진다. 오후 4시, SWAT 팀이 마침내

학교의 안전을 확인한다(*Boulder News*, 1999).

❶ **실행계획은 무엇인가?** 교육감은 이러한 비극이 발생한 후에 앞으로 나아갈 계획을 세워야 한다. 이러한 사건이 발생한 후에 이 고등학교를 위해 무엇을 할 것인가는 매우 감정적인 결정이 될 것이다. 교육감은 교육구 내의 다른 학교에서 현재 시행되고 있는 안전 정책과 예방조치 및 절차를 검토해 이들 각각의 효율성을 재점검해야 한다.

❷ **통신계획은 무엇인가?** 교육감은 이 고등학교에서 어떤 사건이 발생했는지, 그리고 앞으로 어떤 일을 할 것인지를 시민에게 알려야 한다. 교육감은 추후 이 같은 사건이 재발하지 않도록 학교를 더 안전하게 만들기 위한 변화가 이뤄질 것이라는 사실을 시민에게 분명히 알려야 한다.

4) 주요 문제점

공립학교는 무장한 괴한이 학교로 난입할 경우에 대비해 효율적인 대피계획을 세우는 것 말고 이러한 사건에 대해 대처할 수 있는 게 거의 없다. 이 사건의 경우 무장 괴한이 학생이었으며, 폭발물을 설치할 때 이들이 학교 건물 밖에 있었으므로 학교 직원이 이들의 의도를 알아채기가 어려웠고, 또 너무 늦게 알게 되는 바람에 문제가 더욱 악화되었다.

학생들에게 정신적인 질병이 있고 폭력적일 수 있다는 경고성 조짐에 일찍 주의를 기울이지 않으면, 재난관리자는 자신의 조직에 폭력적인 사건이 발생할 수 있는 위험을 안고 있는 셈이 된다. 폭력성이 잠재해 있는 사람들에 대해 적극적인 조치를 취하지 않으면, 재난은 언제든 발생할 수 있다.

5) 기억해야 할 사항

컬럼바인 고등학교Columbine High School 대참사로 학생과 교사 13명이 목숨을 잃고 25명이 부상을 입었다. 총격범 둘은 스스로 목숨을 끊었다(Steel, 2008).

4. 2002년 순환고속도로 저격 사건

1) 재난의 1단계

당신은 미국 동부 해안에 있는 어느 주州의 주지사다. 9월 5일 오후 10시 30분, 한 사람이 식당에 갇힌 채 여러 발의 총상을 입었다는 제보가 들어온다(Dao, 2003). 9월 21일, 자신들이 운영하는 주류 판매점 앞에서 두 사람이 더 총에 맞았는데, 한 사람은 부상을 입고 한 사람은 사망했다(CBC News, 2004).

❶ **실행계획은 무엇인가?** 두 건의 살인이 동일범의 소행으로 보이므로 경찰에 수상한 행동에 유의하라는 사실을 통보해야 한다. 주州 경찰과 지역의 경찰서는 한 명 또는 여러 명의 암살범을 찾기 위해 협조해야 한다.

❷ **필요한 자원은 무엇인가?** 이 시점에서 필요한 자원은 희생자가 모두 같은 방식으로 사망했는지를 조사하고 확인하기 위해 범죄현장을 분석하는 일이다. 만일 같은 방식으로 사망했다면, 어떤 무기가 사용되었는지도 밝혀내야 한다. 그뿐만 아니라 범죄를 저지

른 가해자를 추적할 인력을 배치해야 한다.

❸ **어떤 기관과 협조해야 하는가?** FBI와 접촉해 수사를 도울 범죄심리 분석관을 배치해줄 수 있는지 알아봐야 한다. 주州의 경찰인력은 이러한 범행을 저지른 총격범을 추적하는 데 있어 카운티와 지역의 사법기관과 함께 일해야 한다.

❹ **통신계획은 무엇인가?** 시민에게 현 상황을 알리고, 수배 중인 범인을 잡을 수 있도록 도와달라고 요청해야 한다.

2) 재난의 2단계

10월 2일과 3일, 그 순환도로를 따라 6명이 더 총상을 입고 사망했다(CBC News, 2003). 이틀 동안 벌어진 이 사망 사고에서 저격범은 매우 먼 거리에서 총상을 입혔다(Mansbridge, 2003). 10월 7일과 22일 사이에 네 명의 피해자가 총격을 입고 사망했으며, 다른 두 피해자는 남쪽으로 면한 주의 경계지역에서 저격범에 의해 부상을 입었다(CBC News, 2003).

❶ **실행계획은 무엇인가?** 저격범은 매우 기동력 있고 교묘히 잘 빠져나가는 게 분명하다. 따라서 저격범을 체포하기 위해 더 많은 자원을 배치해야 한다. 저격범이 주의 경계를 넘나들며 범죄를 저지르고 있으므로 주지사는 FBI에 수사 지원을 요청해야 한다. 또한 저격범을 잡기 위해 경찰에게 도움이 될 만한 정보를 제공해달라고 시민에게도 도움을 요청해야 한다.

❷ **저격범을 잡기 위해 어떤 자원을 동원해야 하는가?** 저격범을 잡기 위해 연방정부와 주 그리고 지역 경찰이 필요하다. 그뿐만 아니라 감시카메라, 헬리콥터, 비행기 같은 자원을 활용해 저격범이 나타날 가능성이 있는 지역을 감시해야 한다. 또한 순환도로를

따라 검문소를 설치해 저격범이 있는지 점검해야 한다.

3) 주요 문제점

이 연구사례는 숙련된 사수이며, 정밀하고 신뢰할 만한 무기를 갖고 있고, 기동력이 있을 때, 한 명의 저격범이 얼마나 치명적인 결과를 낼 수 있는지를 잘 보여준다. 만일 어떤 저격범이 음모를 꾸민다면, 그러한 개인이 무기를 갖고 나타나는 것을 막을 방법이 없기 때문에 이러한 유형의 공격을 예방하는 것은 거의 불가능하다. 만일 저격범이 원거리에서 총을 쏜다면, 긴급구조대원들이 현장에 출동하기 전에 그 지역을 빠져나가는 게 가능하다. 이러한 유형의 저격범을 잡는 데는 상당한 시간이 걸릴 수 있지만, 이 연구사례는 전반적으로 경찰이 그러한 개인의 활동을 막고 체포하려면 어떤 방식을 동원해야 하는지를 잘 보여주고 있다.

재난관리자는 그러한 범인을 체포하는 데는 상당한 시간과 인내심 그리고 뛰어난 수색 전략이 필요하다는 사실을 인식해야 한다. 또한 그러한 범인을 체포하려면 수색에 필요한 자원을 충분히 동원하고, 주요 도로에 검문소를 설치해야 한다는 사실도 잊어서는 안 된다.

4) 기억해야 할 사항

순환도로 저격범 사건으로 10명이 사망하고 3명이 부상을 입었다(CBC News, 2003). 경찰은 범행에 사용된 부시머스터 AR-15 소총을 차에 싣고 있던 존 알렌 무하마드John Allen Muhammad와 리 보이드 말보Lee Boyd Malvo를 체포했다. 존 알렌 무하마드는 사형을 선고받고 사형에 처해졌으며, 공범인 리 보이드 말보는 2003년 가석방 없는 종신형을 선고받았다(Calvert, 2009).

5. 2007년 버지니아 텍 대학교 대참사

1) 재난의 1단계

당신은 대규모 공립 대학교의 재난관리자다. 4월 16일 월요일 오전 8시, 두 학생이 캠퍼스 내에 있는 학생회관에서 총격을 입고 사망했다는 제보가 들어온다(Office of Governor Timothy M. Kaine, 2007). 오전 9시, 범죄현장에서 총이 발견되지 않았으며 대학 경찰이 아무도 체포하지 못했다는 보고가 들어온다. 오전 9시 26분, 대학 측은 학생들에게 이메일을 보내 집안 문제로 언쟁을 벌이다가 두 학생이 살해되었다는 소식을 알린다(Office of Governor Timothy M. Kaine, 2007).

❶ **실행계획은 무엇인가?** 학교 재난관리자는 이 시점에서 총을 든 범인 중 적어도 한 명이 캠퍼스를 누비고 다닌다고 추정하여 최악의 상황에 대비해야 한다. 대학 경찰에 총을 든 범인을 찾으라고 지시하고, 지역의 경찰서에도 지원을 요청해야 한다. 기숙사의 감시카메라에 녹화된 화면을 보며 수상한 사람이 카메라에 잡혔는지도 살펴봐야 한다.

❷ **통신계획은 무엇인가?** 총을 든 범인이 아직 인근에 있을 가능성이 있으므로 학생들에게 즉시 문자를 보내 수업 중인 학생들을 해산시켜야 한다. 학교 재난관리자는 캠퍼스에 문제가 발생할 가능성이 있으며, 아직 해결되지 않고 있다는 사실을 지역정부의 담당자에게 알려야 한다.

❸ **어떤 자원을 요청해야 하는가?** 총을 든 범인이 어디 있는지 알아내 체포하기 위해 모두 힘을 모아야 한다. 그러기 위해 학교 재난관리자는 가능한 한 많은 경찰인력과 안전요원을 동원해 아직 체

포되지 않고 있는 범인을 수색하기 위해 힘을 모아야 한다. 또한 지역 경찰서에도 지원을 요청해야 한다.

2) 재난의 2단계

오전 10시, 노리스 홀에서 한 교수가 대학 측에 전화를 걸어온다. 노리스 홀 출입문 바깥쪽에 잠긴 문을 열고 들어오면 폭탄이 터질 것이라고 경고하는 메모가 붙어 있다는 것이다. 한편, 노리스 홀 2층에서 총성이 들려온다(Office of Governor Timothy M. Kaine, 2007).

❶ **실행계획은 무엇인가?** 경찰을 노리스 홀에 집결시켜야 한다. 폭발물이 터질 가능성이 있으므로 지역 경찰서의 폭탄처리반도 소집해야 한다.

❷ **통신계획은 무엇인가?** 캠퍼스에 있는 사람들에게 경찰이 이 지역의 안전을 확보할 때까지 즉시 (노리스 홀을 제외하고) 건물 안으로 들어가 있으라고 알려야 한다.

3) 재난의 3단계

경찰은 장애물이 설치된 문을 열고 들어가는 데 어려움을 겪는다. 5분 뒤, 경찰이 마침내 건물로 들어간다. 마지막 총성이 울려 퍼진다. 노리스 홀에는 수많은 사망자와 부상자가 있다. 거센 바람 때문에 케어플라이트CareFlight가 부상자들을 실어 나를 수도 없는 상황이다. 다른 방법을 동원해 부상자를 이송해야 한다(Office of Governor Timothy M. Kaine, 2007).

❶ **실행계획은 무엇인가?** 부상자를 병원으로 실어 나를 수 있는 모든 차량을 동원해 가능한 한 빨리 이들을 후송해야 한다. 경찰은 그

건물에 다른 폭발물이 있는지 샅샅이 살펴보고, 총을 든 다른 사람이 노리스 홀에 숨어 있을 가능성에도 대비해야 한다. 사용 가능한 의료품을 지급해 부상자를 치료하고, 응급처치를 할 수 있는 사람은 적절한 의료인력이 도착하거나 부상자가 병원으로 후송될 때까지 필요한 조치를 해야 한다.

❷ **통신계획은 무엇인가?** 어떤 일이 일어났고 부상자를 치료하기 위해 어떤 조치를 취하고 있는지를 시민에게 알려야 한다. 사망자에 대해서는 가족에게 알리기 위한 조치를 취해야 한다.

4) 주요 문제점

사건이 언제나 생각한 대로 전개되는 것은 아니며, 따라서 학교 재난관리자는 처음에 생각했던 것보다 상황이 더 위험해질 가능성을 염두에 두고 머뭇거리지 말고 추가 자원을 배치해야 한다. 이 연구사례의 경우 총격범은 다른 시각에 캠퍼스의 다른 두 장소를 공격했고, 이로 인해 실질적인 사태를 파악하는 데 혼선이 빚어졌다. 경찰이 총격범이 아직 잡히지 않았고 처음 두 학생이 살해된 것을 발견한 첫 번째 범죄현장에서 이 사건이 살해와 그 이후의 자살에 해당하는 경우인지 아닌지를 단정 짓기는 어려울 것이다.

고등교육기관의 재난관리자는 캠퍼스를 누구에게나 개방하는 것이 안전 면에서는 별로 효과적이지 않다는 사실을 명심해야 한다. 거대하고 열린 공간은 보통 대학 캠퍼스에 배치되는 경찰 및 안전요원만으로 관리하기 어렵기 때문이다. 고등교육기관의 캠퍼스에는 감시카메라 및 카드 판독 잠금 장치 같은 방법이 기존 안전장치에 보완적으로 활용될 수 있을 것이다.

5) 기억해야 할 사항

2007년 버지니아 텍 대학교 대참사로 학생 27명, 교수 5명이 목숨을 잃었으며, 대학살극이 벌어지는 동안 23명이 상처를 입거나 부상당했다. 경찰이 노리스 홀로 진입하자, 총을 든 범인은 스스로 목숨을 끊었다(Office of Governor Timothy M. Kaine, 2007).

제12장

사례연구: 사람이 일으킨 재난 — 핵, 생물 독성 물질 또는 화학물질

1. 1948년 도노라 대기오염

1) 재난의 1단계

당신은 미국 동부에 위치한 산업이 크게 발달한 주州의 주지사다. 이 주의 대도시 주변에는 여러 개의 대규모 산업단지가 있다. 공장에서 피어오르는 독성 연기로 인해 도노라Donora의 주민이 병에 걸리기 시작한다 (Gammage, 1998).

❶ **통신계획은 무엇인가?** 대도시의 담당 공무원들과 접촉해 산업단지와 관련해 발생하는 시민의 건강 문제를 조사하기 위해 무엇을 하고 있는지 물어야 한다. 둘째, 연방정부, 주州 및 지역의 건강 관련 기관과도 접촉해 산업 폐기물과 관련해 주민이 앓는 질병에 대한 정보와 지원을 요청해야 한다.

❷ **회사의 소유주들에게는 어떻게 해야 하는가?** 공장의 소유주들과 접

촉해 공장에 대한 조사가 이뤄질 것이며, 적정선 이상의 오염물질을 배출한 것으로 확인되면 땅이나 물 또는 대기로 방출되는 오염물질의 양을 줄여야 한다는 사실을 알려야 한다. 공장 소유주가 이에 따르지 않으면, 벌금을 부과하는 행정 조치에 들어가야 한다.

❸ **어떤 정책과 절차를 실행해야 하는가?** 입법기관에 있는 사람들과 접촉해 해당 지역사회의 주민을 위해 공장을 더 안전하고 깨끗하게 만들기 위한 정책과 절차를 법으로 제정해달라고 요청해야 한다. 또한 주의 다양한 기관들에 공장이 환경을 더 깨끗하게 하도록 강제할 새로운 근거를 만들어달라고 요청해야 한다.

❹ **어떤 자원을 동원해야 하는가?** 주민에게 질병을 일으키는 오염물질과 싸우기 위해 건강 및 안전에 관여하는 주의 여러 기관을 동원해야 한다. 그뿐만 아니라 건강 상태가 더 악화될 경우 특정한 오염지역으로부터 주민을 이주시킬 준비를 해야 한다. 그러한 상황이 발생할 경우 임시 쉼터와 수송계획도 마련해야 한다.

2) 재난의 2단계

인구 1만 4,000명이 사는 도노라 마을에 이제 오염물질을 흡입해 질병에 걸린 주민이 7,000명에 이른다. 주민 20명은 질식으로 숨졌다(Gammage, 1998).

❶ **실행계획은 무엇인가?** 상황은 점차 악화되고 있다. 당신은 일부 주민을 다른 곳으로 이주시키고, 지시에 따르지 않는 공장주에게 무거운 벌금을 매기거나 공장을 폐쇄할 것을 심각하게 고려해야 한다. 또한 주州의 내 · 외부 기관에 의료 지원도 요청해야 한다.

연방정부의 여러 기관과도 접촉하고, 질병관리본부CDC 같은 기관에 지원을 요청해야 한다.

❷ **어떤 자원이 필요한가?** 실행계획에 들어가기 전에 필요한 의료품과 운송수단의 목록을 만들어야 한다. 일부 주민을 이주시키기로 결정했다면, 단순한 쉼터 이상의 것을 제공해야 한다. 대피한 주민은 상황이 안정되어 집으로 돌아갈 때까지 안정적인 생존 수단인 식량, 물 그리고 돈이 필요할 것이다.

3) 주요 문제점

정부는 시민의 건강과 안녕을 보장해줄 책임이 있다. 이 연구사례는 무대책으로 일관한 것이 해당 지역사회와 주민에게 장기적인 문제를 초래했음을 분명히 보여주고 있다. 오염물질 통제에 실패한 것은 그러한 문제에 대처할 적절한 정책이나 이를 강제할 시스템이 갖춰지지 않았기 때문이다. 재난관리자와 공무원은 산업지역에서 오염 수준을 낮추는 일에 적극적으로 나서지 않았고, 이는 심각한 대기오염을 낳았다. 그 결과, 지역사회의 대기 질이 나빠지면서 수많은 주민이 장기적인 건강상의 피해를 입게 되었다.

4) 기억해야 할 사항

도노라 사건으로 깨끗한 대기와 환경 보호를 위한 법안이 통과되었다 (Gammage, 1998).

2. 1970년 나이아가라 폭포 러브 운하 사건

1) 재난의 1단계

당신은 대도시의 시장이다. 두 개의 거대한 물줄기가 이 도시를 에워싸고 있다. 시민은 도시의 경제를 뒷받침하는 공장에서 일하는 산업 노동자인 블루칼라 계층이다. 시의 인구는 빠른 속도로 불어나 새로운 주거지를 위한 대규모 개발 계획이 필요한 시점이다. 이 지역의 교육위원회는 추가 부지가 필요해졌고, 전에 한 회사가 화학물질 폐기장으로 사용했던 지역을 선택했다(Stoss and Fabian, 1998). 교육위원회의 위원들은 그 땅이 사용하기 적합하지 않다는 사실을 알고 있었지만, 교육위원회에 그 땅의 수용권을 몰수당할 위험에 처한 회사는 그 땅을 판다.

❶ **어떤 문제가 발생할 수 있는가?** 이전에 폐기장이었던 지역에 건물을 지을 경우 상수 공급원으로 화학물질이 유입될 가능성에 각별히 유의해야 한다. 시장은 건설회사에 새로운 주거지 개발을 허가하지 않음으로써 이전 화학 폐기물 처리장에 어떤 형태든 주거시설이 들어서는 것을 막아야 한다.

❷ **주민의 안전을 보장하기 위해 어떤 단계를 밟아야 하는가?** 교육위원회 및 교육구의 교육감과 접촉해 화학 폐기물 처리장에 새로운 학교를 지을 경우 우려되는 바를 설명해야 한다. 그뿐만 아니라 건설에 착수하기 전에 환경 피해에 대한 연구가 필요하다고 주장해야 한다.

❸ **이러한 문제에 대처하기 위해 필요한 자원은 무엇인가?** 사업이 시작되기 전에 건설을 막기 위한 합법적인 조치를 취해야 한다. 또한 환경과 건강 문제를 감독하는 연방정부 및 주정부의 기관들에도

이러한 우려를 전달해야 한다.

❹ **통신계획은 무엇인가?** 교육청 공무원들은 물론 시 의회와도 긴밀한 접촉을 유지해야 한다.

2) 재난의 2단계

땅을 판 회사 측에서 그 부지에 학교를 짓는 것은 안전하지 않다고 단호하게 말했음에도 불구하고 교육위원회는 매립지였던 그 땅에 새로운 학교를 짓기 시작했다(Zuesse, 1981). 화학물질로 가득한 구덩이가 두 개 발견되자, 새 학교를 지을 부지를 다른 곳으로 옮겨야 하는 상황이 벌어진다. 화학물질이 학교 건설부지 옆의 하수관으로 스며들기 시작했다는 사실도 밝혀진다. 이 지역에는 저소득층 주민이 많이 거주하고 있다(Davids, 2009).

❶ **실행계획은 무엇인가?** 교육위원회 측에서 건설사업을 계속 진행하면, 합법적인 법원의 명령이 내려지도록 해야 한다. 그뿐만 아니라 연방정부와 주정부의 공무원들에게 압력을 행사해 하수관에 피해를 미칠 뿐 아니라 도시 전역에 공급되는 물을 오염시킬 가능성이 있는 이 일에 더 개입하게 해야 한다.

❷ **통신계획은 무엇인가?** 학교 건축으로 촉발된 이 문제에 대해 선출직 공무원 및 주민과 효과적으로 협의해야 한다.

❸ **언론에는 어떻게 대처할 것인가?** 언론을 개입시켜 교육청으로 하여금 학교 건축과 오염지역을 포기하도록 공공의 압력을 가해야 한다.

3) 재난의 3단계

주택소유자협회에 가입한 주민이 간질과 심각한 천식을 비롯해 아이들에게서 심각한 건강상의 문제가 나타나는 것에 주목하기 시작했다(Turmoil and Fever, 2007). 이제야 주택 구역 전체가 2만 1,000톤의 화학 폐기물 위에 건설되었다는 사실이 밝혀진다(Goldman Environmental Foundation, 2007). (당신의 부하직원인) 시의 공무원들이 아무런 조치도 취하지 않자, 주민이 연합체를 조직해 언론 및 연방정부에 그 지역에서 질병과 선천적 장애 발생이 증가하고 있다는 사실을 알리기에 이른다(Beck, 1979).

1. **실행계획은 무엇인가?** 시장은 이 문제에 대해 조치를 취할 것임을 보여주어야 한다. 이 문제를 제대로 처리하지 않은 시의 직원들은 질책을 당하거나, 직책에서 물러나야 한다. 또한 (지역의 수돗물 검사 등) 시에서 주민을 위해 할 수 있는 일은 무엇이든 해야 한다. 합법적인 수단을 통해 화학물질을 폐기한 회사 측에는 화학물질 매립지를 강제로 청소하도록 해야 한다.
2. **통신계획은 무엇인가?** 연방정부 및 주정부와 접촉해 서로 힘을 모아 이 문제를 해결해야 한다. 이 문제를 해결하기 위한 조치를 취하고 있으며, 시 당국은 심각한 환경 문제를 바로잡기 위해 모든 노력을 다할 것이라는 사실을 알려 시민을 안심시켜야 한다.

4) 재난의 4단계

매립지 위에 세워진 학교는 철거되었지만, 교육위원회와 회사 측에서는 법적 책임을 인정하지 않고 있다(University of Buffalo Libraries, 2007). 미국 대통령이 이 지역을 연방정부의 재난구역으로 선포했고, 이 지역에서 모든 주민을 이주시켰다(University of Buffalo Libraries, 2007). 정부는 주민을 이

주시켰을 뿐 아니라, 이들이 살던 주택까지 사들였다.

❶ **실행계획은 무엇인가?** 시장은 만족스러운 임시 주거지로 주민을 이주시키고, 연방정부와 긴밀히 협조하며, 재난을 해결하기 위해 모든 노력을 기울여야 한다.

❷ **어떤 자원부터 할당해야 하는가?** 합법적인 자금을 모아 문제를 묵살한 책임이 있는 교육위원회와 회사에 법적 책임을 지게 하고, 소송으로부터 도시를 보호하는 데 그 자금을 사용해야 한다.

5) 재난의 5단계

의회에서는 자신들이 폐기한 오염물질로 초래된 피해에 회사가 책임을 지도록 하는 종합 환경 대책 보상 및 부담법Comprehensive Environment Response, Compensation and Liability Act (CERCLA)을 통과시켰다(Local Government Environmental Assistance Network, 2007). 환경보호청EPA은 오염지역을 청소하라며 해당 회사를 1억 2,900만 달러에 고소하는 데 성공했다(Department of Justice, 1995).

❶ **새로운 실행계획은 무엇인가?** 그 땅을 주거용이 아닌 다른 용도로 사용할 수 있는지 알아봐야 한다. 만일 그 땅을 주거용이 아닌 다른 용도로 사용할 수 있다면, 화학 폐기물로 완전히 파괴된 그 지역을 되살리기 위해 예산을 할당해야 한다.

❷ **이 사건을 수사하는 정부를 어떻게 지원할 것인가?** 시장은 수사관에게 필요한 모든 정보를 제공해야 한다.

❸ **이 도시의 다른 지역을 보호하기 위해 어떻게 할 것인가?** 추후 시의 조사관들은 건설에 들어가기 전에 환경에 미치는 피해를 연구하

고, 건축물 검사부서의 허가를 받도록 하는 매우 엄격한 건축법규를 시행해야 한다.

6) 주요 문제점

재난관리자는 건강 관련 문제를 낳을 수 있는 물질로부터 시민을 보호할 도의적·직업적 의무를 지닌다. 재난관리자와 지역의 공무원들은 문제가 있다는 사실을 결코 무시하거나 부인해서는 안 된다. 또한 주민의 우려를 진지하게 받아들여 지역사회에 부정적인 영향을 미칠 수 있는 주민의 정당한 우려를 조사해야 한다. 만일 문제가 발견되면, 모든 문제를 순조롭게 해결하기 위해 단호한 행동에 나서야 한다.

폐기물을 버린 책임이 있는 업체를 방임한 것이 후에 지역사회를 괴롭힌 첫 번째 실패였다. 그뿐만 아니라 교육위원회는 화학회사의 경고를 무시하고 화학 폐기물 매립지 위에 학교를 지었고, 이로 인해 주민은 그 지역에 묻힌 화학물질로 인한 비극적인 질병을 앓게 되었다. 러브 운하Love Canal에 버려진 화학물질과 연관된 것으로 보이는 수많은 선천적 결함과 질병은 주민에게 장기적으로 건강상의 피해를 입혔다. 간단히 말해 주민은 화학회사의 폐기물 처리 과정에서 마땅히 받았어야 할 지역정부의 보호를 받지 못한 것이다.

7) 기억해야 할 사항

러브 운하 지역에서 주민이 살던 집은 거의 모두 철거되었고, 1990년대 이후에야 새로운 개발이 시작되었다.

3. 1979년 펜실베이니아 주 스리마일 섬 원전 사고

1) 재난의 1단계

당신은 원자력규제위원회Nuclear Regulatory Commission (NRC)의 위원장이며, 핵발전소의 안전과 보안을 감독할 책임이 있다. 특히 한 발전소는 2만 5,000명 이상이 거주하는 지역과 인접해 있다(*Washington Post*, 1999). 이 핵발전소에서 원자로 냉각에 필수적인 주요 급수 펌프가 제대로 작동하지 않는다는 보고가 들어온다(Cantelon and Williams, 1982).

❶ **실행계획은 무엇인가?** 그 원자로에 재난대응 팀을 파견해 급수 펌프를 신속하게 정상화하려면 어떻게 해야 할지를 결정해야 한다. 위원장은 핵발전소의 원자로 노심이 용융되어 방사능 동위원소가 대기로 유출될 만일의 경우에 대비해 주민을 대피시킬 것도 지시해야 한다.

❷ **통신계획은 무엇인가?** 위원장은 연방정부와 주정부 그리고 지역정부의 담당 공무원들에게 이 문제를 알리고, 사건이 전개되는 상황을 지속적으로 통보해야 한다. 발전소의 현재 상태와 인근 주민이 입을 피해 가능성에 대해 시민에게도 알려야 한다.

❸ **이러한 재난에 어떤 자원을 할당해야 하는가?** 기술팀을 즉시 소집해 급수 펌프를 고치게 하거나 원자로를 식힐 대안을 찾아야 한다.

2) 재난의 2단계

주요 급수 펌프가 고장 나 증기 발생기가 원자로의 열기를 식히지 못하고 있다. 이로 인해 터빈과 원자로의 가동이 완전히 중단되기에 이른다(Cantelon and Williams, 1982). 원자로의 압력을 줄이게 되어 있는 파일럿 구동 압력 방출 밸브가 열린 상태로 꼼짝도 하지 않는다(U.S. Nuclear Regulatory Commission, 2007). 이 문제로 인해 원자로가 과열되기 시작한다(American Chemical Society, 1986).

❶ **실행계획은 무엇인가?** 정상적인 냉각 방법이 고장 났거나 작동하지 않는다면, 위원장은 기술자를 시켜 원자로를 식힐 대안을 찾아야 한다. 원자로 노심의 용융이 발생할 수 있으므로 발전소에서 일하는 모든 직원에게 보호복과 방사능 탐지용 배지를 지급해야 한다. 인근 병원에 원자로 노심의 용융이 일어날 수 있음을 알리고, 방사능 노출을 치료할 의약품을 준비해달라고 요청해야 한다.

❷ **통신계획은 무엇인가?** 연방정부, 주 및 지역의 공무원들과 긴밀히 접촉하며 이들에게 사건이 전개되는 상황을 지속적으로 알려야 한다.

3) 재난의 3단계

기술자나 관리자의 실수로 원자로 예비 급수 펌프의 밸브 5개 중 2개가 폐쇄되었다. 응급한 상황에 냉각수를 공급받기 위한 예비 급수 밸브가 열렸고, 이제 원자로에 냉각수가 공급된다. 하지만 시스템 지표에 문제가 생겨 장비를 조작하던 기술자가 응급 핵심 냉각 펌프를 닫아버린다. 방사능 냉각수가 일반 격납고로 새어 들어간다(American Chemical Society, 1986). 물의 수위가 낮아 원자로 노심의 윗부분이 노출되면서 원자로 노심의 온도가 올라간다. 원자로는 지르코늄 핵연료 막대를 파괴하고, 이는 격납고의 폭발을 유발한다(Three Mile Island Alert, 2007).

❶ **실행계획은 무엇인가?** 원자로 노심에 물을 흘려보내 노심의 온도를 안전한 수준으로 낮춰야 한다. 대기의 표본을 채취해 판독함으로써 방사능 물질이 대기로 유출되었는지 확인해야 한다.

❷ **통신계획은 무엇인가?** 격납고가 위험해질 수 있으므로 방사능 물질의 피해를 볼 수 있는 인근 지역에 대피하라고 알려야 한다. 방사능 누출은 국내의 많은 지역과 여러 곳에 영향을 미칠 수 있으므로 연방정부와 주 및 지역의 공무원에게도 현재의 상황을 알려야 한다.

4) 재난의 4단계

핵발전소가 높은 수준의 방사능에 오염되었다. 오전 7시, 위원장은 이 핵발전소를 재난지역으로 선포한다(Cantelon and Williams, 1982). 30분 후에는 가장 심각한 재난 상태로 상황을 격상시킨다(President's Commission on the Accident at Three Mile Island, 2006). 대부분의 원자로 노심이 용융되었다. 원자로에서 증기와 수소의 압력을 낮추기 위해 재결합기를 사용하고, 방사능 비활성 기체를 대기 중으로 곧바로 배출시킨다(Three Mile Island Alert, 2007).

❶ **실행계획은 무엇인가?** 더 많은 피해가 발생하는 것을 막기 위해 원자로를 충분히 냉각시키는 것에 우선순위를 둬야 한다. 두 번째로 역점을 둘 문제는 방사능 물질이 시설 밖으로 유출되지 않게 하는 것이다.

❷ **시민은 어떻게 상대해야 하는가?** 위원장은 원자로 노심의 용융에 대해 마음을 열고 솔직해져야 한다. 또한 핵발전소에 대한 시민의 공포를 진정시키기 위해 공장 및 주변 지역에 대한 방사능 검

사를 적극적으로 실시해야 한다.

5) 주요 문제점

대규모 피해를 유발할 수 있는 기계를 작동하는 기술자는 한 가지 방법이 실패할 경우 시스템을 정확히 작동하기 위해 다양한 방법을 시도해야 하므로 그러한 기술에는 2차적인 보완 시스템이 필요하다. 그뿐만 아니라 그와 같은 기술을 관리하는 책임자는 재난이 발생할 경우 문제를 완화할 수 있는 전문가 집단을 대기시켜놓아야 한다.

이 연구사례의 실패 원인은 장비의 결함과 인간의 실수 모두에서 비롯되었다. (부정확한 수치 판독기 등) 장비의 결함에 대비해 정확한 측정을 위한 2차적인 보완 방법이 있어야 했다. 그뿐만 아니라 인간의 실수는 스트레스 또는 특별한 상황이 발생할 경우에 대비한 대처 방법을 충분히 훈련하지 못한 결과일 수 있다.

6) 기억해야 할 사항

스리마일 섬을 깨끗이 하는 데 9억 7,300만 달러의 비용이 들었으며, 1억 톤의 방사능 연료를 제거해야 했다(Uranium Information Centre Ltd., 2001). 스리마일 섬은 미국 역사상 최악의 상업 원자로 사고로 기록되었다(USNRC, 2011).

4. 1986년 우크라이나 체르노빌 원전 사고

1) 재난의 1단계

당신은 모든 핵 발전 시설의 감독을 맡은 소비에트연방의 원자력 과학

책임자다. 핵발전소 중 하나는 러시아와 벨로루시의 국경과 인접한 우크라이나에 위치해 있다. 발전소에서 일하는 인력은 충분한 훈련을 받지 못했고, 네 개의 핵 원자로로 이뤄진 발전소는 건물 자체의 설계에 결함이 있다. 체르노빌 발전소 인근에는 30㎞ 반경 이내에 115,000~135,000명의 주민이 살고 있다(World Nuclear Association, 2012). 1986년 4월 26일, 체르노빌 발전소에서 두 건의 폭발이 발생했다는 전화가 걸려온다.

❶ **실행계획은 무엇인가?** 가장 중요한 조치는 발전소에 배치할 긴급구조대원과 원자력 기술자들에게 위험물질HAZMAT 보호복을 지급하고, 방사능 사고가 발생했는지 여부를 확인하는 일이다. 만일 방사능이 유출되었거나 원자로가 고장 났다면 적절한 자원을 배치해 시설을 폐쇄하고, 방사성 동위원소가 발전소 주변의 대기, 물 그리고 토양으로 유출되지 않게 막아야 한다. 둘째, 발전소에서 방사성 동위원소가 유출되어 대기로 퍼져나갔을 경우에 대비해 체르노빌 인근의 주민을 위한 대피계획을 세워야 한다. 셋째, 필요한 경우 활용 가능한 그 지역의 모든 의료자원과 대피용 차량의 목록을 작성해야 한다.

❷ **통신계획은 무엇인가?** 이 시점에서는 발전소의 상태와 방사능 물질의 상태를 확인하는 것이 필수다. 이 정보를 확인할 때까지는 상황을 해결하거나 주민을 대피시킬 효과적인 계획을 내놓는 것이 불가능할 것이다. 중앙정부와 지역정부에 이러한 상황을 알려 이들이 시민에게 현 사태를 적절히 알리도록 하고, 원자로 문제에 대처하는 데 필요한 자원도 얻어야 한다.

❸ **이러한 재난에 어떤 자원을 배치해야 하는가?** 원자력공학에 전문

지식을 가진 인력을 동원해야 하며, 제대로 된 보호복을 입은 소방대원과 의료자원도 필요하다. 대피 목적으로 사용 가능한 차량과 재난이 발생했을 때 의료인력이 사용할 수 있는 시설도 정해두어야 한다.

2) 재난의 2단계

당신은 4번 원자로가 폭발로 파괴되었고 그로 인해 노동자 두 명이 사망했으며, 방사능 물질이 대기로 유출되었다는 사실을 보고받는다. 그뿐만 아니라 초기 화재를 진압하던 소방대원 6명이 모두 방사능 중독으로 사망했다. 방사능 물질이 더 유출되는 것을 막기 위해서는 원자로에 물을 흘려 넣고 헬리콥터로 붕소, 백운석, 모래, 진흙 그리고 납 5,000톤을 원자로 노심에 직접 떨어뜨려야 한다. 원자로의 용융과 폭발로 다량의 방사능 물질이 대기로 걷잡을 수 없이 유출되는 결과를 초래했다(World Nuclear Association, 2012).

❶ **실행계획은 무엇인가?** 이 시점에서 체르노빌 인근 주민을 대피시켰어야 했다. 다량의 방사능 물질이 대기로 유출되므로 방사능 물질이 유출되면서 생기는 기둥 인근에 사는 주민은 대피하거나 이주해야 한다. 방사능 유출 가능성이 있는 지역 밖에 있는 도시와 마을에서 부상자 분류를 실시하고, 가능한 한 많은 헬리콥터를 동원해 방사능 관련 질병에 걸릴 위험이 있는 주민을 대피시켜야 한다. 그뿐만 아니라 열린 원자로 노심에서 나오는 방사능 물질의 유출을 막을 방법에 대해서도 계획을 세워야 한다.

❷ **통신계획은 무엇인가?** 정부는 대기로 유출되는 방사능 물질 기둥radioactive material plume에 인접해 있는 모든 나라와 시민에게 현재의

상황을 알려야 한다. 그뿐만 아니라 주변의 다른 국가와도 접촉해 방사능에 중독된 사람을 치료하는 데 필요한 지원을 받고, 열린 원자로에 들어 있는 방사능 물질에 대해서도 지원을 요청해야 한다.

❸ **어떤 자원을 배치해야 하는가?** 이 시점에서는 의료인력과 의료시설이 절실하게 필요하며, 방사능 중독을 치료하는 데 사용할 의약품도 있어야 한다. 또한 환자를 병원으로 이송하거나, 건설 중인 임시 거처로 대피할 주민을 이송하는 데 필요한 차량도 가능한 한 많이 확보해야 한다. 임시 쉼터에는 대피한 주민을 위한 식량과 물 그리고 위생시설이 필요할 것이다.

3) 재난의 3단계

주민은 이제 대피했으며, 원자로 위에 거대한 임시 물막이 댐을 지어 방사능 물질의 유출도 막았다. 1, 2, 3번 원자로는 전력 수요 때문에 여전히 가동 중이다. 임시 물막이 댐 건설은 신속하게 추진되었지만, 파괴된 원자로 노심 내부에 아직 방사능 물질이 있으므로 결국 영구적인 해결책이 필요하게 될 것이다(World Nuclear Association, 2012).

❶ **실행계획은 무엇인가?** 우선, 체르노빌 지역에서 대피한 주민을 다른 곳으로 이주시킬 계획을 세워야 한다. 둘째, 대기로 유출된 방사능 물질에 노출되어 피해를 입은 사람들을 장기적으로 치료할 계획도 세워야 한다. 마지막으로, 설계에 결함이 있는지 확인하기 위해 현재 가동 중인 모든 원자로에 대한 검사도 실시해야 한다. 만일 결함이 발견되면, 결함이 있는 원자로를 수리할 계획을 세워 체르노빌 같은 용융이 일어나지 않게 해야 한다.

❷ **통신계획은 무엇인가?** 원자로 설계의 결함이 어떤 문제가 되는지에 대해, 그리고 임시 물막이 댐을 서둘러 건설했지만 결국 가까운 미래에 영구적인 해결책을 찾아야 할 것이라는 사실을 정부에 알려야 한다.

❸ **어떤 자원을 배치해야 하는가?** 원자력공학자들은 앞으로 또 다른 용융이 일어나지 않도록 다른 발전소를 수리할 것인지 아니면 폐쇄할 것인지를 결정해야 한다. 핵발전소를 운영하는 사람들을 더 잘 훈련시켜야 하므로 이러한 목적에 필요한 예산도 배정해야 한다. 방사능 물질에 너무도 많은 사람들이 노출되었으므로 장기적으로는 의료자원의 고갈도 문제가 될 것이다.

4) 주요 문제점

이 연구사례는 핵 원자로의 안전을 중시하는 문화권에서 멀리 떨어진, 폐쇄된 사회에서 발생했다. 숙련되지 못한 인력이 핵발전소를 가동한 데다 발전소 설계에 결함이 있어 문제는 재난이 발생할 것인지 아닌지가 아니라, 언제 발생할 것인가였다. 대규모 재난이 발생하면, 긴급구조대원, 기술자, 의료인력 그리고 이들이 필요로 하는 자원도 신속하게 동원해야 한다. 이 재난은 발전소 인근 지역뿐 아니라 핵발전소를 보유한 국가와 국경을 맞대고 있는 여러 나라에도 피해를 입혔다(World Nuclear Association, 2012).

5) 기억해야 할 사항

체르노빌 사태로 인한 사상자는 우크라이나, 벨로루스 그리고 러시아에서 몇 년이 지난 뒤에까지 발생하고 있다. 가장 큰 피해를 입은 곳은 우크라이나다. 8,000여 명이 사망했고, 12만 5,000명이 방사능으로 인해 건강에 피해를 입었다. 이와 유사하게 벨로루스에서는 200만 명으로 추정되는 시민이 1986년에 노출된 방사능과 관련된 것으로 추정되는 건강 문제를 앓고 있다. 37만 명 이상의 러시아인도 방사능 물질 노출과 관련된 여러 형태의 질병을 앓고 있는 것으로 추산된다(Gunter, 1995).

5. 2007년, 텍사스 A&M 대학교 생물학 위험물질 취급 위반

1) 재난의 1단계

당신은 질병관리 및 예방본부Centers for Disease Control and Prevention (CDCP)의 조사관이다. 대규모 대학 연구실의 어느 연구원이 연무제실 사고로 박테리아에 감염되었음을 알리는 서류가 방금 어느 병원에서 들어왔다(Sunshine Project, 2007). 이 사건은 1년 전에 발생했지만, 이러한 사고는 연구원이 박테리아에 노출된 지 7일 이내에 보고하도록 연방정부의 지침에 분명히 명시되어 있다. 이 연구원은 박테리아에 노출되어 적어도 두 달 동안 항생제를 맞았다(Sunshine Project, 2007). 이 사건은 연방정부에서 자금을 지원하는 연구와 관련이 있다. 우연하게도 이 대학은 4억 5,000만 달러에 달하는 생체 방어 연구에 대한 연방정부의 보조금을 놓고 경쟁 중이다(Brainard and Fischer, 2007).

❶ **실행계획은 무엇인가?** 조사관의 임무는 작업 과정, 문서화된 절차, 인력 그리고 대학 측이 연방정부에 보고해야 하는 일부 선별물질(탄저병 같은 생물 독소)에 대한 검토 등과 관련해 대학을 철저하게 조사하는 것이다. 조사관은 이러한 감사를 실시하기 위해 기

록된 모든 문서를 검토하고 선별 물질을 다루는 모든 연구원, 그리고 생물 독소와 관련된 연구를 감독해온 대학의 책임자들과 면담해야 한다. 선별 물질에 노출된 사람들과 면담을 해서 선별 물질에 어떻게 노출되었는지를 판별한 다음, 가능하다면 이들의 의료기록에 그러한 정보를 추가해야 한다.

❷ **통신계획은 무엇인가?** 조사팀은 연구 계약이나 (해당한다면) 보조금과 관련이 있을 수 있는 모든 기관과 연락해야 하며, 대학의 고위층과도 지속적으로 접촉해야 한다.

❸ **대학 내부 및 주변 사람들의 안전을 어떻게 확보할 것인가?** 조사가 완료되고 모든 증거가 수집되어 결과가 나올 때까지 생물 독소와 관련된 모든 연구를 유예시켜야 한다. 대학에서 선별 물질을 다루도록 허락받은 모든 연구인력은 추후 통지가 있을 때까지 이러한 권한을 유예해야 한다. 그뿐만 아니라 추후 통지가 있을 때까지 선별 물질을 사용하는 연구 제안이 포함된, 연방정부의 모든 계약과 보조금을 책정해서는 안 된다.

2) 재난의 2단계

방금 같은 대학의 연구원 3명이 Q-열병Q-fever에 노출되었다는 통지가 들어왔다. Q-열병은 질병관리본부가 고도로 제약받는 선별 물질로 지정한 질병이다(Hill, 2007). 이 사건은 얼마 전에 통지받았지만, 실은 박테리아 노출이 있은 지 두 달 뒤에 발생한 것으로 보인다. 당신은 일 년 전에 발생한 이 사건에 대해 아직도 대학 측이 제출할 보고서를 기다리고 있다(Hill, 2007). 이번 경우에도 연구소 측에서 질병관리본부에 사건을 보고하도록 되어 있는 최대 유예 기간은 7일이다.

❶ **실행계획은 무엇인가?** 조사관은 보고서를 아직 제출하지 않은 것은 결코 받아들일 수 없는 일이라는 사실을 대학 측에 분명히 밝혀야 한다. 그뿐만 아니라 대학 측에 요청한 문서를 조사관에게 제출하지 않으면, 이 사건을 모두 폭로하는 것은 물론, 연방정부와 맺은 모든 계약과 보조금을 연구의 모든 영역에 걸쳐 중단시켜야 한다는 사실을 소속 기관에 상기시켜야 한다. 이 시점에서 조사관은 범죄나 민사 소송의 대상이 될 수 있는 사람들의 명단을 작성하고, 연방정부의 법령 위반과 업무 방해로 기소할 수 있는 증거를 모으기 시작해야 한다.

❷ **통신계획은 무엇인가?** 조사를 받는 대학의 고위 책임자들과 접촉을 유지하고, 조사가 이뤄지는 상황을 당신의 부서에 지속적으로 알려야 한다.

3) 재난의 3단계

당신은 대학 측이 그 문제에 대해 알고 있었으면서도 이 사건을 질병관리본부에 보고하지 않았다는 사실을 알고 매우 흥분한다(Sunshine Project, 2007). 그 대학의 임시 총장은 Q-열병에 노출된 연구원 중 그 병에 걸린 사람이 아무도 없어 대학이 질병관리본부의 정책에 따른 것으로 생각했다고 진술한다(Schnirring, 2007). 당신은 선별 물질 및 독소부Select Agent and Toxins Division에서 조사팀을 파견해 그 대학의 실험실을 조사하기로 결정한다(Schnirring, 2007). 파견된 조사관들은 여러 연구원 및 책임자가 이러한 노출에 대해 알면서도 질병관리본부에 보고해야 하는 규정에 따르지 않았다는 사실을 발견한다. 이 외에도 18명으로 구성된 조사팀에서 밝혀낸 사실은 다음과 같다.

- 미생물이 담긴 유리병 세 개가 목록에서 사라짐
- 질병관리본부의 동의 없이 규제 대상인 세균에 대한 연구를 실시함
- 연구실 직원들이 감염을 예방하는 적절한 보호복과 마스크를 착용하지 않음
- 오염 제거 절차가 부적절했음
- 질병관리본부의 허락 없이 연구원들은 접근이 제한된 생체 원소에 적어도 일곱 차례 접근함(Brainard and Hermes, 2007).

❶ **새로운 실행계획은 무엇인가?** 질병관리본부가 발견한 사실을 감안해 대학 측에서 연구 활동과 선별 물질을 다루는 절차를 바꿀 때까지 생물 독소와 선별 물질을 다루는 이 대학의 연구 프로그램은 무기한 중단되어야 한다. 그뿐만 아니라 연방정부의 법을 어기고 선별 물질로 작업한 모든 연구원은 어떤 고등교육기관이나 연구소에 고용되었든 질병관리본부의 허락이 있을 때까지 생물 독소에 접근할 수 없다.

❷ **새로운 통신계획은 무엇인가?** 연방정부의 명령을 무시하고 자의적으로 해석하는 것은 결코 받아들일 수 없는 일임을 대학 측에 알려야 한다. 연구 생산성은 안전 문제와 결코 타협할 수 없으며, 연방정부의 명령에 선행해서도 안 된다. 이 두 가지 원칙을 무시하면 연구원, 책임자 그리고 대학 측이 심각한 결과를 맞게 될 것이다.

4) 주요 문제점

사건이 발생하면, 학교 책임자는 법에 명시된 대로 법규 위반 사실을

보고해야 한다. 고등교육기관의 책임자는 모든 법률의 위반 가능성이나 안전규정 위반 문제에 대처하는 데 있어 연방정부의 담당자와 협조해야 한다. 연방정부의 담당자와 협조하지 않으면 교수, 직원 그리고 학생이 부상을 입거나 사망하는 결과를 초래할 수 있으며, 책임자가 형사법 위반, 제재, 민사 소송의 대상이 될 수 있다.

가장 큰 잘못은 법에 명시된 대로 그러한 노출 사건을 연방정부에 보고하지 않은 것이다. 두 번째로 큰 잘못은 연구소가 연방정부의 법에 의해 제약을 받는다는 사실을 인식하지 못한 점이다. 대신, 책임자들은 생물학적 안전성에 대한 지침이 단순한 권고사항인 줄 알았다는 입장을 취했다.

텍사스 A&M 대학교는 생물학적 연구와 관련해 최소 두 달 동안 연방정부의 보조금을 유예 당했으며(이는 1,800만 달러에 달하는 연구 자금으로, 5개의 연구실에서 일하는 120명의 직원이 피해를 입었다), 모든 선별 물질에 대한 연구를 금지당했다. 이는 미국에서 연구가 금지된 첫 사례다(Brainard and Fischer, 2007). 텍사스 A&M 대학교는 100만 달러의 벌금을 냈고, 4억 5,000만 달러에 달하는 생체 방어 비용의 손해를 보았다(Cox, 2008; Schnitting, 2008).

5) 기억해야 할 사항

환경 안전 및 보건Environment Health and Safety (EHS) 부서의 책임자는 자신이 맡은 임무를 효율적으로 수행할 권위를 잃었다며 사임했고, 연구 담당 부총장도 사퇴했다(Haurwitz, 2007).

제4부
마지막 제언

결론

이 연구사례집에 실린 모든 재난 시나리오는 사실이다. 우리는 각 재난을 둘러싼 모든 사실들이 실제로 벌어진 사건 그대로임—사건이 전개되면서 발생하는 연속적인 사건들을 그대로 묘사한 것임—을 밝히는 바다. 우리는 여러 가지 사실을 파악하고 분석해서 의사결정이 내려지는 과정과 그러한 과정을 둘러싼 상황을 면밀히 검토할 수 있지만, 실제 재난에 대응하면서 재난관리자들이 겪었을 스트레스와 복잡한 감정 그리고 너무도 어려운 결정 과정을 제대로 묘사하기란 불가능한 일이라는 생각이 든다. 당연하지만, 특히나 일이 이미 벌어진 뒤에 재난대응 상황에서 했어야 했던 또는 할 수 있었던 행동을 뒤늦게 추측하는 것은 누구에게나 매우 쉬운 일이다. 불행히도 실질적인 재난 상황에서 의사결정권자들은 불완전하거나 모순되는 정보를 가지고 있으며, 그럼에도 재난에 대응하는 조치를 취해야 하는 상황에 직면한다. 이 같은 정보의 부족과 심지어 정보의 오류는 실제 현장에서 실시간으로 재난에 맞서야 하는 의사결정권자에게 영향을 미칠 수밖에 없다. 우리는 공공업무를 담당한 책임자와 긴급구조대원들이 다른 상황이었다면, 또는 중요한 정보를 알고 있었다면 사건을 어떻게 해결했을지 생각해보도록 하기 위해 이 책을 썼다.

이 연구사례들은 현장의 재난관리자가 이전에 한 번도 경험해보지 못한 독특한 과제들을 담고 있다. 여러분은 모든 상황이 다르며, 같은 문제는 없다는 사실을 기억해야 한다. 건물 화재나 인질극 같은 일상적인 문제는 대개 지역의 긴급구조대원들도 대처할 수 있다. 재난관리자들이 재난대응계획을 세울 때 명심해야 할 것은 바로 이례적인 상황이다. 이러한 상황에는 독특한 해결 방법과 융통성 있는 의사결정이 필요하다.

재난관리자들은 어떤 위험이 자신들의 지역사회에 부정적인 영향을 미칠 것인지를 조사해야 한다. 예를 들어, 캘리포니아의 재난관리자는 몇몇 지역사회가 지진이 발생하는 것으로 알려진 단층선 위에 자리잡고 있으므로 지진의 피해에 대해 알아야 한다. 해안지역에 있는 지역사회의 재난관리자는 허리케인, 홍수, 쓰나미 같은 다른 위협에 대처하게 될지언정 지진에 맞설 가능성은 그리 크지 않다. 간단히 말해, 재난관리자는 어떤 위협이 자신의 조직에 피해를 줄 가능성이 가장 큰지를 잘 알고 그러한 유형의 위협에 대처할 자원을 얻을 계획을 세워야 한다. 이 연구사례에서 보여주듯이, 부적절한 계획 수립은 재난관리자로 하여금 상황에 대한 통제력을 잃고, 생존하기 위해 수동적인 반응만 하도록 할 뿐이다. 적절한 계획 수립, 충분한 자원, 예지력과 독창성을 갖춘 재난관리자는 발생할 수 있는 피해를 예측하고 완화할 수 있으며, 어쩌면 재난이 발생하는 것 자체를 예방할 수 있을지도 모른다.

참고문헌

9–11 Research. 2008. The victims. Who was killed in the September 11 attack. Retrieved November 22, 2008, from http://911research.wtc7.net/sept11/victims/index.html.

Ahlers, Mike M. 2004. 9/11 commission hears flight attendant's phone call. CNN Washington Bureau. Retrieved January 28, 2004, from http://edition.cnn.com/2004/US/01/27/911.commis.call/index.html.

American Chemical Society. 1986. *The Three Mile Island accident. Diagnosis and prognosis*. American Chemical Society.

Andres, Brad. 1997. The *Exxon Valdez* oil spill disrupted the breeding of black oystercatchers. *Journal of Wildlife Management*, vol. 10. Retrieved January 13, 2009, from http://www.jstor.org/stable/3802132?&Search=yes&term=exxon&term=valdez&list=hide&searchUri=%2Faction%2FdoBasicSearch%3FQuery%3Dexxon%2Bvaldez%26gw%3Djtx%26prq%3Dchilean%2Bearthquake%26hp%3D25%26wc%3Don&item=1&ttl=1130&returnArticleService=showArticle.

Angelfire. 2005. Havoc created from Hurricane Katrina. Retrieved August 29, 2005, from http://www.angelfire.com/ia3/katrina/USATODAY.

Arsenault, Mark. 2003. Great White: Performing again is the right thing. Retrieved July 31, 2003, from http://www.projo.com/extra/2003/stationfire/archive/projo_20030731_jackr31.55c1.html.

Arvich, Paul. 1984. *The Haymarket tragedy.* Princeton University Press.

Associated Press. 1980. Man who defined volcano gets marriage proposals. LexisNexis. Retrieved April 26, 1980, from http://www.lexisnexis.com/us/lnacademic/results/docview/docview.do?docLinkInd=true&risb=21_T5376184980&format=GNBFI&sort=null&startDocNo=1&resultsUrlKey=29_T5376186586&cisb=22_T5376186585&treeMax=true&treeWidth=0&csi=304478&docNo=1.

Associated Press. 1988. Few know about North America's deadliest fire. LexisNexis. Retrieved October 08, 1988, from http://www.lexisnexis.com/us/lnacademic/results/docview/docview.do?docLinkInd=true&risb=21_T5367979222&format=GNBFI&sort=RELEVANCE&startDocNo=1&resultsUrlKey=29_T5367979225&cisb=22_T5367979224&treeMax=true&treeWidth=0&csi=304478&docNo=7.

Associated Press. 2005a. Bush chooses new FEMA director. MSNBC. Retrieved September13, 2005, from http://www.msnbc.msn.com/id/9315184/.

Associated Press. 2005b. Coastal evacuation in Texas. Fox News. Retrieved September 20, 2005, from http://www.foxnews.com/story/0,2933,169845,00.html.

Associated Press State and Local Wire. 2006. Some past moves by Alaska native villages. LexisNexis. Retrieved December 26, 2006, from http://www/lexisnexis.com/us/lnacademic/results/docview/docview/docview.do?risb=21_T2303058825&format=GNBFI&sort=RELEVANCE&startDocNo=1&resultsUrkey=29_T2303058828&cisb=22_T2303058827&treeMax=true&treeWidth=0&csi=304481&docNo=7.

Australian Broadcast Corporation. 2012. Black Saturday. Retrieved May 30, 2012, from http://www.abc.net.au/innovation/blacksaturday/#/stories/mosaic.

Ayers, Shirley. 2006. Bioterrorism in Oregon. Emergency Film Group. Retrieved January 6, 2009, from http://www.efilmgroup.com/News/Bioterrorism-in-Oregon.html.

Barnes, Allen. 2008. City manager of Sachse, TX.

Barron, James. 2003. After 1920 blast, the opposite of never forget, no memorials on Wall Street for attack that killed 30. *New York Times*. LexisNexis. Retrieved September 17, 2003, from http://www.lexisnexis.com/us/lnacademic/results/docview/docview.do?docLinkInd=true&risb=21_T5368032022&format=GNBFI&sort=RELEVANCE&startDocNo=1&resultsUrlKey=29_T5368032025&cisb=22_T5368032024&treeMax=true&treeWidth=0&csi=6742&docNo=1.

BBC. 1989. *Exxon Valdez* creates oil slick disaster. March 24. Retrieved January 13, 2009, from http://news.bbc.co.uk/onthisday/hi/dates/stories/march/24/newsid_4231000/4231971.stm.

BBC. 1993. World Trade Center bomb terrorizes New York. February 26. Retrieved January 14, 2009, from http://news.bbc.co.uk/onthisday/hi/dates/stories/february/26/newsid_2516000/2516469.stm.

BBC News. 2001. Libyan guilty of Lockerbie bombing. Retrieved November 29, 2011, from http://news.bbc.co.uk/2/hi/in_depth/1144893.stm.

BBC News. 2007a. Four charged over JFK bomb plot. June 3. Retrieved January 14, 2009, from http://news.bbc.co.uk/1/hi/world/americas/6715443.stm.

BBC News. 2007b. America's day of terror: Timeline. Retrieved September 12, 2001, from http://news.bbc.co.uk/2/hi/americas/1537785.stm.

BBC Weather. 2007. Great storms—Hurricane 1775. Retrieved December 12, 2007, from http://www.bbc.co.uk/weather/features/storms_hurricane2.shtml.

Beck, Eckardt. 1979. The Love Canal tragedy. U.S. Environmental Protection Agency. Retrieved December 17, 2008, from http://www.epa.gov/history/topics/lovecanal/01.htm.

Bellamy, Patrick. 2008. False prophet: The Aum cult of terror. TruTV Crime Library. October 30. Retrieved January 15, 2009, from http://www.trutv.com/library/crime/terrorists_spies/terrorists/prophet/19.html.

Berkley Seismological Lab. 2007. Where can I learn more about the 1906 earthquake? Retrieved August 22, 2007, from http://seismo.berkeley.edu/faq/1906_0.html.

Boise State University. 2008. Disasters: My darling Clementine. Retrieved January 6, 2009, from http://www.boisestate.edu/history/ncasner/hy210/mining.htm.

Boston Globe. 2010. The big picture: Remembering Katrina, five years ago. August 27. Retrieved March 8, 2011, from http://www.boston.com/bigpicture/2010/08/remembering_katrina_five_years.html.

Boulder News. 1999. Tragedy and recovery. April 20. Retrieved January 15, 2009, from http://www.boulderdailycamera.com/shooting/22chronology.html.

Brainard, Jeffery, and Fischer, Karen. 2007. Agency halts risky research on microbes at Texas A&M. *The Chronicle*. Retrieved July 13, 2007, from http://chronicle.com/weekly/v53/i45/45a00101.htm.

Brainard, Jeffery, and Hermes, J.J. 2007. Texas A&M faulted for safety violations. *The Chronicle*, vol. 54, no. 3, p. A19.

Broughton, Edward. 2005. The Bhopal disaster and its aftermath: A review. *BioMed Central: Environmental Health*, May 10. Retrieved May 29, 2012, from http://www.ncbi.nlm. nih.gov/pmc/articles/PMC1142333/.

Brown, Aaron. 2005. Hurricane Katrina pummels three states. CNN. Retrieved August 29, 2005, from http://transcripts.cnn.com/TRANSCRIPTS/0508/29/asb.01.html.

Brown, R.J. 2008. The day the clowns cried. History Buff. October 1. Retrieved January 12, 2009, from http://www.historybuff.com/library/reffire.html.

Brunner, Borgna. 2007. The great white hurricane. The blizzard of 1888: March 11–March 14, 1888. Information Please database. Retrieved December 4, 2007, from http://www.infoplease.com/spot/blizzard1.html.

Bullock, Jane A., Haddow, George D., and Haddow, Kim S. 2009. *Global warming, natural, hazards, and emergency management*. Boca Raton, FL: Taylor and Francis Group.

Calvert, Scott. 2009. D.C.–area sniper John Allen Muhammad is executed. *Los Angeles Times*, November 11. Retrieved January 3, 2012, from http://articles.latimes.com/2009/nov/11/nation/na-sniper11.

Cantelon, Philip L., and Williams, Robert C. 1982. *Crisis contained*. The Department of Energy at Three Mile Island. Southern Illinois University, Carbondale, Illinois.

CBS Chicago.com. 2011. 125th anniversary for Haymarket Square conflict. CBS Chicago.com. May 4. Retrieved January 5, 2012, from http://chicago.cbslocal.com/2011/05/04/today-marks-the-125th-anniversary-of-haymarket-square-conflict/.

CBC News. 2003. Timeline: The attacks. CBC News: In Depth: Sniper Attacks. October 21. Retrieved January 3, 2012, from http://www.cbc.ca/news/background/sniper/timeline_attacks.html.

CBC News. 2004. Sniper attacks. CBC News: In Depth: Sniper Attacks. March 10. Retrieved January 3, 2012, from http://www.cbc.ca/news/background/sniper/index.html.

CBS News Online. 2003. Introduction. August 20. Retrieved January 15, 2009, from http://www.cbc.ca/news/background/poweroutage/.

CDC. 2007. Infectious disease information—Mosquito-borne diseases. National Center for Infectious Diseases. Retrieved November 21, 2011, from http://www.cdc.gov/ncidod/diseases/list_mosquitoborne.htm.

Chen, Pauline W. 2010. Tending to patients during a hurricane. *New York Times*, September 2. Retrieved March 8, 2011, from http://www.nytimes.com/2010/09/02/health/views/02chen.html?pagewanted=1&_r=1.

Chicago: City of the Century. 2003. People and events: The great fire of 1871. PBS Online. Retrieved December 19, 2008, from http://www.pbs.org/wgbh/amex/chicago/peopleevents/e_fire.html.

Cline, Isaac M. 2000. Converging paths: A man and a storm. The Weather Doctor. September 1. Retrieved December 19, 2008, from http://www.islandnet.com/~see/weather/history/icline2.htm.

Cooper, Bruce. 2011. A brief illustrated history of the palace hotel of San Francisco. Retrieved January 4, 2012, from http://thepalacehotel.org/.

CNN. 2002. Los Angeles riot still echoes a decade later. April 28. Retrieved November 29, 2011, from http://articles.cnn.com/2002-04-28/us/la.riot.anniversary_1_riot-whitetruck-driver-lapd?_s=PM:US.

CNN U.S. 2008. NTSB: Design flaw led to Minnesota bridge collapse. November 14. Retrieved November 23, 2011, from http://articles.cnn.com/2008-11-14/us/bridge.collapse_1_gusset-plates-bridge-collapse-bridge-designs?_s=PM:US.

CNN U.S. 2010. Settlement reached in Minnesota bridge collapse case. August 23. Retrieved November 29, 2011, from http://www.cnn.com/2010/US/08/23/minnesota.bridge.settlement/index.html.

Court TV Online. 1999. Community reels in the aftermath of Colorado school massacre. April 21. Retrieved December 19, 2008, from http://www.courttv.com/archive/national/1999/0421/shooting_pm_ap.html.

Cox, Kevin. 1997. Devastating storm could happen again: Forecasters fear the kind of hurricane that swept up from the West Indies in 1775 killing thousands. The system actually grew stronger as it moved northward. *The Globe and Mail* (Canada). LexisNexis. Retrieved March 29, 1997, from http://www.lexisnexis.com/us/lnacademic/results/docview/docview.do?docLinkInd=true&risb=21_T5376101692&format=GNBFI&sort=RELEVANCE&startDocNo=1&resultsUrlKey=29_T5376101695&cisb=22_T5376101694&treeMax=true&treeWidth=0&csi=303830&docNo=1.

Cox, Stan. 2008. Bidding war for biowarfare labs: The germs next door. Counterpunch. March

26. Retrieved June 17, 2010, from http://www.counterpunch.org/cox03262008.html.

Dallaire, Elise. 2004. Storm of 1913—November 7 to 12, 1913. Storm is the greatest ever to strike the lakes. Retrieved January 12, 2009, from http://elisedallaire.com/44/the_storm_of_1913.htm.

Dan, Suri. 2003. Dan, Dan, the weatherman's world weather trivia page. July 28. Retrieved December 19, 2008, from http://www.dandantheweatherman.com/wortrivmay.html.

Dao, James. 2003. Polite but dogged, sniper suspect offers defense. *New York Times*, October 23. Retrieved January 3, 2012, from http://www.nytimes.com/2003/10/22/us/politebut-dogged-sniper-suspect-offers-defense.html?partner=rssnyt&emc=rss.

Davids, Gavin. 2009. The Love Canal chemical waste dump. MSN.News. February 12. Retrieved January 4, 2012, from http://news.in.msn.com/gallery.aspx?cp-documentid=3460600&page=6.

The Day the Sky Turned Black. 2012. About Black Saturday. Retrieved May 30, 2012, from http://www.thedaytheskyturnedblack.com/#/about-black-saturday/4542166439.

Debartolo, Anthony. 1998. Who caused the great Chicago fire? A possible deathbed confession. March. Retrieved December 19, 2008, from http://www.hydeparkmedia.com/cohn.html.

Deepthi. 2007. Terrorism history timeline 1931 – 1940. Retrieved December 12, 2007, from http://history-timeline.deepthi.com/terrorism-history-timeline/terror-timeline-1931-1940.html.

Delk, James. 1992. The 1992 Los Angeles riots military operations in Los Angeles. California Military Museum, California State Military Department. September. Retrieved January 13, 2008, from http://www.militarymuseum.org/HistoryKingMilOps.html.

Diamond, Christine S. 2005. Hurricane zaps East Texas's power. Cox News Service. LexisNexis. September 25. Retrieved December 19, 2008, from http://www.lexisnexis.com/us/lnacademic/results/docview/docview.do?docLinkInd=true&risb=21_T5376108742&format=GNBFI&sort=RELEVANCE&startDocNo=1&resultsUrlKey=29_T5376108745&cisb=22_T5376108744&treeMax=true&treeWidth=0&csi=157001&docNo=1.

Douglas, Paul. 2005. *Restless skies: The ultimate weather book*. New York: Barnes & Noble Books.

Dubill, Christina. 2011. A look back at the Hyatt Regency skywalk disaster. nbcactionnews.com. July 13. Retrieved January 4, 2012, from http://www.nbcactionnews.com/dpp/news/local_news/a-look-back-at-the-hyatt-regency-skywalk-disaster.

Duke, Martin. 1960. The Chilean earthquakes of May 1960. JSTOR. December 16. Retrieved January 13, 2009, from http://www.jstor.org/stable/1706763?&Search=yes&term=earthquake&term=chilean&term=1960&list=hide&searchUri=%2Faction%2FdoBasicSearch%3FQuery%3Dchilean%2Bearthquake%2B1960%26gw%3Djtx%26prq%3D

chilean%2Bearthquake%26hp%3D25%26wc%3Don&item=10&ttl=272&returnArticleService=showArticle.

Easton, Pam. 2005. Hurricane Rita becomes a 175 mph monster, 1.3 million evacuated. Associated Press. LexisNexis. September 22. Retrieved December 19, 2008, from http://www.lexisnexis.com/us/lnacademic/results/docview/docview.do?docLinkInd=true&risb=21_T5376122070&format=GNBFI&sort=RELEVANCE&startDocNo=1&resultsUrlKey=29_T5376122079&cisb=22_T5376122078&treeMax=true&treeWidth=0&csi=304478&docNo=3.

Eberwine, Donna. 2005. Disaster myths that just won't die. *Perspectives in Health—The Magazine of the Pan American Health Organization*, vol. 10, no. 1. Retrieved January 4, 2012, from http://www.paho.org/english/dd/pin/Number21_article01.htm.

Evans, Blanche. 2007. 1906 San Francisco earthquake. Housing is valuable piece of history. *Realty Times*. Retrieved September 27, 2007, from http://realtytimes.com/rtpages/20060418_quakehistory.htm.

Falkenrath, Richard A., Newman, Robert D., and Thayer, Bradley A. 1998. *America's Achilles' heel: Nuclear, biological, and chemical terrorism and covert attack*. Cambridge, MA: The Belfer Center for Science International Affairs, John F. Kennedy School of Government, MIT Press, Cambridge, MA.

FBI. 2008. First strike: Global terror in America. U.S. Department of Justice. February 26. Retrieved January 14, 2009, from http://www.fbi.gov/page2/feb08/tradebom_022608.html.

FBI. 2009. Amerithrax investigation. Retrieved January 15, 2009, from http://www.fbi.gov/anthrax/amerithraxlinks.htm.

FEMA. 2010. Prepare for a disaster: Water. Retrieved March 14, 2011, from http://www.fema.gov/plan/prepare/water.shtm.

Fernicola, Richard G. 2001. *Twelve days of terror: A definitive investigation of the 1916 New Jersey sharks attacks*. Guilford, CT: Lyons Press.

Field Museum. 2007. Lions of Tsavo. Retrieved May 29, 2012, from http://archive.fieldmuseum.org/exhibits/exhibit_sites/tsavo/maneaters.html.

Fortili, Amy. 2003. Horrific fire stuns Rhode Island, tops headlines in 2003. *Boston News*, December 27. Retrieved December 19, 2008, from http://www.boston.com/news/specials/year_in_review/2003/articles/ri_top_stories/.

Frank, Neil L. 2003. The great Galveston hurricane of 1900. Retrieved December 19, 2008, from http://www.agu.org/pubs/booksales/hurricane/Chapter_05galveston.pdf.

Galveston Newspapers. 2007. An island washed away. Retrieved December 12, 2007, from http://www.1900storm.com/storm/storm3.lasso.

Gammage, Jeff. 1998. 20 died. The government took heed. In 1948, a killer fog spurred air cleanup. *Philadelphia Inquirer*, October 29. Retrieved January 13, 2009, from http://

www.depweb.state.pa.us/heritage/cwp/view.asp?a=3&Q=533403&PM=1#marker.

Gold, Scott. 2005. Trapped in the Superdome: Refuge becomes a hellhole. *Seattle Times*, September 1. Retrieved March 8, 2011, from http://seattletimes.nwsource.com/html/hurricanekatrina/2002463400_katrinasuperdome01.html.

Goldman Environmental Foundation. 2007. Lois Gibbs. Retrieved October 2007 from http://www.goldmanprize.org/node/103.

Goldman, Julianna. 2011. Bin Laden killing by U.S. forces praised as officials ready for reprisals. *Bloomberg*, May 2. Retrieved December 1, 2011, from http://www.bloomberg.com/news/2011-05-02/osama-bin-laden-killed-in-u-s-operation-obama-says-in-address-to-nation.html.

Gray, Madison. 2008. The L.A. riots: 15 years after Rodney King. Time in partnership with CNN. October 28. Retrieved January 13, 2009, from http://www.time.com/time/specials/2007/la_riot/article/0,28804,1614117_1614084,00.html.

Greene, R.W. 2002. *Confronting catastrophe: A GIS handbook*. Redlands, CA: ESRI.

Greer, William. 1986. As people move to forest, threat from the fires is rising. *New York Times*. LexisNexis. Retrieved December 19, 2008, from http://www.lexisnexis.com/us/lnacademic/results/docview/docview.do?docLinkInd=true&risb=21_T5398704491&format=GNBFI&sort=RELEVANCE&startDocNo=1&resultsUrlKey=29_T5398704497&cisb=22_T5398704496&treeMax=true&treeWidth=295&selRCNodeID=54&nodeStateId=411en_US,1,53&docsInCategory=43&csi=6742&docNo=3.

Gross, Daniel. 2001. Previous terror on Wall Street. A look at a 1920 bombing. September 20. Retrieved December 19, 2008, from http://www.thestreet.com/comment/ballotdance/10001305.html.

Gunter, Paul. 1995. Reactor Watchdog Project: Chernobyl: Basic facts. Nuclear Information and Resource Service. Retrieved May 30, 2012, from http://www.nirs.org/reactorwatch/accidents/cherfact.htm.

H2g2. 2001. How May Day became worker's holiday. October 4. Retrieved December 19, 2008, from http://www.bbc.co.uk/dna/h2g2/A627662.

Haurwitz, Ralph K.M. 2007. A&M lab safety chief resigns: Campus president to address federal report on shortcomings today. *Austin American-Statesman*. Retrieved September 6, 2007, from http://www.statesman.com/news/content/news/stories/local/09/06/0906am.html.

Hays, Jeffrey. 2010. Facts and details. Sichuan earthquake, poorly-built schools, activists and parents. Retrieved May 31, 2012, from http://factsanddetails.com/china.php?itemid=1020&catid=10&subcatid=65.

Hays, Kristen. 2005. Houstonians rethinking storm preparedness. Associated Press. September 27. Retrieved January 13, 2009, from http://www.wfaa.com/sharedcontent/nationworld/hurricaneRita/stories/092705ccRitawchouprep.d2ac3308.html.

Heimlich, Janet, and Edwards, Bob. 1998. University may reopen tower. NPR Morning Edition. LexisNexis. November 11. Retrieved December 19, 2008, from http://www.lexisnexis.com/us/lnacademic/results/docview/docview.do?docLinkInd=true&risb=21_T5376162105&format=GNBFI&sort=RELEVANCE&startDocNo=1&resultsUrlKey=29_T5376162120&cisb=22_T5376162119&treeMax=true&treeWidth=0&csi=8398&docNo=3.

Hill, Michael. 2012. Black Saturday. *Wildfire Magazine*. Retrieved May 30, 2012, from http://wildfiremag.com/tactics/black-saturday-bushfire-lessons-200905/.

Hill, Todd. 2007. Biological agent infects A&M scientists … again. Burnt Orange Report. Retrieved June 27, 2007, from http://www.burntorangereport.com/showDiary.do?diaryId=3728.

Hipke, Deana C. 2007a. The great Peshtigo fire of 1871. Retrieved November 30, 2007, from http://www.peshtogofire.info/gallery/burntmap.htm.

Hipke, Deana C. 2007b. The great Peshtigo fire of 1871. Retrieved November 30, 2007, from http://www.peshtigofire.info/gallery/birdseye1871.htm.

Homeland Security. 2011c. Creation of the Department of Homeland Security. Retrieved December 1, 2011, from http://www.dhs.gov/xabout/history/gc_1297963906741.shtm.

Hurricane Headquarters. 2007. Hurricane Rita. CNN News. Retrieved December 12, 2007, from http://www.cnn.com/SPECIALS/2005/hurricanes/interactive/fullpage.hurricanes/rita.html.

Ishman, Zach. 2001. Newspaper coverage of the tri-state tornado ravage of Murphysboro. Illinois Periodicals Online, Northern University Libraries. December 11. Retrieved January 12, 2009, http://www.lib.niu.edu/2001/ihy011210.html.

Ivry, Benjamin. 2007. Sacco and Venzetti: Murders or martyrs? *Washington Times*. LexisNexis. August 24. Retrieved December 19, 2008, from http://www.lexisnexis.com/us/lnacademic/results/docview/docview.do?docLinkInd=true&risb=21_T5376217695&format=GNBFI&sort=RELEVANCE&startDocNo=1&resultsUrlKey=29_T5376219000&cisb=22_T5376217699&treeMax=true&treeWidth=0&csi=8176&docNo=2.

Jeter, Jon. 1997. Letter from Chicago, putting a myth out to pasture. *Washington Post*. LexisNexis. October 29. Retrieved December 19, 2008, from http://www.lexisnexis.com/us/lnacademic/results/docview/docview.do?docLinkInd=true&risb=21_T5398600316&format=GNBFI&sort=RELEVANCE&startDocNo=1&resultsUrlKey=29_T5398600319&cisb=22_T5398600318&treeMax=true&treeWidth=0&selRCNodeID=64&nodeStateId=411en_US,1,63&docsInCategory=4&csi=8075&docNo=3.

Johnstown Flood Museum. 2012. The complete story of the 1889 disaster. Johnstown Flood Museum. Retrieved January 6, 2012, from http://www.jaha.org/FloodMuseum/history.html.

Joint Australian Tsunami Warning Center. 2008. The 1 April 1946 Aleutian earthquake and tsunami. Bureau of Meteorology. October 7. Retrieved January 12, 2009, from http://www.bom.gov.au/tsunami/tsunami_1946.shtml.

Karl Kuenning RFL. 2005. Great White fire. January 30. Retrieved December 19, 2008, from http://www.roadiebook.com/greatwhitefire.htm.

Keen, Judy. 2007. Minn. Bridge warning issued in 1990. *USA Today*, August 6. Retrieved January 14, 2009, from http://www.usatoday.com/news/nation/2007-08-02-minneapolis-bridge_N.htm.

Klinenberg, Eric. 2004. Heat wave of 1995. Encyclopedia of Chicago. Retrieved January 14, 2009, from http://www.encyclopedia.chicagohistory.org/pages/2433.html.

Knabb, Richard D., Brown, Daniel P., and Rhome, Jamie R. 2006. Tropical cyclone report Hurricane Rita. National Hurricane Center. March 17. Retrieved January 3, 2012, from http://www.nhc.noaa.gov/pdf/TCR-AL182005_Rita.pdf.

Kurtenbach, Elaine, and Foreman, William. 2008. China quake shows flaws in building boom. *USA Today*, May 14. Retrieved May 31, 2012, from http://www.usatoday.com/money/economy/2008-05-14-3651640224_x.htm.

Landy, Marc. 2008. *Mega-disasters and federalism*. Public Administration Review, American Society for Public Administration, suppl. to vol. 68. Hoboken, NJ: John Wiley & Sons.

Lane County of Oregon. 2008. The history of West Nile Virus. November 10. Retrieved January 15, 2009, from http://www.lanecounty.org/CAO_PIO/westnilevirus/2_History.htm.

Lavergne, Gary M. 1997. *A sniper in the tower: The Charles Whitman murders*. Denton, TX: University of North Texas Press.

Lester, Paul. 2006. *The great Galveston disaster*. Denton, TX: The University of North Texas Libraries, Pelican Publishing Company.

Local Government Environmental Assistance Network. 2007. Comprehensive Environmental Response, Compensation and Liability Act. Retrieved October 2007 from http://www.lgean.org/html/fedregsguide/ve.cfm.

Long, Merritt. 2008. History of the Great Chicago Fire of 1871. *My Firefighter Nation*, February 3. Retrieved January 4, 2012, from http://my.firefighternation.com/group/firefightinghistorymyths/forum/topics/889755:Topic:341669.

Louisiana Homeland Security and Emergency Preparedness. 2007. 2006 Louisiana citizen awareness and disaster evacuation guides. Retrieved August 2, 2007, from http://www.ohsep.louisiana.gov/evacinfo/stateevacrtes.htm.

Macaulay, Tyson. 2009. *Critical infrastructure: Understanding its component parts, vulnerabilities, operating risks, and interdependencies*. Boca Raton, FL: CRC Press, Taylor and

Francis Group.

Macleod, Marlee. 2007a. Charles Whitman: The Texas tower sniper. Court TV Crime Library. Retrieved November 9, 2007, from http://www.crimelibrary.com/notorious_murders/mass/whitman/preparations_4.html.

Macleod, Marlee. 2007b. Charles Whitman: The Texas tower sniper. Court TV Crime Library. Retrieved November 9, 2007, from http://www.crimelibrary.com/notorious_murders/mass/whitman/battle_5.html.

Macleod, Marlee. 2007c. Charles Whitman: The Texas tower sniper. Court TV Crime Library. Retrieved November 9, 2007, from http://www.crimelibrary.com/notorious_murders/mass/whitman/tower_6.html.

Madigan, Erin. 2004. Nightclub fire prompts new fireworks laws. Stateline. July 3. Retrieved December 19, 2008, from http://www.stateline.org/live/ViewPage.action?siteNodeId=136&languageId=1&contentId=15304.

Manning, Lona. 2006. 9/16: Terrorists bomb Wall Street. *Crime Magazine*, January 25. Retrieved December 19, 2008, from http://crimemagazine.com/06/wallstreetbomb,0115-6.htm.

Mansbridge, Tara. 2003. Viewpoint: A city hiding in fear. CBC News: In Depth: Sniper Attacks. October 10. Retrieved January 3, 2012, from http://www.cbc.ca/news/background/sniper/mansbridge_viewpoint.html.

Martin, Rachel. 1999. Hyatt Regency walkway collapse. Kansas, Missouri. July 17, 1981. December 6. Retrieved December 19, 2008, from http://www.eng.uab.edu/cee/faculty/ndelatte/case_studies_project/Hyatt%20Regency/hyatt.htm#Causes.

McCabe, Scott. 2009. Crime history—Haymarket Square bomb kills 8 in Chicago. *Washington Examiner—Crime Reports*. Retrieved June 18, 2012, from http://washingtonexaminer.com/local/crime/2009/05/crime-history-haymarket-square-bomb-kills-8-chicago/106907.

McLeod, Jaime. 2011. The big blow: The Great Lakes blizzard of 1913. *Farmer's Almanac*, October 31. Retrieved January 5, 2012, from http://www.farmersalmanac.com/weather/2011/10/31/the-big-blow-the-great-lakes-blizzard-of-1913/.

Michel, Lou, and Herbeck, Dan. 2001. *American terrorist: Timothy McVeigh and the Oklahoma City bombing*. New York: Regan Books.

Mine Safety and Health Administration. 2008. 1907 Fairmont Coal Company mining disaster: Monongah, West Virginia. U.S. Department of Labor. September 24. Retrieved from http://www.msha.gov/disaster/monongah/monon1.asp.

Minkel, J.R. 2008. The 2003 northeastern blackout—Five years later. *Scientific American*, August 13. Retrieved November 23, 2011, from http://www.scientificamerican.com/article.cfm?id=2003-blackout-five-years-later.

Monitor Reporter. 2012. The Uganda railway that had death and method to its lunacy.

Daily Monitor, April 27. Retrieved May 29, 2012, http://www.monitor.co.ug/Special-Reports/ugandaat50/-/1370466/1394816/-/uicvf8z/-/index.html.

Moore Memorial Public Library. 2007. The Texas City disaster: April 16 and 17, 1947. April 2. Retrieved January 13, 2009, from http://www.texascity-library.org/TCDisasterExhibit/index.html.

MSNBC. 2005. New Orleans major orders looting crackdown. Thousands feared dead from Katrina's wrath, stadium evacuation begins. September 1. Retrieved December 19, 2008, from http://www.msnbc.msn.com/id/9063708.

Mufson, Steven. 1997. Three gorges: China floods the Yangtze. *Washington Post*, November 9. Retrieved May 31, 2012, from http://www.washingtonpost.com/wp-srv/inatl/longterm/yangtze/yangtze.htm.

Naden, Corinne J. 1968. *The Haymarket affair, Chicago, 1886. The "great anarchist" riot and trial*. New York: Franklin Watts.

Nairobi Chronicle. 2008. Kenya-Uganda railway: A short history. August 9. Retrieved May 29, 2012, from http://nairobichronicle.wordpress.com/2008/08/09/kenya-uganda-railwaya-short-history/.

NASA. 2011. Sequence of major events of the *Challenger* accident. *Challenger* STS 51-L-Accident. Office of Communications. Retrieved March 10, 2011, from http://science.ksc.nasa.gov/shuttle/missions/51-l/docs/events.txt.

National Commission on Terrorist Attacks upon the United States. 2004. We have some planes. August 21. Retrieved December 19, 2008, from http://www.9-11commission.gov/report/911Report_Ch1.htm.

National Institute of Standards and Technology. 2004. Interim report on WTC 7. June 2004. Retrieved December 19, 2008, from http://wtc.nist.gov/progress_report_june04/appendixl.pdf.

National Weather Service. 2007. Tropical weather summary—2005 web final. January 25. Retrieved December 19, 2008, from http://www.nhc.noaa.gov/archive/2005/tws/MIATWSAT_nov_final.shtml.

National Weather Service, Paducah, Kentucky, Forecast Office. 2010. NOAA/NWS 1925 tri-state tornado web site—Startling statistics. March 2. Retrieved January 5, 2012, from http://www.crh.noaa.gov/pah/?n=1925_tor_ss.

Navarro, Peter. 2008. Earthquake repercussions spur rethinking of China's dam building strategy. *Asia-Pacific Journal:Japan Focus*, vol. 8, no. 12. Retrieved May 31, 2012, from http://japanfocus.org/-Peter-Navarro/2774.

Nelson, Stanley. 2004. The great Natchez tornado of 1840. *The Sentinel*, December 13. Retrieved November 21, 2011, from http://www.natchezcitycemetery.com/custom/webpage.cfm?content=News&id=75.

New York Times. 1906. Over 500 dead, $200,000,000 lost in San Francisco earthquake. Retrieved January 4, 2012, from http://www.nytimes.com/learning/general/onthisday/big/0418.html#article.

New York Times. 1916. Shark guards out at beach resorts. July 8. Retrieved January 3, 2012, from http://query.nytimes.com/mem/archive-free/pdf?res=F60A1FFE355B17738DDDA10894DF405B868DF1D3.

New York Times. 2005. Former FEMA director testifies before Congress. September 27. Retrieved December 19, 2008, from http://www.nytimes.com/2005/09/27/national/nationalspecial/27text-brown.html?pagewanted=all.

NOAA Celebrates. 2007. The great Galveston hurricane of 1900. August 31. Retrieved December 19, 2008, from http://celebrating200years.noaa.gov/magazine/galv_hurricane/welcome.html#pred.

Noe, Denise. 2008. The Olympics bombed. TruTV Crime Library. October 30. Retrieved from http://www.trutv.com/library/crime/terrorists_spies/terrorists/eric_rudolph/1.html.

Office of Governor Timothy M. Kaine. 2007. Report of the Virginia Tech Review Panel. December 12. Retrieved December 19, 2008, from http://www.governor.virginia.gov/TempContent/techPanelReport.cfm.

Office of Public Affairs. 2005. Department of Energy response to Hurricane Katrina. September 2. Retrieved December 19, 2008, from http://www.energy.gov/print/1707.htm.

Ohio Historical Society. 2006. November 9-11, 1913: Great Lakes Hurricane. Severe weather in Ohio. Retrieved January 12, 2009, from http://www.ohiohistory.org/etcetera/exhibits/swio/pages/content/1913_hurricane.htm.

Oklahoma National Memorial and Museum. 2011. One city, one nation, one resolve. Retrieved November 29, 2011, from http://www.oklahomacitynationalmemorial.org/.

Pararas-Carayannis, George. 2011. Chile earthquake and tsunami of 22 May 1960. Disaster Pages of Dr. Pararas-Carayannis. Retrieved January 3, 2012, from http://www.drgeorgepc.com/Tsunami1960.html.

Parker, Paul Edward. 2007. Tally of a tragedy: 462 were in the station on the night of fire. December 3. Retrieved December 19, 2008, from http://www.projo.com/extra/2003/stationfire/content/STATION_FIRE_LIST_12-03-07_QL81OLD_v55.2a82be5.html.

Patterson, John Henry. 1919. *The man-eaters of Tsavo*. London: Macmillan and Co., Ltd. Retrieved May 29, 2012, from http://robroy.dyndns.info/tsavo/tsavo.html#chap1.

Perrow, Charles. 1999. *Normal accidents: Living with high-risk technologies*. Princeton, NJ: Princeton University Press.

Perrow, Charles. 2007. *The next catastrophe: Reducing our vulnerabilities to natural, industrial, and terrorist disasters*. Princeton, NJ: Princeton University Press.

Petersen, Jim. 2005. The 1910 fire. *Evergreen Magazine*, winter edition 1994 – 1995. Idaho Forest Products Commission. Retrieved January 6, 2009, from http://www.idahoforests.org/fires.htm.

Plane crash info. 2007. Accident details. December 12. Retrieved December 19, 2008, from http://www.planecrashinfo.com/1933/1933-16.htm.

Preparation for Hurricanes. 2007. Hurricane Katrina. December 5. Retrieved December 19, 2008, from http://www.preparationforhurricanes.com/hurricanekatrina.html.

President's Commission on the Accident at Three Mile Island. 2006. Account of the accident. Wednesday, March 28, 1979. Retrieved December 19, 2008, from http://www.pddoc.com/tmi2/kemeny/wednesday_march_28_1979.htm.

PR Newswire US. 2006. Reliving the gripping tale of America's most catastrophic earthquake in National Geographic channel's the great quake. Two hours HD special marks the 100 year anniversary of the epic 1906 San Francisco earthquake the destroyed three quarters of the city. LexisNexis. March 27. Retrieved December 19, 2008, from http://www.lexisnexis.com/us/lnacademic/results/docview/docview.do?docLinkInd=true&risb=21_T5398624577&format=GNBFI&sort=null&startDocNo=1&resultsUrlKey=29_T5398625929&cisb=22_T5398625928&treeMax=true&treeWidth=0&csi=8054&docNo=1.

Raimondo, Justin. 2005. Covering the tracks of the anthrax attacks. What, where, why—who. September 19. Retrieved January 15, 2009, from http://www.antiwar.com/justin/?articleid=7312.

Rainey, Sarah. 2011. Dambusters hero "killed by friendly fire." *The Telegraph*, October 10. Retrieved November 21, 2011, from http://www.telegraph.co.uk/news/newstopics/world-war-2/8817932/Dambusters-hero-killed-by-friendly-fire.html.

Richmond Then and Now. 2007. Richmond theatre fire—December 26, 1811. Two lovers perished together in the burning of Richmond theatre. December 5. Retrieved December 19, 2008, from http://richmondthenandnow.com/Newspaper-Articles/Richmond-Theatre-Fire.html.

Ricks, Truett A., Tillett, Bill G., and Van Meter, Clifford 1994. Principles of Security: Third Edition. Anderson Publishing Company, Cincinatti, Ohio.

Rodriguez, Havidan, Quarantelli, Enrico L., and Dynes, Russell R. 2007. *Handbook of disaster research*. New York: Spring Science + Business Media. "The role of geographic information systems/remote sensing in disaster management." In Havidan Rodriquez, Enrico L. Quarantelli, and Russell R. Dynes (eds.), *Handbook of disaster research*. New York: Springer.

Roy, Jennifer. 2008. Design flaw identified in Minnesota Bridge collapse. *Design News*, January 15. Retrieved January 14, 2009, from http://www.designnews.com/article/1790-Design_Flaw_Identified_in_Minnesota_Bridge_Collapse.php.

Rozell, Ned. 2009. Steward devastated during 1964 earthquake. Sit News: Stories in the News—Alaska Science. April 10. Retrieved February 1, 2012, from http://www.sitnews.us/0409news/041009/041009_ak_science.html.

Ruffman, Alan. 1996. The multidisciplinary rediscovery and tracking of "the Great Newfoundland and Saint-Pierre et Miquelon Hurricane of September 1775." Retrieved January 4, 2012, from http://cnrs-scrn.org/northern_mariner/vol06/tnm_6_3_11-23.pdf.

Schmid, Randolph E. 2005. Engrossing account of tragic 1888 blizzard. Associated Press. LexisNexis. January 31. Retrieved December 19, 2008, from http://www.lexisnexis.com/us/lnacademic/results/docview/docview.do?docLinkInd=true&risb=21_T5398594066&format=GNBFI&sort=RELEVANCE&startDocNo=1&resultsUrlKey=29_T5398594072&cisb=22_T5398594071&treeMax=true&treeWidth=0&csi=304478&docNo=1.

Schnirring, Lisa. 2007. CDC suspends work at Texas A&M biodefense lab. CIDRAP. July 3. Retrieved December 19, 2008, from http://www.cidrap.umn.edu/cidrap/content/bt/bioprep/news/jul0307bioweapons.html.

Schnirring, Lisa. 2008. Texas A&M fined $1 million for lab safety lapses. CIDRAP. February 21. Retrieved June 17, 2010, from http://www.cidrap.umn.edu/cidrap/content/bt/bioprep/news/feb2108biolab-jw.html.

Schreuder, Cindy. 1995. The 1995 Chicago heat wave. *Chicago Tribune*, July 13. Retrieved November 21, 1995, from http://www.chicagotribune.com/news/politics/chi-chicagodays-1995heat-story%2C0%2C4201565.story.

Schure, Teri. 2010. *Exxon Valdez* oil spill: 21 years later. June 15. Retrieved February 1, 2012, from http://www.worldpress.org/Americas/3571.cfm.

Sheahan, James, and Upton, George. 1871. *The great conflagration. Chicago: Its past, present and future*. Chicago: Union Publishing Company.

Siddaway, Jason M., and Petelina, Svetlana. 2009. Australian 2009 Black Saturday bushfire smoke in the lower stratosphere: Study with Odin/OSIRIS. Retrieved May 30, 2012, from http://www.thedaytheskyturnedblack.com/#/about-black-saturday/4542166439.

Solar Navigator. 2007. Hurricane Katrina. September 2005. December 5. Retrieved December 19, 2008, from http://www.solarnavigator.net/hurricane_katrina.htm.

Spektor, Alex. 2007. September 11, 2001 victims. December 18. Retrieved December 19, 2008, from http://www.september11victims.com/september11victims/STATISTIC.asp.

Steel, Fiona. 2008. The Littleton school massacre. TruTV. November 7. Retrieved January 15, 2009, from http://www.trutv.com/library/crime/notorious_murders/mass/littleton/index_1.html.

Sting Shield Insect Veil. 2008. Archive: 2004 AHB News reported in the media. October 28. Retrieved January 14, 2009, from http://www.stingshield.com/2004news.htm.

Stone, Jamie. 2006. The world's deadliest storms. Ezine articles. October 24. Retrieved December 19, 2008, from http://ezinearticles.com/?The-Worlds-Deadliest-Storm&id=337559/

Stoss, Fred, and Fabian, Carole. 1998. Love Canal@25. University of Buffalo. August. Retrieved December 19, 2008, from http://library.buffalo.edu/libraries/specialcollections/lovecanal/about.html.

Struck, Doug, and Milbank, Dana. 2005. Rita spares cities, devastates rural areas. *Washington Post*, September 26. Retrieved March 6, 2009, from http://www.washingtonpost.com/wp-dyn/content/article/2005/09/25/AR2005092500335.html.

Suburban Emergency Management Project. 2004. The flawed emergency response to the 1992 Los Angeles Riots Part C. November 30. Retrieved January 13, 2008, from http://www.semp.us/publications/biot_reader.php?BiotID=144.

Sullivan, Casey. 2009. USS Squalus submarine tragedy, rescue was 70 years ago. *Herald Sunday*, May 24. Retrieved March 10, 2011, from http://www.hampton.lib.nh.us/hampton/history/ships/usssqualus/USS_Squalus_70yearsagoHS20090524.htm.

Sunshine Project. 2007. Texas A&M University violates federal law in biodefense lab infection. April 12. Retrieved December 19, 2008, from http://www.sunshine-project.org/publications/pr/pr120407.html.

Tan, Kenneth, Washburn, Dan, Chorba, Pete, and Sandhaus, Derek. 2012. Earthquake 7.9 on Richter scale hits Sichuan, tremors felt across China, more than 10,000 dead, thousands more trapped under rubble. *Shanghaiist*. Retrieved May 31, 2012, from http://shanghaiist.com/2008/05/12/earthquake-hits-wenchuan-sichuan.php.

Texas A&M University. 2009. Engineering ethics—Negligence and the professional "debate" over responsibility for design." Department of Philosophy and Department of Mechanical Engineering. Retrieved November 23, 2011, from http://ethics.tamu.edu/ethics/hyatt/hyatt1.htm.

Texas State Historical Association. 2001. Indianola hurricanes. June 6. Retrieved December 19, 2008, from http://www.tshaonline.org/handbook/online/articles/II/ydi1.html.

Texas State Historical Association. 2002. Galveston hurricane of 1900. March 8. Retrieved December 19, 2008, from http://www.tshaonline.org/handbook/online/articles/GG/ydg2.html.

Thevenot, Brian, and Russell, Gordon. 2005. Report of anarchy at Superdome overstated. September 26. Retrieved December 19, 2008, from http://seattletimes.nwsource.com/html/nationworld/2002520986_katmyth26.html.

Think Progress. 2007. Katrina's timeline. December 7. Retrieved December 19, 2008, from http://thinkprogress.org/katrina-timeline.

Thomas, Deborah S.K., Ertugay, Kivanc, and Kemec, Serkan. 2007.

Three Mile Island Alert. 2007. Three Mile Island nuclear accident, March 28, 1979. November 26. Retrieved December 19, 2008, from http://www.tmia.com/accident/28.html.

Tilling, Robert, Lyn, Topinka, and Swanson, Donald. 1990. Eruptions of Mount St. Helens: Past, present, and future. U.S. Geological Survey Special Interest Publication. December 27. Retrieved December 19, 2008, from http://vulcan.wr.usgs.gov/Volcanoes/MSH/Publications/MSHPPF/MSH_past_present_future.html.

Timberline Drive Bed & Breakfast. 2007. All about Girlwood, Alaska. October 19. Retrieved December 19, 2008, from http://www.timberlinedrivebnb.com/girlwood.html.

Times Picayune. 2005a. The latest news from the *Times Picayune*. August 28. Retrieved December 19, 2008, from http://www.nola.com/newslogs/breakingtp/index.ssf?/mtlogs/nola_Times-Picayune/archives/2005_08_28.html#074657.

Times Picayune. 2005b. Evacuations to hotels come with own set of hazards. August 20. Retrieved December 19, 2008, from http://www.nola.com/hurricane/t-p/katrina.ssf?/hurricane/katrina/stories/083005_a15_hotels.html.

Tornado Project. 2007a. The top ten U.S. killer tornadoes. December 12. Retrieved December 19, 2008, from http://www.tornadoproject.com/toptens/toptens.htm.

Tornado Project. 2007b. The top ten U.S. killer tornadoes. December 12. Retrieved December 19, 2008, from http://www.tornadoproject.com/toptens/2.htm#top.

Townsend, Mark, Helmore, Edward, and Borger, Julian. 2005. U.S. relieved as Rita rolls past: She was no Katrina, but there are still millions stranded, four days of torrential rain expected and growing anger over the evacuation. *The Observer*. LexisNexis. Retrieved September 25, 2008, from http://www.lexisnexis.com/us/lnacademic/results/docview/docview.do?docLinkInd=true&risb=21_T5398588214&format=GNBFI&sort=RELEVANCE&startDocNo=1&resultsUrlKey=29_T5398588217&cisb=22_T5398588216&treeMax=true&treeWidth=0&csi=143296&docNo=1.

Turmoil and Fever. 2007. Lois Gibb. Environmental activist. Retrieved October 2007 from http://www.heroism.org/class/1970/gibbs.html.

United Press International. 1996. Anniversary of nation's deadliest fire. October 2. Retrieved December 29, 2008, from http://www.lexisnexis.com/us/lnacademic/results/docview/docview.do?docLinkInd=true&risb=21_T5398571217&format=GNBFI&sort=RELEVANCE&startDocNo=1&resultsUrlKey=29_T5398571222&cisb=22_T5398571221&treeMax=true&treeWidth=0&selRCNodeID=49&nodeStateId=411en_US,1,46,17&docsInCategory=29&csi=8076&docNo=1.

University of Buffalo Libraries. 2007. Love Canal collection. October 5. Retrieved December 19, 2008, from http://ublib.buffalo.edu/libraries/projects/lovecanal/introduction.html.

University of Texas at Austin. 2006. Historic fires. December 13. Retrieved December 19, 2008, from http://www.utexas.edu/safety/fire/safety/historic_fires.html.

Uranium Information Centre Ltd. 2001. Three Mile Island: 1979. March. Retrieved December 19, 2008, from http://www.uic.com.au/nip48.htm.

USCG Stormwatch. 2007. Coast Guard response to Hurricane Katrina. June 7. Retrieved December 19, 2008, from http://www.uscgstormwatch.com/go/doc/425/119926/.

USDA Forest Service. 2007. Mount St. Helens national volcanic monument. November 1. Retrieved December 19, 2008, from http://www.fs.fed.us/gpnf/mshnvm/education/teachers-corner/library/pre-eruption-0322.shtml.

U.S. Department of Commerce, National Oceanic and Atmospheric Administration. 2012. Eighteenth century Virginia hurricanes. Retrieved January 4, 2012, from http://www.hpc.ncep.noaa.gov/research/roth/va18hur.htm.

U.S. Department of Energy. 2005. Hurricane Katrina situation report #1. August 30. Retrieved December 19, 2008, from http://www.oe.netl.doe.gov/docs/katrina/katrina_083005_1600.pdf.

U.S. Department of Health and Human Services. 2007. Hurricane Katrina. August 27. Retrieved December 19, 2008, from http://www.hhs.gov/disasters/emergency/naturaldisasters/hurricanes/katrina/index.html.

U.S. Department of the Interior. 2007a. A roar like thunder. December 12. Retrieved December 19, 2008, from http://www.johnstownpa.com/History/hist19.html.

U.S. Department of the Interior. 2007b. Hurricane Katrina photographs: August 30, 2005. October 4. Retrieved December 19, 2008, from http://www.nwrc.usgs.gov/hurricane/post-hurricane-katrina-photos.htm.

U.S. Department of the Interior. 2011. Historic earthquakes—Prince William Sound Alaska—1964 March 28 03:36 UTC—1964 March 27 05:36 p.m. local time—Magnitude 9.2. Retrieved February 1, 2012, from http://earthquake.usgs.gov/earthquakes/states/events/1964_03_28.php.

U.S. Department of the Interior, National Parks Service. 2010. 1906 earthquake: Law enforcement. September 4. Retrieved January 4, 2012, from http://www.nps.gov/prsf/historyculture/1906-earthquake-law-enforcement.htm.

U.S. Department of Justice. 1995. Occidental to pay $129 million in Love Canal settlement. Document 95638. December 21. Retrieved December 19, 2008, from http://www.usdoj.gov/opa/pr/Pre_96/December95/638.txt.html.

U.S. Government Accountability Office. 2006. Coast Guard: Observations on the preparation, response, and recovery. Missions related to Hurricane Katrina. July. Retrieved December 19, 2008, from http://www.gao.gov/new.items/d06903.pdf.

USGS. 2005. Mount Saint Helens—From the 1980 eruption to 2000. U.S. Geological Survey Fact Sheet 036-00, online version 1.0. Retrieved March 5, 2009, from http://pubs.usgs.gov/fs/2000/fs036-00/.

USGS. 2006. The great 1906 San Francisco earthquake. November 6. Retrieved December 19, 2008, from http://earthquake.usgs.gov/regional/nca/1906/18april/index.php.

USGS. 2007. Historic earthquake. U.S. Department of the Interior. January 24. Retrieved

December 19, 2008, from http://earthquake.usgs.gov/regional/states/events/1964_03_28.php.

USGS. 2008. Historic earthquake. U.S. Department of the Interior. July 16. Retrieved January 13, 2009, from http://earthquake.usgs.gov/regional/world/events/1960_05_22.php.

USGS. 2009. Plate tectonics and people. Retrieved March 4, 2009, from http://pubs.usgs.gov/gip/dynamic/tectonics.html.

USGS. 2010. Mount St. Helens precursory activity April 12 – 25, 1980. Retrieved January 3, 2012, from http://vulcan.wr.usgs.gov/Volcanoes/MSH/May18/MSHThisWeek/412425/412425.html#423.

USGS. 2012. Mount St. Helens precursory activity March 15 – 21, 1980. Retrieved January 3, 2012, from http://vulcan.wr.usgs.gov/Volcanoes/MSH/May18/MSHThisWeek/31521/31521.html.

USGS Newsroom. 2004. 40th anniversary of Good Friday earthquake offers new opportunities for public and building safety partnership. U.S. Department of Interior, U.S. Geological Survey. March 26. Retrieved December 19, 2008, from http://www.usgs.gov/newsroom/article.asp?ID=106.

U.S. News Rank. 2012. 1906 San Francisco earthquake. News Rank. Retrieved January 4, 2012, from http://www.usnewsrank.com/1906-san-francisco-earthquake.html.

U.S. Nuclear Regulatory Commission. 2007. Fact sheet on the Three Mile Island accident. February 20. Retrieved December 19, 2008, from http://www.nrc.gov/reading-rm/doc-collections/fact-sheets/3mile-isle.html/.

U.S. Nuclear Regulatory Commission. 2011. Backgrounder on the Three Mile Island accident. Retrieved December, 2, 2011, from http://www.nrc.gov/reading-rm/doccollections/fact-sheets/3mile-isle.html.

Vervaeck, Armand, and Daniell, James. 2011. The May 12, 2008 deadly Sichuan earthquake—A recap 3 years later. *Earthquake Report*, May 10. Retrieved May 31, 2012, from http://earthquake-report.com/2011/05/10/the-may-12-2008-deadly-sichuan-earthquake-a-recap-3-years-later/.

Victoria Internet Providers. 2007. Texas settlement region. December 2. Retrieved December 19, 2008, from http://www.texas-settlement.org/markers/goliad/.

Virtual Museum of the City of San Francisco. 2012. 1906 San Francisco earthquake exhibit. Retrieved January 4, 2012, from http://www.sfmuseum.org/1906.2/arson.html.

Wald, Matthew. 2008. Faulty design led to Minnesota bridge collapse, inquiry finds. *New York Times*, January 15. Retrieved January 14, 2009, from http://www.nytimes.com/2008/01/15/washington/15bridge.html.

Washington Post. 1997. The other great fire of 1871. LexisNexis. November 8. Retrieved December 19, 2008, from http://www.lexisnexis.com/us/lnacademic/results/docview/

docview.do?docLinkInd=true&risb=21_T5398559146&format=GNBFI&sort=RELEVANCE&startDocNo=1&resultsUrlKey=29_T5398559150&cisb=22_T5398559149&treeMax=true&treeWidth=0&selRCNodeID=368&nodeStateId=411en_US,1,364&docsInCategory=6&csi=8075&docNo=3.

Washington Post. 1999. Three Mile Island. Retrieved December 19, 2008, from http://www.washingtonpost.com/wp-srv/national/longterm/tmi/gallery/photo1.htm.

Watkins, Thayer. 2012. The catastrophic dam failures in China in August 1975. Retrieved May 30, 2012, from http://www.sjsu.edu/faculty/watkins/aug1975.htm.

Watson, John F. 1812. Richmond theater fire, 1811. Record 1044058740A037A0. Philadelphia: American Antiquarian Society and Newsbank.

Weather Channel Interactive. 2007. 1900 Galveston hurricane. Part 2. Disaster waiting to happen. December 12. Retrieved December 19, 2008, from http://www.weather.com/newscenter/specialreports/sotc/storm4/page2.html (new link: The 1900 Storm).

Wicker, Tom. 1982. In the nation, a mighty mystery. *New York Times*. LexisNexis. August 22. Retrieved December 19, 2008, from http://www.lexisnexis.com/us/lnacademic/results/docview/docview.do?docLinkInd=true&risb=21_T5398545928&format=GNBFI&sort=RELEVANCE&startDocNo=1&resultsUrlKey=29_T5398545938&cisb=22_T5398545937&treeMax=true&treeWidth=0&selRCNodeID=38&nodeStateId=411en_US,1,37&docsInCategory=29&csi=6742&docNo=6.

Willow Bend Press. 2007. The Hartford Circus fire July 6, 1944. Retrieved January 12, 2009, from http://www.hartfordcircusfire.com/background.htm.

World Health Organization. 2012. Pocket emergency tool. Retrieved January 4, 2012, from http://www.wpro.who.int/nr/rdonlyres/e1c1dbff-82ea-45ff-bac7-9666480e28cc/0/who_oct1.pdf.

World Nuclear Association. 2012. Chernobyl accident 1986. World Nuclear Association. April. Retrieved May 30, 2012, from http://www.world-nuclear.org/info/chernobyl/inf07.html.

Xinhua. 2005. After 30 years, secrets, lessons of China's worst dams burst accident surface. The People's Daily Online. October 1. Retrieved May 31, 2012, from http://english.people.com.cn/200510/01/eng20051001_211892.html.

Zasky, Jason. 2008. Fire trap. The legacy of the Triangle Shirtwaist fire. *Failure Magazine*, September 24. Retrieved January 6, 2009, from http://www.failuremag.com/arch_history_triangle_fire.html.

Zeman, David. 1999. A ghost of the University of Texas: Tragic tower will reopen. *Detroit Free Press*. LexisNexis. September 1. Retrieved December 19, 2008, from http://www.lexisnexis.com/us/lnacademic/results/docview/docview.do?docLinkInd=true&risb=21_T5398518787&format=GNBFI&sort=RELEVANCE&startDocNo=1&resultsUrlKey=29_T5398518790&cisb=22_T5398518789&treeMax=true&treeWidth=0&selRCNodeID=

75&nodeStateId=411en_US,1,75&docsInCategory=83&csi=222065&docNo=5.

Zhao, Xu. 2012. Interview with, May 30. Senior institutional research associate, the University of Texas at Dallas.

Zuesse, Eric. 1981. Love Canal. The truth seeps out. *Reason Magazine*, February. Retrieved December 19, 2008, from http://www.reason.com/news/show/29319.html.

찾아보기

ㅇ

ㅈ

ㅊ

ㅋ

ㅌ

ㅍ

ㅎ

기타

저 · 역자 소개

저자_ 니콜라스 발칙 Nicolas A. Valcik

현재 텍사스 대학교 댈러스 캠퍼스(UTD)에서 전략적 계획 수립 및 분석 과정의 부원장으로 일하고 있으며, 같은 대학 공공행정 과정의 임상 조교수로 있다. 발칙은 2005년 텍사스 대학교 댈러스 캠퍼스에서 공공행정 분야에서 박사 학위를, 1996년 같은 대학교에서 석사 학위를, 1994년 같은 대학교 학제 간 연구과정에서 학사 학위를 받았으며, 1994년 콜린 카운티 커뮤니티 칼리지Collin County Community College에서 정치과학으로 준학사 학위를 받았다.

1997년까지 발칙은 노텔Nortel을 포함해서 수많은 지방자치단체의 여러 부서에서 일해왔다. 2011년에는 테드 베나비데스와 함께 쓴 『공공관리자를 위한 인적자원 관리 실무: 사례연구를 통한 접근Practical Human Resources Management for Public Managers: A Case Study Approach』을 테일러&프랜시스Taylor&Francis에서 펴냈다. 2011년 이전에는 『대학교에서 생물학적 유해물질 사용 규제하기: 연방정부의 새로운 지침에 따르기Regulating the Use of Biological Hazardous Materials in Universities: Complying with the New Federal Guidelines』를 썼으며, 이는 2006년 멜렌 출판사Mellen Press에서 출판되었다. 발칙은 제도 연구와 국토안보 문제에 관한 수많은 기사와 책을 썼을 뿐 아니라, 『제도 연구를 위한 새로운 지침New Directions for Institutional Research』(135, 140, 146권) 세 권을 편집하기도 했다. 발칙은 연구자이자 임상 전문가로서, 고등교육, 정보기술, 인적자원, 국토안보, 조직적 행동 그리고 재난관리 등 여러 분야의 전문가다.

저자_ 폴 트레이시Paul E. Tracy

펜실베이니아 대학교 와튼 스쿨Wharton School at the University of Pennsylvania에서 사회학/범죄학으로 박사 학위를 받았다. 트레이시는 범죄와 비행非行 그리고 형사 및 청소년 사법제도의 정책개발을 연구한 범죄학자다. 매사추세츠 대학교 로웰 캠퍼스University of Massachusetts at Lowell의 형사행정학 및 범죄학과 교수로 재직하고 있으며, 대학원 과정의 주임교수이기도 하다. 트레이시는 청소년 비행 경력의 수치화와 분석, 청소년 사법제도의 법적 · 정치적 문제, 범죄경력의 예측 모델, 그리고 마약 금지 정책에 관심을 갖고 연구에 집중하고 있다. 또한 비행과 범죄경력 연구에 종적인 연구 방법을 적용한 전문가로 알려져 있다. 2만 7,160명의 필라델피아 출생자들을 대상으로 한 대규모 연구는 이전까지 이뤄진 비행과 범죄에 대한 연구 중 가장 규모가 큰 것으로 알려져 있으며, 34년째 계속되고 있다. 그는 또한 푸에르토리코 최초로 대규모 비행 연구를 수행했다. 트레이시 박사는 주로 대학원에서 방법론과 통계분석에 관한 수업을 하고 있다.

역자_ 김태웅

1997년 고려대학교 토목환경공학과를 졸업하고, 2003년 미국 애리조나 대학교The university of Arizona에서 가뭄특성 및 예측에 관한 연구로 박사 학위를 취득했다. 2005년부터 한양대학교 공학대학의 교수로 재직하고 있다. 기후변화에 따른 극한사상 영향 평가 및 수자원 관리 정책 등과 관련된 분야에서 연구를 수행하고 있다. 한양대학교 강의우수교원, 한국과학기술단체총연합회 과학기술우수논문상, 소방방재청장 표창, 국토교통부 장관 표창 등을 수상한 바 있다.

저서로는 『물 위를 걸어온 과학자들』(공저), 『내 일을 설계하고 미래를 건설한다』(공저) 등이 있다.

역자_ 김학열

1991년 서울대학교 조경학과를 졸업하고, 1999년 미국 The Ohio State University에서 도시 및 지역계획 박사학위를 취득했다. 2000년부터 서울시정개발연구원에서 도시계획 · GIS와 관련된 정책연구를 수행하다가 2002년부터 서경대 도시공학과 교수로 재직 중이다. 최근 들어 도시방재 · 복구, 도시환경 및 에너지관리, 기후변화적응 분야에 학문적 관심을 두고 있다. 대한국토 · 도시계획학회, 한국도시설계학회, 한국조경학회, 한국공간정보학회 등의 이사로 활동을 하고 있다.

저서로는 『도시, 인간과 공간의 커뮤니케이션』(공저), 『도시의 계획과 관리를 위한 공간정보활용 GIS』(공저) 등이 있으며, 대한국토 · 도시계획학회 이사, 한국도시설계학회 이사, 한국조경학회 이사, 한국공간정보학회 이사 등의 대외활동을 하고 있다.

역자_ 홍현숙

1989년 연세대학교 불어불문학과를 졸업하고, 1994년까지 방송위원회에서 근무했다. 이후로 번역에 전념하여 『세계 서스펜스 걸작선』, 『애거서 크리스티 전집』 일부, 『비밀의 요리책』, 『라이프 보트』, 『갈릴레오의 딸』 등 다수의 책을 번역했다.